Cornelius Nickert · Anne Nickert ·
Frank Lienhard

Die Haftung des Steuerberaters

Richtig handeln und Haftung vermeiden

2. Auflage

Springer Gabler

Cornelius Nickert
Anne Nickert
Frank Lienhard
KANZLEI NICKERT
Offenburg, Deutschland

ISBN 978-3-658-07628-3
ISBN 978-3-658-07629-0 (eBook)
DOI 10.1007/978-3-658-07629-0

Die Deutsche Nationalbibliothek verzeichnet diese Publikation in der Deutschen Nationalbibliografie; detaillierte bibliografische Daten sind im Internet über http://dnb.d-nb.de abrufbar.

Springer Gabler

Springer Fachmedien Wiesbaden GmbH ist Teil der Fachverlagsgruppe Springer Science+Business Media (www.springer.com)

Vorwort zur zweiten Auflage

Nachdem die erste Auflage freundlich aufgenommen wurde, war seit deren Erscheinen im Jahr 2007 eine Auffrischung angezeigt.

Generell gilt für den Steuerberater in Anlehnung an Fahrendort in Rinsche u.a., Die Haftung des Rechtsanwalts 7. Aufl. 2005, S. 118): Der pflichtgemäß arbeitende Steuerberater im Sinne der Rechtsprechung muss – überspitzt formuliert – danach ein juristischer Supermann sein, der über ein computerhaftes Gedächtnis, ein hervorragendes Judiz sowie über höchste Intelligenz und Energie verfügt. Die Anforderungen an den Beruf sind und bleiben hoch.

Inzwischen hat die Rechtsprechung die Insolvenzwellen der vergangenen Jahre aufgearbeitet. Diese hatten erhebliche Auswirkung auf die Tätigkeit der Steuerberater und deren Haftung. Gerade hierzu hat der BGH in jüngster Vergangenheit auch einige neue richtungsweisende Urteile verkündet, die wir in der Neuauflage aufgegriffen haben.

Mit den zahlreichen praxiserprobten Musterschreiben bzw. Formulierungshilfen möchten wir dem Leser das geeignete Werkzeug hierfür an die Hand geben. Ein Buch also „aus der Praxis – für die Praxis", das sich im Wesentlichen an der Rechtsprechung des BGH orientiert.

Dem Verlag, insbesondere Frau Laufer und Frau Hauser-Fahr danken wir für die Betreuung des Werks. Ebenso danken wir Herrn Dr. Bialek von HDI-Gerling für die Bereitstellung der Versicherungsbedingungen (AVB-WSR).

Offenburg, im April 2015

Cornelius Nickert
Anne Nickert
Frank Lienhard

Vorwort zur ersten Auflage

Vorweg: Jeder macht Fehler – auch der erfahrenste Berater. Alle 4 bis 5 Jahre meldet der deutsche Anwalt seiner Berufshaftpflichtversicherung einen Versicherungsfall. Bei den Steuerberatern ist die Zahl eher noch höher. Ganz abgesehen von einer erheblichen Dunkelziffer: Häufig merkt der Mandant ja gar nicht, dass die Mandatsbearbeitung „nicht optimal" war.

Hinzu kommt, dass die Zahl sowie der Umfang der Risikosituationen stetig zunehmen. Zu nennen sind hier insbesondere der steigende Zeit- und Kostendruck bei einem steigenden Anspruchsbewusstsein der Mandanten, die verschärfte Rechtsprechung und die zunehmende Zahl an so genannten Regressjägern.

Nicht unerwähnt bleiben darf in diesem Zusammenhang auch der regelrechte Aktionismus des Steuergesetzgebers: Im Schnitt alle 2,5 Tage setzt er dem steuerlichen Berater neue bzw. geänderte Steuerrechtsgesetze vor.

Unterschätzt wird oft auch das Haftungsrisiko bei fehlendem Versicherungsschutz. Übt der Steuerberater nämlich berufsfremde Tätigkeiten aus, so haftet er bei Fehlern mit seinem Privatvermögen.

Dennoch sei an dieser Stelle auch der folgende Hinweis gestattet: Laut Aussage einer der großen Vermögensschadenhaftpflichtversicherer Deutschlands sind nach wie vor 50 % der gemeldeten Fälle unbegründet.

Mit dem vorliegenden Buch haben wir uns zum Ziel gesetzt, einerseits die vielfältigen zivil- wie strafrechtlichen Haftungsgefahren des Steuerberaters zu „katalogisieren". Einen Schwerpunkt haben wir dabei auf die häufig noch sehr stiefmütterlich behandelten, doch leider gleichzeitig auch sehr haftungsträchtigen Bereiche rund um die Krise bzw. Insolvenz des Mandanten sowie der vereinbaren Tätigkeiten gelegt.

Andererseits möchten wir mit diesem Buch aber auch Wege aufzeigen, wie Haftungssituationen frühzeitig erkannt oder – besser noch – rechtzeitig vermieden werden können.

Mit den zahlreichen praxiserprobten Musterschreiben bzw. Formulierungshilfen möchten wir dem Leser das geeignete Werkzeug hierfür an die Hand geben. Ein Buch also „aus der Praxis – für die Praxis".

Offenburg, im Oktober 2007

Cornelius Nickert
Anne Nickert

Abkürzungsverzeichnis

AO	Abgabenordnung
AVB	Allgemeine Versicherungsbedingungen
BayOLG	Bayrisches Oberstes Landesgericht
BB	Betriebs Berater (Zeitschrift)
BBK	Buchhaltung Bilanzierung Kontierung (Zeitschrift)
BBR	Besondere Bedingungen und Risikobeschreibungen für Steuerberater
BDSG	Bundes-Datenschutz-Gesetz
BeckRS	Beck Rechtsprechung
BFH	Bundesfinanzhof
BFH/NV	Sammlung amtlich nicht veröffentlichter Entscheidungen des Bundesfinanzhofs (Zeitschrift)
BGB	Bürgerliches Gesetzbuch
BGH St	Entscheidungssammlung des Bundesgerichtshofes in Strafsachen
BGHR	Sammlung der Entscheidungen des Bundesgerichtshofes
BGHZ	Entscheidungen in Zivilsachen des Bundesgerichtshofs
BRAO	Bundesrechtsanwaltsordnung
BStBl	Bundessteuerblatt
BVerfG	Bundesverfassungsgericht
BVerfGE	Entscheidungen des Bundesverfassungsgerichts
DB	Der Betrieb (Zeitschrift)
DStR	Deutsches Steuerrecht (Zeitschrift)
DStRE	Deutsches Steuerrecht Entscheidungsdienst (Zeitschrift)
DStZ	Deutsche Steuerzeitung
DVStB	Verordnung zur Durchführung der Vorschriften über Steuerberater, Steuerbevollmächtigte und Steuerberatungsgesellschaften
EFG	Entscheidungen der Finanzgerichte
EStG	Einkommenssteuergesetz
ESt-DV	Einkommenssteuer- Durchführungsverordnung
EWiR	Entscheidungen im Wirtschaftsrecht
FGO	Finanzgerichtsordnung
GA	Goldammers Archiv für Strafrecht

GG	Grundgesetz
GI	Gerling Informationen (Zeitschrift)
GmbHG	GmbH-Gesetz
GmbHR	GmbH Rundschau (Zeitschrift)
HGB	Handelsgesetzbuch
NJW	Neue juristische Wochenschrift (Zeitschrift)
NJW-RR	Neue juristische Wochenschrift Rechtssprechungsreport (Zeitschrift)
RberG	Rechtsberatungsgesetz
RGZ	Entscheidungssammlung des Reichsgerichts in Zivilsachen
RVG	Rechtsanwaltsvergütungsgesetz
StBerG	Steuerberatungsgesetz
Stbg	Die Steuerberatung (Zeitschrift)
StBVV	Steuerberatervergütungsverodnung
StGB	Strafgesetzbuch
StPO	Strafprozessordnung
UmwStG	Umwandlungssteuergesetz
VersR	Zeitschrift für Versicherungsrecht (Zeitschrift)
VVG	Versicherungsvertragsgesetz
WM	Wertpapier-Mitteilungen (Zeitschrift)
WPg	Die Wirtschaftsprüfung (Zeitschrift)
Wistra	Zeitschrift für Wirtschafts- und Steuerrecht (Zeitschrift)
WPO	Wirtschaftsprüferordner
ZIP	Zeitschrift für Wirtschaftsrecht (Zeitschrift)
ZGR	Zeitschrift für Gesellschaftsrecht (Zeitschrift)
ZPO	Zivilprozessordnung
ZInsO	Zeitschrift für Insolvenzrecht (Zeitschrift)

Inhaltsverzeichnis

1 Zivilrechtliche Haftung

1.1 Vertragliche Haftung gegenüber Mandant

Der Steuerberater kann seinem Mandanten aus Vertrag oder aus deliktischen Gründen auf Schadenersatz haften. Da die Tätigkeit des Steuerberaters aufgrund eines Auftrags (Vertrag) erfolgt und die Abrede des Steuerberaters mit dem Mandanten die Pflichten definiert, soll dieser Teil vorangestellt werden.

1.1.1 Pflichten des Steuerberaters bzw. Pflichtverletzung

Um das Haftungsfeld bestimmen zu können, ist zunächst wichtig zu wissen, welche Pflichten der Berater hat. Die Verletzung einer solchen Pflicht kann dann – wenn auch die übrigen Voraussetzungen (Verschulden, Kausalität, haftungsrechtliche Zurechnung, ...) vorliegen – zu einem Haftungsanspruch führen nach § 280 Abs. 1 Satz 1 BGB (früher: pVV).

§ 280 Abs. 1 BGB – Schadenersatz wegen Pflichtverletzung – lautet:

> Verletzt der Schuldner eine Pflicht aus dem Schuldverhältnis, so kann der Gläubiger Ersatz des hierdurch entstehenden Schadens verlangen. Dies gilt nicht, wenn der Schuldner die Pflichtverletzung nicht zu vertreten hat.

Entscheidend ist also zunächst, ob der Steuerberater eine Pflicht aus dem Mandatsverhältnis verletzt hat.

C. Nickert et al., *Die Haftung des Steuerberaters*, DOI 10.1007/978-3-658-07629-0_1

1.1.1.1 Ausgangspunkt ist der Mandatsvertrag

Die Pflichten des Steuerberaters ergeben sich aus dem jeweiligen Inhalt des **Mandatsvertrags.**[1] Diesen in der höchstrichterlichen Rechtsprechung anerkannten Rechtssatz hat der BGH wiederholt bestätigt.[2] Sie ergeben sich dagegen nicht aus der abstrakten Umschreibung des Aufgabenbereichs des Steuerberaters in § 33 StBerG bzw. § 57 Abs. 3 StBerG.

Der Abschluss des Beratungsvertrags unterliegt keinem Formerfordernis, so dass dieser auch mündlich oder konkludent geschlossen werden kann. An den Abschluss eines Beratervertrags durch konkludentes Verhalten sind nach der höchstrichterlichen Rechtsprechung[3] strenge Anforderungen zu stellen.[4] Nach der höchstrichterlichen Rechtsprechung zur Beraterhaftung ist die Annahme eines Vertragsschlusses durch schlüssiges Verhalten gerechtfertigt, wenn das Verhalten eines Beteiligten von dem anderen bei Anwendung der im Verkehr erforderlichen Sorgfalt nach Treu und Glauben mit Rücksicht auf die Verkehrssitte eindeutig und zweifelsfrei als eine auf den Abschluss eines Anwaltsvertrags gerichtete Willenserklärung aufzufassen ist (BGH, Urteil vom 22.7.2004 – IX ZR 132/03, NJW 2004, 3630, 3631). So kann auch aus der Erteilung einer Vollmacht des Mandanten an den Steuerberater der Abschluss eines konkludenten Steuerberatervertrags abgeleitet werden.[5]

► **Praxishinweis** Bereits aus diesen Gründen sollte der Steuerberatungsvertrag schriftlich abgeschlossen werden. In einem schriftlichen Vertrag ist der Umfang der wechselseitigen Pflichten **dokumentiert.** Soweit ein umfassender Vertrag bzw. ein revolvierender Vertrag geschlossen wird, bietet es sich an, einen Rahmenvertrag abzuschließen und bei meist mündlicher oder telefonischer Auftragserteilung den Auftrag schriftlich unter Bezugnahme auf den Rahmenvertrag zu bestätigen.

1.1.1.2 Steuerberatungsvertrag ist grundsätzlich ein Dienstvertrag

Grundsätzlich hat der „klassische" Steuerberatungsvertrag, bestätigt auch von der neuesten BGH-Rechtsprechung,[6] dienstvertraglichen Charakter. Das bedeutet, geschuldet wird das „Bemühen", nicht der Erfolg, § 611 BGB. Anders wäre es, wenn der Vertrag als Werkvertrag abgeschlossen wäre. Werkverträge mit dem Steuerberater kommen aber nur in seltenen Ausnahmefällen vor. Dann nämlich schuldet der Auftragnehmer den Erfolg. Ein Dienstvertrag ist anzunehmen, wenn der Steuerberater mit der Buchhaltung, der Erstellung des Jahresabschlusses, den Steuererklärungen, der Prüfung der Steuerbescheide sowie ggf. der Einlegung von Einsprüchen beauftragt wird.

In seiner Entscheidung vom 6.12.1979 hatte der BGH bereits entschieden, dass der Steuerberatervertrag dann als Dienstvertrag zu qualifizieren ist, wenn der Steuerberater

---

[1] BGH-Beschluss v. 18.3.2010, IX ZR 105/08; GuT 2010, 392.
[2] BGH v. 7.3.2013, IX ZR 64/12; WM 2013, 82.
[3] BGH v. 18.12.2008, IX ZR 12/05, DB 2009, 391.
[4] BGH-Beschluss v. 20.12.2011, IX ZR 148/09.
[5] OLG Brandenburg v. 23.8.2012, 11 U 5/11.
[6] BGH v. 11.5.2006, IX ZR 63/05; BB 2006, 1527.

(nur) mit der Buchhaltung, der Erstellung der Jahresabschlüsse und der Vorbereitung der Steuererklärungen beauftragt war.[7]

1.1.1.3 In Ausnahmefällen liegt ein Werkvertrag vor

Beim Mandatsvertrag kann es sich in Ausnahmefällen auch um einen Werkvertrag mit Geschäftsbesorgungscharakter handeln. Voraussetzung ist, dass Vertragsgegenstand ein Einzelauftrag ist, der auf eine einmalige, in sich abgeschlossene Leistung gerichtet ist. Geschuldet ist dann ein bestimmter Erfolg, § 631 BGB. So kommt ein Werkvertrag z. B. in folgenden Fällen in Betracht:

- „isolierte" Anfertigung einer Bilanz oder Buchführung für einen bestimmten Zweck,[8]
- Erstellen eines Gutachtens,[9]
- Gestaltungsberatung als Einzelauskunft.[10]

Tendenziell lässt sich also folgern, dass bei einmaligen Aufträgen, die zweckgebunden sind, eher ein Werkvertrag anzunehmen ist.

Die Unterscheidung hat erhebliche Auswirkung für die Rechtsfolgen einer Schlechtleistung. Beim Dienstvertrag kann der Mandant lediglich

- Schadenersatz verlangen, § 280 BGB, oder
- den Vertrag fristlos kündigen, §§ 626, 627 BGB.

Demgegenüber kann der Mandant beim Werkvertrag[11]

- Nacherfüllung verlangen,
- den Mangel selbst beseitigen und Aufwendungsersatz verlangen,
- vom Vertrag zurücktreten,
- die Vergütung mindern oder
- Schadenersatz oder Ersatz für vergebliche Aufwendungen verlangen.

Beim Dienstvertragsrecht besteht grundsätzlich kein Nachbesserungsrecht des Auftragnehmers. Dennoch hat nach herrschender Meinung der Steuerberater analog dem Werkvertragsrecht ein Nachbesserungsrecht, wenn einzelne Positionen fehlerhaft sein sollten.[12] Ein derartiges Nachbesserungsrecht besteht selbst bei einem gekündigten Vertrag.[13] Nur wenn das Vertrauensverhältnis derart schwer gestört ist, dass dem Mandanten

---

[7] BGH v. 6.12.1979, VII ZR 19/79; WM 1980, 308.

[8] Gräfe/Lenzen/Schmeer, Steuerberaterhaftung, Rn. 130; LG München v. 21.3.1968, 17 O 709/67; NJW 1968, 1725; OLG Saarbrücken v. 12.7.1978, 1 U 174/76; BB 1978, 1434.

[9] BGH v. 10.11.1994, III ZR 50/94; BGHZ 127, 378.

[10] OLG Köln v. 23.4.1980, 2 U 131/79; MDR 1980, 667.

[11] § 634 BGB.

[12] OLG Hamm v. 4.6.1986, 25 U 61/85, DStR 1987, 170; Gräfe/Lenzen/Schmeer, Steuerberaterhaftung, Rn. 538 ff.

[13] OLG Düsseldorf v. 3.7.1992, 13 U 258/91; GI 1993, 45.

Tab. 1.1 Abgrenzung Dienst-/Werkvertrag

Dienstvertrag	Werkvertrag
Herbeiführung des Erfolgs ist Vertragszweck, geschuldet wird lediglich das Bemühen	Herbeiführung des Erfolgs ist geschuldet
Macht des Erreichens liegt nicht beim Steuerberater	
Steuerberater ist nicht für das Erreichen des Erfolgs verantwortlich	
Hilfeleistung in Steuersachen	Steuerliches Gutachten
Jahresabschluss/Steuererklärung	Betriebswirtschaftliches Gutachten
Buchführung	Einzelauskunft auf bestimmte Frage
laufende Beratungstätigkeit	

die Nachbesserung durch den Steuerberater nicht mehr zugemutet werden kann oder der Steuerberater die Nachbesserung ernsthaft und endgültig verweigert, entfällt das Nachbesserungsrecht des Steuerberaters.[14]

1.1.1.4 Nichtigkeit des Steuerberatervertrags

Gemäß §§ 1, 32, 33 StBerG darf der Steuerberater für seinen Auftraggeber grundsätzlich nur auf dem Gebiet des Steuerrechts tätig werden. Liegt einem Vertrag die geschäftsmäßige Besorgung einer anderen Rechtsangelegenheit zugrunde, ist dieser Vertrag gemäß § 134 BGB i. V. m. dem seit 1.7.2008 geltenden § 3 RDG (Rechtsdienstleistungsgesetz) grundsätzlich nichtig, sofern der Steuerberater zu einer außerhalb des Steuerrechts gelagerten Rechtsberatung nicht befugt ist.[15] Fehlt diese Befugnis, so hat der Steuerberater seinen Mandanten aufzufordern, einen mit den notwendigen Kenntnissen ausgestatteten Rechtsanwalt aufzusuchen. Dies hat der BGH mit seinem Urteil vom 19.5.2009 bestätigt.[16]

Auch wenn das RDG somit für Steuerberater das „Einfallstor" in die Rechtsdienstleistung enthält, muss die Erlaubnisfreiheit dennoch folgende Punkte durchlaufen:[17]

- Ist eine Rechtsdienstleistung gemäß § 2 RDG gegeben?
- Geschieht sie im Zusammenhang mit einer Haupttätigkeit?
- Gehört die Rechtsdienstleistung zum Berufs-/Tätigkeitsbild des Steuerberaters/Wirtschaftsprüfers?

[14] Gräfe/Lenzen/Schmeer, Steuerberaterhaftung, Rn. 543.
[15] BGH v. 19.5.2009, IX ZR 43/08; DB 2009, 1642.
[16] BGH v. 19.5.2009, a. a. O.
[17] Gräfe/Lenzen/Schmeer, Steuerberaterhaftung, Rn. 98.

Soweit diese Fragen bejaht werden, liegt eine erlaubnisfreie Rechtsdienstleistung vor. Die Formulierung beispielsweise des Gesellschafts- oder Darlehensvertrags geht über diese Erlaubnisfreiheit hinaus.[18]

Auch wenn wegen der Nichtigkeit des Beratervertrags vertragliche Haftungsansprüche ausscheiden, so können dem Mandanten dennoch Schadenersatzansprüche unter dem Gesichtspunkt eines Verschuldens bei Vertragsschluss gemäß § 311 Abs. 2 BGB zustehen.[19]

1.1.1.5 Allgemeine Pflichten des Mandatsvertrags

a) Im Rahmen des jeweiligen Mandatsvertrags muss der Berater:[20]
   - umfassend beraten und **ungefragt** über alle bedeutsamen steuerlichen Einzelheiten und deren Folgen unterrichten,
   - den Mandanten generell vor Schaden bewahren,[21] d. h. es besteht auch die Verpflichtung, den Mandanten vor einer Strafverfolgung oder der Ahndung einer Ordnungswidrigkeit zu bewahren,
   - den **sichersten Weg**[22] zum angestrebten steuerlichen Ziel aufzeigen und entsprechende Vorschläge zur Realisierung unterbreiten[23] und
   - es hierdurch dem Mandanten ermöglichen, selbst die erforderlichen Entscheidungen zu treffen.

Ausgehend von diesen Grundsätzen hat sich der BGH mit Urteil vom 19.3.2009[24] zur Beratungspflicht des Anwalts über den sichersten Weg zur Erlangung eines auslaufenden Steuervorteils befasst.

Wegen der richtungsweisenden Bedeutung, die höchstrichterlichen Entscheidungen für die Rechtswirksamkeit zukommt, hat sich der Steuerberater bei der Bearbeitung des Mandats grundsätzlich an dieser Rechtsprechung auszurichten. Maßgeblich ist hierbei die jeweils aktuelle höchstrichterliche Rechtsprechung im Zeitpunkt der Inanspruchnahme. Der Steuerberater darf dabei auf deren Fortbestand vertrauen, weil von einer gefestigten höchstrichterlichen Rechtsprechung nur in Ausnahmefällen abgewichen wird.[25] Der Steuerberater darf grundsätzlich ebenfalls auf die Verfassungsmäßigkeit der Steuergesetze vertrauen.

Diese Grundsätze sind auf Fallgestaltungen, die die Gemeinschaftswidrigkeit einer Steuernorm betreffen, trotz abweichender Vorlagenvoraussetzungen entsprechend anzuwenden.[26]

[18] OLG Naumburg v. 12.7.2005, 1 U 8/05; DSTRE 2006, 383.
[19] BGH v. 10.12.2009, IX ZR 238/07; HFR 2010, 661.
[20] nach: Best in: Steuerberater Handbuch 2007, Teil 1 B. Rn. 25.
[21] BGH v. 8.2.2007, IX ZR 188/05; DB 2007, 854.
[22] BGH v. 8.2.2007, a. a. O.
[23] BGH v. 19.5.2009, IX ZR 43/08; DB 2009, 1642.
[24] BGH v. 19.3.2009, IX ZR 214/07; DB 2009, 953.
[25] BGH v. 6.11.2008, IX ZR 140/07; BGHZ 178, 258.
[26] BGH v. 23.9.2010, IX ZR 26/09, DB 2010, 2325.

b) Nach ständiger Rechtsprechung des BGH ist der Steuerberater sogar verpflichtet, auf **außerhalb seines Beratungsauftrags** liegende Risiken hinzuweisen, wenn er mit der Sach- und Rechtslage vertraut ist oder die drohenden Steuernachteile für einen durchschnittlichen Steuerberater auf den ersten Blick erkennbar sind.

BGH vom 7.5.1991: DB 1991, 2029

Der Steuerberater schuldet seinem Auftraggeber, wenn es um die Beteiligung an einer steuersparenden Vermögensanlage geht, grundsätzlich eine umfassende Aufklärung über die Arten und Möglichkeiten der zu erzielenden Verlustzuweisungen und über deren Vorteile, Nachteile und Risiken in steuerlicher Hinsicht (vergleiche BGH, VII ZR 19/79, WM 1990, 308 und BGH, IVa ZR 222/85, WM 1987, 661). Dagegen trifft ihn die Verpflichtung, wirtschaftlich zu beraten, nur, wenn er einen weitergehenden, auch die Anlageberatung einschließenden Auftrag erhalten hat oder von sich aus eine bestimmte Beteiligung empfiehlt. Erst dann darf der Mandant darauf vertrauen, der Steuerberater habe die für ihn wesentlichen wirtschaftlichen Umstände berücksichtigt und einen auf seine aktuelle finanzielle Situation zugeschnittenen Rat erteilt (vergleiche BGH, IVa ZR 199/83, WM 1985, 1530). Allerdings hat der Steuerberater im Rahmen seiner allgemeinen Vertragspflicht, den Mandanten vor Schaden zu bewahren, auf etwaige wirtschaftliche Fehlentscheidungen hinzuweisen, wenn diese für ihn offen zutage liegen (vergleiche BGH, IVa ZR 222/85, WM 1987, 661).

In derartigen Fällen schuldet der Steuerberater einen Warnhinweis, aber selbstverständlich keine kostenlose Beratung.

Beispiel

Der Steuerberater fertigt die Steuerbilanz nebst Steuererklärungen einer GmbH aufgrund deren Buchhaltung. Die GmbH will auf einer ordentlichen Gesellschafterversammlung eine Gewinnausschüttung beschließen. Hier schuldet der Steuerberater einen Hinweis, dass eine Gewinnausschüttung nur aufgrund einer festgestellten Handelsbilanz beschlossen werden kann. Er schuldet hingegen nicht die (kostenlose) Erstellung der Handelsbilanz.

Beteiligt er sich an Gesprächen z. B. über die Frage der ggf. eingetretenen relevanten Überschuldung einer von ihm steuerlich beratenen Gesellschaft, die auf der Grundlage der von ihm erstellten Bilanzen bzw. betriebswirtschaftlichen Auswertungen geführt werden, muss ein von ihm erteilter Rat zutreffen.[27]

[27] OLG Celle vom 6.4.2011, 3 U 190/10; DStR 2012, 539.

c) Nicht nur das geltende Recht muss der Steuerberater in Betracht ziehen. Im Hinblick auf die zukunftsgewandte Steuerberatung muss er auch laufend Änderungen beobachten.

► **Praxishinweis** Wichtig ist in diesem Zusammenhang vor allem auch, dass der Berater seinem Mandanten auch solche Alternativen aufzeigen muss, nach denen der Mandant nicht unmittelbar gefragt hat. Ebenso müssen bevorstehende Gesetzesänderungen in die Beratung mit einbezogen werden.

Hinsichtlich dieser Pflichten ist auf das BGH-Urteil vom 15.7.2004 hinzuweisen:[28] In dem betreffenden Fall war der Steuerberater sowohl für ein Einzelunternehmen als auch für die K-GmbH im Veranlagungszeitraum 1995–1997 beratend tätig. Das Einzelunternehmen des Beklagten erwirtschaftete erhebliche Gewinne, die GmbH dagegen bedeutende Verluste. Der Steuerberater machte daher den Vorschlag, beide Unternehmen auf das Einzelunternehmen zu verschmelzen, sodass die Gewinne mit den Verlusten steuermindernd verrechnet werden können. Der Steuerberater war spätestens im März 1997 beauftragt worden. Er entwarf sodann einen Verschmelzungsvertrag, der am 29.8.1997 notariell beurkundet wurde.

Zur ursprünglich beabsichtigten Verlustverrechnung kam es jedoch nicht, da zum 5.8.1997 rückwirkend Änderungen der §§ 4 Abs. 5 Satz 1, 27 Abs. 3 UmwStG in Kraft traten. Der Beklagte behauptete daraufhin, dass der Steuerberater die bevorstehende Beschränkung der Verlustverrechnung nach Presseberichten hätte vorhersehen müssen.

Der BGH hat hierzu entschieden, dass der Berater seinem Mandant den relativ sichersten Weg zum angestrebten steuerlichen Ziel aufzuzeigen und die für den Erfolg notwendigen Schritte vorzuschlagen hat. Der Steuerberater muss die mandatsbezogenen erheblichen Gesetzes- und Rechtskenntnisse besitzen oder sich ungesäumt verschaffen. Und weiter:

> Wird in der Tages- oder der Fachpresse über Vorschläge zur Änderung des Steuerrechts berichtet, die im Fall ihrer Verwirklichung das von dem Mandanten des Beraters erstrebte Ziel unter Umständen vereiteln oder beeinträchtigen, kann der Steuerberater gehalten sein, sich aus allgemein zugänglichen Quellen über den näheren Inhalt und den Verfahrensstand solcher Überlegungen zu unterrichten (Leitsatz).

Allerdings wurde in der weiteren Urteilsbegründung beanstandet, dass der Gesetzgeber hier ohne jede Vorankündigung in einer Blitzaktion völlig unvorbereitet diese einschneidenden Gesetzesänderungen rückwirkend beschlossen habe (…). Dem Kläger kann aber nicht eine **von dem gesamten Berufsstand geteilte Überraschung** gleichwohl als Verletzung der verkehrserforderlichen Sorgfalt vorgeworfen (§ 276 BGB) werden.

d) Der Steuerberater schuldet seinem Mandanten stets eine Belehrung, wenn dem Mandanten rechtliche oder wirtschaftliche Risiken drohen. Sofern der Steuerberater Ge-

[28] BGH v. 15.7.2004, IX ZR 472/00; DStR 2004, 1677.

staltungshinweise gibt, muss er die Risiken offenlegen. Er muss den Mandanten in die Lage versetzen, eine eigene Entscheidung unter Abwägung aller Argumente zu treffen. Dabei sollte sich der Steuerberater davor hüten, dem Mandanten Entscheidungen aufzudrängen oder sogar abzunehmen. Er begibt sich ansonsten in die Gefahr, dass ein konkreter Erfolg geschuldet wird.

Bezüglich der Belehrungspflichten hat der BGH[29] die Anforderungen an den Steuerberater umrissen.

Orientierungssatz[30]

1. Aufgabe eines Steuerberaters ist es, seinen Auftraggeber auch ungefragt über die bei Erledigung des Auftrags (z. B. Anfertigung von Steuererklärungen) auftauchenden steuerrechtlichen Fragen, insbesondere auch über die Möglichkeiten einer Steuerersparnis zu belehren.
2. Verletzt der Steuerberater die ihm obliegende steuerliche Beratungspflicht, so kann er zum Ersatz des dem Auftraggeber daraus entstandenen Schadens (z. B. wegen entgangener Umsatzsteuerfreiheit) verpflichtet sein.

Zu beachten ist weiterhin, dass der Berater bei **Dauermandanten** deutlich erweiterte Pflichten hat: Hier muss er den Mandanten bei jeder steuerlichen Gestaltung beraten und belehren und auch entfernter liegende steuerliche Sachverhalte berücksichtigen. Der BGH[31] spricht von einem Dauermandat, wenn der Auftrag alle Steuerarten umfasst, die für den Auftraggeber in Betracht kommen und daher zur Beratung einschließlich der Möglichkeit zu zivilrechtlichen Steuergestaltungen auch jenseits der konkret zu bearbeitenden Angelegenheiten verpflichtet.[32]

Im Rahmen seiner Beratung muss der Steuerberater seinem Mandanten u. U. auch die künftigen Folgen einer heute zu treffenden Entscheidung aufzeigen, wenn nach den Steuergesetzen mehrere Alternativen bestehen und die heutige Wahl nach den Steuergesetzen Konsequenzen für die Zukunft hat (Stichwort **Zukunftsschaden**).

Nach einer Entscheidung des BGH vom 21.7.2005[33] wird die Belehrungspflicht eingeschränkt. Der Steuerberater muss seinen Mandanten nicht warnen, wenn er davon ausgehen darf, der Mandant sei anderweitig fachkundig beraten. Der Steuerberater muss den Mandanten vor etwaigen Fehlleistungen des anderen Beraters nur dann warnen, wenn er

[29] BGH v. 28.11.1966, VII ZR 132/64; BB 1967, 105.
[30] aus juris.
[31] BGH v. 23.2.2012, IX ZR 92/08, DB 2012, 799.
[32] BGH v. 20.10.2005, IX ZR 127/04; WM 2005, 2345.
[33] BGH v. 21.7.2005, IX ZR 6/02; DStR 2006, 160.

diese erkennt oder erkennen kann und zugleich annehmen muss, dass der Mandant die Gefahr möglicherweise nicht bemerkt.[34]

e) Demgegenüber bestehen bei **Einzelmandaten** lediglich die mandatsspezifischen Pflichten. Das heißt die Pflichten richten sich grundsätzlich nach dem erteilten Einzelauftrag. Warn- und Hinweispflichten bestehen dann nicht über diesen Einzelfall hinaus. Etwas anderes kann aber dann gelten, wenn der Warnhinweis dem Steuerberater ins Auge springen muss und der Mandant erkennbar schutzbedürftig ist. In diesem Fall besteht eine Warnpflicht auch über das Einzelmandat hinaus.[35]

Die Abgrenzung zwischen Einzelmandat und Dauermandat erfolgt in der Regel nach dem Beratungsumfang. Der Steuerberater, der neben der Finanzbuchführung und der Lohnabrechnung auch noch die Jahresabschlüsse und Steuererklärungen fertigt, betreut ein Dauermandat. Der Steuerberater, der lediglich anlässlich einer Umwandlung mitarbeitet, betreut ein Einzelmandat. Problematischer ist der Zwischenbereich, z. B.:

- Der Steuerberater fertigt aufgrund der Finanzbuchführung des Mandanten die Jahresabschlüsse nebst Steuererklärungen und berät den Mandanten gelegentlich unterjährig,
- Der Steuerberater hat die Lohnbuchhaltung und alle angeschlossenen Tätigkeiten dauerhaft übernommen, darüber hinaus aber keine weiteren Tätigkeiten.

Hier wird im Wesentlichen auf den abgrenzbaren Bereich abzustellen sein. Allerdings ist eine klare Grenzziehung nicht möglich. Deshalb sollte aus Sicherheitsgründen der Zwischenfall wie ein Dauermandat behandelt werden und sämtliche (auch fern liegende) Hinweise erteilt werden.

Wie weit der Beratungshorizont eines Steuerberaters sein muss, veranschaulicht folgendes Beispiel. So entschieden vom BGH zur Inanspruchnahme von Steuervergünstigungen (BGH, Urteil v. 16.10.2003[36] – IX ZR 167/02):

Im betreffenden Fall hatten die Kläger in den Jahren 1981 und 1983 je eine Eigentumswohnung erworben in der Absicht, diese zu vermieten. Bei diesen Objekten machten sie – auf Rat ihres Steuerberaters – jeweils von der Absetzung nach § 7b EStG Gebrauch. 1993 erwarben die Kläger dann ein drittes Objekt: ein Einfamilienhaus zur Selbstnutzung. Hierfür machten sie erhöhte Abschreibungen nach § 10e Abs. 1 Satz 4 EStG geltend. Diese Abschreibungen erkannte das Finanzamt nicht an mit der Begründung, dass bereits ein Objektverbrauch wegen der zuvor nach § 7b EStG gewährten Absetzungen eingetreten sei.

Nach Ansicht der Kläger lag hier wegen des Verlusts der Abschreibungsmöglichkeit nach § 10e Abs. 1 Satz 4 EStG eine Falschberatung durch ihren Steuerberater vor: Sie

[34] BGH v. 21.7.2005, a. a. O. (Rn. 22).
[35] BGH v. 26.1.1995, IX ZR 10/94; BGMZ 128, 258; BGH v. 18.12.2008, IX ZR 12/05; DB 2009, 391.
[36] DStRE 2004, 237.

hätten statt der Absetzungen nach § 7b EStG genauso gut die Absetzungen nach § 7 Abs. 5 EStG in Anspruch nehmen können – womit kein Objektverbrauch verbunden gewesen wäre. Allerdings ist in diesem Zusammenhang zu beachten, dass die Kläger zum Zeitpunkt des Kaufs der Eigentumswohnung den Erwerb eines selbst genutzten Objekts noch gar nicht in Erwägung gezogen hatten.

Der BGH führt in seiner Entscheidung zunächst aus, dass der Steuerberater im Rahmen seines Auftrags den Mandanten umfassend beraten und ungefragt über alle bedeutsamen steuerlichen Einzelheiten und deren Folgen unterrichten muss. Insbesondere muss er seinen Mandanten möglichst vor Schaden bewahren. Das bedeutet, dass er den sichersten Weg zu dem erstrebten steuerlichen Ziel aufzeigen und sachgerechte Vorschläge zu dessen Verwirklichung unterbreiten muss.

Wenn insoweit verschiedene steuerrechtliche Wege mit unterschiedlichen Vor- und Nachteilen in Betracht kommen, hat der Steuerberater seinem Mandanten diese Möglichkeiten und die mit ihnen verbundenen Rechtsfolgen aufzuzeigen. Letztlich soll die Beratung den Mandanten in die Lage versetzen, eigenverantwortlich seine Rechte und Interessen zu wahren, um so eine Fehlentscheidung vermeiden zu können.

Übertragen auf den vorliegenden Fall bedeutet das, dass für die beiden Mietswohnungen alternativ beide Absetzungsmöglichkeiten zur Verfügung standen. Genau hierüber hätte der Berater aufklären müssen. Denn es gehört zu den typischen Vertragspflichten des Beraters, seinen Mandanten beide möglichen Alternativen samt den jeweiligen Rechtsfolgen umfassend zu erläutern. Das war hier auch nicht deswegen entbehrlich, weil die Kläger beim Erwerb der Eigentumswohnungen noch gar nicht den Erwerb eines weiteren Gebäudes in Erwägung gezogen hatten. Außerdem hatten sie diese Möglichkeit dem Steuerberater gegenüber auch nicht ausgeschlossen.

Letztlich hätte der Berater seine Mandanten also darüber belehren müssen, dass ihnen bei Inanspruchnahme der Absetzung nach § 7b EStG für 2 Häuser die in §§ 7, 7b EStG normierten steuerlichen Vorteile für weitere Objekte nicht mehr zur Verfügung stehen.

Fazit

Den Mandanten, der einen umfassenden Beratungsauftrag vorträgt, trifft die Beweislast, dass es sich nicht lediglich um ein eingeschränktes Mandat handelte.[37] Gleichwohl sollte der Steuerberater die eventuell bestehende Unsicherheit nicht hinnehmen und einen schriftlichen Auftrag vereinbaren oder wenigstens nach mündlicher oder telefonischer Beauftragung den Auftrag nebst Inhalt schriftlich bestätigen.

1.1.1.6 Angaben des Mandanten

Wenn der Steuerberater Rückfragen an seinen Mandanten hat, darf er sich auf die Richtigkeit der Angaben des Mandanten verlassen. Der Berater darf sich außerdem darauf verlassen, dass die vom Mandanten übergebenen Unterlagen richtig und vollständig sind.[38]

[37] OLG Zweibrücken v. 10.2.2006, 2 U 3/05; GI 2006, 159.

[38] BGH v. 15.1.1985, VI ZR 65/83; DB 1985, 1941; OLG Koblenz v. 14.1.2014, 3 U 767/13; OLG Report Mitte 7/2014 Rz. 9.

Allerdings muss er auf Unstimmigkeiten in den Angaben bzw. Unterlagen achten. Falls solche erkennbar sind, muss er sie prüfen und versuchen zu klären. Vor allem darf der Steuerberater nicht die offensichtlich unplausiblen Angaben des Mandanten ohne eigene Rückfragen/Ermittlungen übernehmen.

Allerdings muss der Steuerberater beachten, dass sein Mandant als Laie oft nicht in der Lage ist, den entscheidungsrelevanten Sachverhalt herauszufiltern. Das heißt er muss die richtigen Fragen an den Mandanten stellen. Bezüglich der erhaltenen Informationen muss der Steuerberater zwischen Tatsachen und rechtlichen Würdigungen seines Mandanten trennen. Den Sachverhalt darf er ungeprüft übernehmen. Die Rechtswürdigungen muss er kritisch hinterfragen bzw. überprüfen.

1.1.1.7 Nachbesserungsrecht des Steuerberaters

Hat der Berater im Rahmen seines Mandatsvertrags eine fehlerhafte bzw. mangelhafte Leistung erbracht, so ist ihm im Regelfall daran gelegen, den Fehler selbst zu beheben, sprich nachzubessern. Beauftragt der Mandant mit der Nachbesserung einen neuen Berater, so möchte er in aller Regel die dadurch entstehenden Kosten seinem „alten“ Berater belasten.

Beim Nachbesserungsrecht des Steuerberaters muss nun zunächst danach differenziert werden, ob es sich beim betreffenden Steuerberatungsvertrag um einen Dienstvertrag oder eben ausnahmsweise um einen Werkvertrag handelt.[39] Je nach dem, welcher Vertragstyp vorliegt, steht dem Steuerberater (k)ein Nachbesserungsrecht zu:

Beim **Dienstvertragsrecht** besteht grundsätzlich kein Nachbesserungsrecht des Auftragnehmers. Dennoch hat der Steuerberater analog dem Werkvertragsrecht ein Nachbesserungsrecht.[40] Ein derartiges Nachbesserungsrecht besteht selbst bei einem gekündigten Vertrag.[41] Allerdings hat der BGH in seinem Urteil vom 11.5.2006 entschieden, dass ein Nachbesserungsrecht jedenfalls dann nicht in Betracht kommt, wenn der Fehler erst nach Kündigung des Vertrags durch den Mandanten von dessen neuem Steuerberater entdeckt worden ist, BGH, Urteil v. 11.5.2006[42] – IX ZR 63/05. Auch wenn das Vertrauensverhältnis derart schwer gestört ist, dass dem Mandanten die Nachbesserung durch den Steuerberater nicht mehr zugemutet werden kann, entfällt das Nachbesserungsrecht des Steuerberaters.[43]

In den Fällen, in denen der Steuerberater mit dem Mandanten einen **Werkvertrag** geschlossen hat (z. B. Erstellen einer einzelnen zweckgebundenen Bilanz, Gestaltungsberatung, Anfertigung eines Gutachtens), muss der Mandant, wenn die betreffenden Leistungen fehlerhaft sind, dem Berater Gelegenheit zur Nachbesserung geben (§§ 634, 635

[39] Vgl. Abschn. 1.1.1.2; 1.1.1.3.
[40] OLG Hamm v. 4.6.1986, 25 U 61/85; DStR 1987, 170; Gräfe/Lenzen/Schmeer, Steuerberaterhaftung, Rn. 538 ff.
[41] OLG Düsseldorf v. 30.7.1992, 13 U 258/91; GI 1993, 45.
[42] DB 2006,1247.
[43] Gräfe/Lenzen/Schmeer, Steuerberaterhaftung, Rn. 543.

BGB). Erst wenn auch die Nachbesserung nicht zum geschuldeten Erfolg (§ 631 BGB) geführt hat, kann der Mandant Schadenersatz geltend machen.

1.1.1.8 Pflichten bei der Auswahl/Einschaltung von Mitarbeitern

Der Steuerberater bedient sich bei seiner täglichen Arbeit regelmäßig der Hilfe seiner Mitarbeiter. Hier gilt Folgendes: Bereits bei der Auswahl seiner Mitarbeiter muss der Berater sehr sorgfältig vorgehen.[44] So muss er sich z. B. durch Vorlegen von Zeugnissen, Referenzen und Beurteilungen über die fachliche Qualifikation informieren. Besonderes Augenmerk sollte der Berater aber nicht nur auf die Qualifikation des Mitarbeiters richten, sondern insbesondere auch darauf, ob der (künftige) Mitarbeiter einen zuverlässigen und vertrauensvollen Eindruck macht.

> Irgendjemand hat einmal gesagt, dass man auf drei Qualitäten achtet, wenn man sich Bewerber auf einen Job ansieht; Integrität, Intelligenz und Energie. Denn wenn ein Beschäftigter nicht integer ist, richten Intelligenz und Energie nur Schaden an. Denken Sie darüber nach: Wenn Sie einen unaufrichtigen Menschen einstellen, werden Sie sich wünschen, dass er dumm und faul ist (Warren Buffet nach Joan Magretta Basic Management).

Im Rahmen seiner vertraglichen Pflichten haftet der Steuerberater für die Fehler seiner Mitarbeiter gem. § 278 BGB. Der Auswahl seiner Mitarbeiter kommt auch bei der Wiedereinsetzung in den vorigen Stand enorme Bedeutung zu. Wurde z. B. eine Einspruchsfrist versäumt, weil die angewiesene Mitarbeiterin den Einspruch entgegen der Weisung nicht am Abend, sondern erst am nächsten Morgen, nach Fristablauf, in den Briefkasten des Finanzamts eingeworfen hat, so kommt Wiedereinsetzung nur in Betracht, wenn die Mitarbeiterin sorgfältig ausgewählt, geschult und überwacht war.[45]

1.1.1.9 Verschwiegenheitspflicht und deren Grenzen

a) Zwischen Steuerberater und Mandant besteht ein besonderes Treueverhältnis. So bestimmt § 57 Abs. 1 StBerG auch, dass die steuerlichen Berater ihren Beruf verschwiegen auszuüben haben.

§ 57 Abs. 1 StBerG lautet:

> Steuerberater und Steuerbevollmächtigte haben ihren Beruf unabhängig, eigenverantwortlich, gewissenhaft, verschwiegen und unter Verzicht auf berufswidrige Werbung auszuüben.

---

[44] Gräfe/Lenzen/Schmeer, Steuerberaterhaftung, Rn. 150.

[45] Borgmann/Jungk/Grams, Anwaltshaftung, XIII Rn. 14 f., 42 f.; Gräfe/Lenzen/Schmeer, Steuerberaterhaftung, Rn. 215.

Korrespondierend hierzu ist das Berufsgeheimnis auch strafrechtlich geschützt, §§ 203 Abs. 1 Nr. 3, 204 StGB.

Alles, was dem Steuerberater im Zusammenhang mit seiner Berufstätigkeit zur Kenntnis gekommen und so in den Bereich der „geschützten Sphäre" gelangt ist, unterliegt dieser Pflicht zur Verschwiegenheit.[46] Der Verschwiegenheitspflicht unterliegen aber auch solche Tatsachen und Umstände, die zwar für die Berufsausübung ohne Bedeutung sind, gleichwohl dem Berater aber „am Rande" mit bekannt worden sind.

Die Geheimhaltungspflicht bleibt grundsätzlich sowohl bei Mandatsende wie auch beim Tod des Mandanten bestehen.

b) Besondere Probleme entstehen immer wieder im Rahmen von Auskunftsverlangen von **Banken**. Die Steuerberater sind von den Banken als sachverständige Personen bekannt, die über die wirtschaftliche Lage des Bankkunden informiert sind. Die Banken wünschen regelmäßig Informationen über die Verhältnisse, um ihr Kreditengagement richtig einschätzen zu können. Der Mandant in der Krise hat dabei ein starkes Interesse daran, seine Verhältnisse so gut wie möglich darzustellen, während die Banken als Information einen fair value wünschen. Dies gilt vor allem dann, wenn der Mandant wesentliche Positionen der Bilanz (halbfertige Arbeiten, Vorräte, Forderungen, Rückstellungen für drohende Verluste oder Gewährleistung) selbst ermittelt hat.

c) Kommt der Steuerberater in die missliche Lage, einen **Honorarprozess** gegen seinen Mandanten führen zu müssen, ist der Berater im Rahmen dieses Prozesses berechtigt, all das vorzutragen, was erforderlich ist, ihm vor Gericht zum Erfolg zu verhelfen. Schließlich muss er ja der Pflicht zur Substantiierung seines Anspruchs gerecht werden können.

d) Bei der Praxisübertragung ist die Einwilligung des Mandanten über die Weitergabe seiner Daten einzuholen. Für Verkaufsverhandlungen bedeutet das, dass die Namen der Mandanten ohne vorherige Erlaubnis nicht aufgedeckt werden dürfen.[47] Mandatslisten zur Praxiswertermittlung dürfen somit auch keine Rückschlüsse auf die Auftraggeber zulassen (§ 59 Abs. 2 BOStB).

e) Im Zertifizierungs-Verfahren dürfen Namen, Daten und Unterlagen der Mandanten ebenfalls nicht aufgedeckt werden. Ist dies nach Ansicht des Prüfers notwendig, bedarf es der vorherigen ausdrücklichen Zustimmung (§ 4 BOStB).

► **Praxishinweis** Es bietet sich im Vorfeld eines Zertifizierungsprozesses an, eine Aktenauswahl für den Prüfer bereitzustellen und für die erforderliche Zustimmung des Mandanten zu sorgen.

[46] Späth, DStZ 1994, 78.

[47] BGH v. 11.12.1991, VIII ZR 4/91; NJW 1992, 737.

Musterschreiben

Wir sind seit ..... zertifiziert für die Steuerberatung nach ISO 9001:......

Im Laufe dieser Zertifizierungen kommen in regelmäßigen Abständen Prüfer in unsere Kanzlei. Diese möchten dann auch stichprobenweise Einblick in unsere Akten nehmen. Den Prüfern kommt es dabei nicht darauf an, welche Informationen in den Akten enthalten sind. Sie möchten vielmehr sehen, wie wir unsere Arbeit organisieren. Es wird zum Beispiel überprüft, ob die Akten ordentlich geführt werden. Alle Prüfer werden von uns zur Verschwiegenheit gegenüber Dritten verpflichtet.

Es könnte sein, dass die Prüfer auch einen Blick in Ihre Akten werfen möchten. Dies ist nur möglich, wenn Sie sich damit einverstanden erklärt haben. Wir wären Ihnen sehr dankbar, wenn Sie uns mit dem beigefügten Antwortschreiben Ihr Einverständnis bestätigen. Sie würden uns damit sehr unterstützen. Selbstverständlich gilt das Einverständnis nur für das Zertifizierungsverfahren, andere Personen werden keinen Einblick in Ihre Akten bekommen.

Bitte schicken Sie die Einverständniserklärung zurück. Gerne auch per Fax an: .....

Für Rückfragen stehen wir Ihnen gerne zur Verfügung.

Mit freundlichen Grüßen

....

Steuerberater

Antwortschreiben

Firma

Einverständniserklärung des Mandanten zur Durchführung eines Zertifizierungsaudits

Der oben genannte Mandant/Die oben genannte Mandantin hat die Kanzlei .... mit der Durchführung folgender Angelegenheiten beauftragt:

- ...
- ...

Der oben genannte Mandant/Die oben genannte Mandantin entbindet den Auftragnehmer sowie dessen Mitarbeiter hinsichtlich dieses Auftrags von der Verschwiegenheit, soweit dies zur Durchführung eines Zertifizierungsaudits in der Kanzlei des Auftragnehmers erforderlich ist und die insoweit tätigen Personen ihrerseits über ihre Verschwiegenheitspflicht belehrt worden sind.

Insbesondere erklärt sich der oben genannte Mandant/die oben genannte Mandantin damit einverstanden, dass durch den Zertifizierer/Auditor Einsicht in seine/ihre – vom Auftraggeber geführte – Handakte genommen wird.

....

Unterschrift Mandat/Mandantin

Bei seiner eigenen **Außenprüfung** ist der Steuerberater verpflichtet, Mandantenrechnungen unkenntlich zu machen, soweit sich aus ihnen persönliche Verhältnisse der Mandanten ergeben **(FG Köln, Urteil v. 24.9.1986**[48] **– VI 233/81 S n.v.)**.

Besondere Vorsicht ist im Zusammenhang mit einer (geplanten) **Praxisveräußerung** geboten. Nämlich: Eine Bestimmung in einem Praxisveräußerungsvertrag, die den Veräußerer auch ohne Einwilligung der Betroffenen zur Übergabe der Klientendaten und der Klientenunterlagen verpflichtet, ist nichtig **(BGH, Urteil v. 11.12.1991**[49] **– VIII ZR 4/91)**.

Die Verschwiegenheitspflicht bleibt auch dann bestehen, wenn er Steuerberater Kenntnis von Tatsachen oder Umständen erlangt, aus denen sich ein **strafbares Verhalten** des Mandanten ergibt. In diesem Fall muss er seinen Mandanten auf die Folgen seines Verhaltens aufmerksam machen. Stellt der Berater z. B. fest, dass sein Mandant eine Steuerverkürzung begangen hat, so wird er eine strafbefreiende Selbstanzeige (§ 371 AO) zu empfehlen haben.

Darüber hinaus muss sich der Steuerberater jeder – die Tat seines Mandanten fördernden – Handlung (und Unterlassen) enthalten. Aufgrund der weitreichenden psychischen Beihilfe[50] sollte im Zweifelsfall das Mandat niedergelegt werden. Zwar ist der Nachweis eines psychischen Bestärkens in der Praxis nur schwer bzw. kaum nachweisbar.[51] Dies aber lässt eine Strafbarkeit nicht entfallen! Außerdem ist bei der Mitwirkung bei der nächsten Steuererklärung des steuerunehrlichen Mandanten zweifelsohne eine Tatbeteiligung gegeben, sodass spätestens dann das Mandat niederzulegen ist, wenn nicht der Mandant in die Steuerehrlichkeit zurückgeht.

► **Praxishinweis** Es ist ausschließlich Sache des Mandanten, zu entscheiden, ob er eine solche strafbefreiende Selbstanzeige macht oder nicht. Der Steuerberater darf dagegen nicht von sich aus von seiner Kenntnis über eine Straftat oder Ordnungswidrigkeit Gebrauch machen und beispielsweise Anzeige erstatten. Das gilt auch dann, wenn er meint, „einzig im Interesse des Mandanten zu handeln".

Etwas anderes gilt nur dann, wenn der Steuerberater als Teilnehmer der Steuerstraftat des Mandanten zu sehen ist. In diesem Fall kann er betreffend der eigenen Taten eine strafbefreiende Selbstanzeige erstatten. Aus dem Mandatsverhältnis ergibt sich dann aber die Verpflichtung, zuvor den Mandanten über die Selbstanzeige zu unterrichten, damit beide gemeinsam zeitlich koordiniert die Selbstanzeige abgeben können.

---

[48] Stbg 1992, 205; Die zivilrechtliche Haftung des Steuerberaters 4. Aufl. 1994 Rn. 241.3; Maxl in Kuhls et al. (2004, § 57, Rn. 287 f); Gehre/v. Borstel StBerG 5. Aufl. 2005 § 57 Rn. 71.

[49] BGHZ 116, 268.

[50] Gräfe/Lenzen/Schmeer, Steuerberaterhaftung, Rn. 1434 ff.

[51] Gräfe/Lenzen/Schmeer, Steuerberaterhaftung, Rn. 1438.

1.1.1.10 Exkurs: Berufsgeheimnis contra Insolvenz des Steuerberaters bzw. Mandanten

1.1.1.10.1 Insolvenz des Steuerberaters

In der Insolvenz des steuerlichen Beraters gibt es u. a. auch in Bezug auf die Verschwiegenheitspflicht einige Besonderheiten. Hier steht das Berufsgeheimnis im Spannungsverhältnis zu den geschützten Gläubigerinteressen auf Befriedigung. Insbesondere die Rechtsprechung des BGH gibt hier immer mehr den Gläubigerinteressen den Vorrang vor dem Berufsgeheimnis des Steuerberaters.

So auch das folgende Urteil des **BGH** vom **17.2.2005**[52] **(IX ZB 62/04)**, das zwar in Bezug auf die **Verschwiegenheit** eines Arztes ergangen, aber vollständig auf den Berufsstand des Steuerberaters übertragbar ist:

Über das Vermögen eines Internisten wurde das Insolvenzverfahren eröffnet und der Kläger zum Insolvenzverwalter bestellt. Der Praxisbetrieb wurde fortgeführt. Der Insolvenzverwalter hatte den Internisten aufgefordert, seine Einkommens- und Vermögensverhältnisse offenzulegen. In diesem Zusammenhang wollte der Verwalter auch wissen, wann der Arzt welche Privatpatienten zu welchem Honorar seit dem Tag der Insolvenzeröffnung behandelt hat. Weiter wollte er wissen, welche Forderungen noch offen sind.

Der Arzt legte die Daten betreffend der Privatpatienten nur in anonymisierter Form vor. Er berief sich hierbei auf seine Schweigepflicht. Zur Durchsetzung des Auskunftsersuchens hatte das Amtsgericht zunächst erfolglos die zwangsweise Vorführung und anschließend Haft gegen den Schuldner angeordnet.

Der BGH gab dem Insolvenzverwalter Recht: Es ist zwar richtig, dass der Arzt einer Schweigepflicht unterliegt. Hierzu gehört beim Verhältnis Arzt/Patient bereits der Umstand, dass der Patient überhaupt bei einem Arzt war. Der Anspruch auf Geheimhaltung muss in der Insolvenz jedoch hinter den Belangen der Gläubiger zurückstehen. Die ärztliche Schweigepflicht tritt nämlich immer dann zurück, wenn überragende Interessen des Gemeinwohls oder vorrangige Belange Dritter dies gebieten und der Verhältnismäßigkeitsgrundsatz gewahrt ist.

Nimmt man hier eine Güterabwägung vor zwischen dem Geheimhaltungsinteresse der Privatpatienten einerseits und dem Befriedigungsinteresse der Gläubiger andererseits, so haben die Belange der Gläubiger insofern Vorrang, als die Angaben der Namen der Privatpatienten und die Höhe der Forderungen für die Durchsetzung der Gläubigerrechte erforderlich sind.

Und außerdem: Weshalb der Patient beim Arzt war, ergibt sich allein aus Name, Adresse und Honorar nicht. Dazu kommt, dass die Beeinträchtigung des Persönlichkeitsrechts auch insoweit hinnehmbar ist, als der Patient insofern notwendigerweise mit seiner Umwelt in Kontakt tritt, indem er z. B. die Praxis aufsucht. Der Arzt muss daher die Daten an den Verwalter herausgeben.

[52] BGHZ 162, 187.

► **Praxishinweis** Privatärztliche **Honorarforderungen** sind in vollem Umfang pfändbar und unterliegen dem **Insolvenzbeschlag**. In der Insolvenz müssen Ärzte daher auf Anfrage die Namen und Adressen ihrer Privatpatienten offenlegen. Außerdem müssen sie mitteilen, zu welchem Honorar sie die Patienten behandelt haben und welche Rechnungen noch offen sind.

Gleiches gilt auch für Honorarforderungen anderer Freiberufler, z. B. Rechtsanwälte, Wirtschaftsprüfer und Steuerberater.

1.1.1.10.2 Insolvenz des Mandanten

Generell gilt die Auskunftspflicht des Steuerberaters gegenüber seinem Auftraggeber. In der Insolvenz muss der Steuerberater die Auskunft gegenüber dem Insolvenzverwalter erteilen, denn gemäß § 80 InsO geht das Verwaltungs- und Verfügungsrecht mit Eröffnung des Insolvenzverfahrens auf den Verwalter über.[53] Allein der Insolvenzverwalter ist auch berechtigt, über die Entbindung von der beruflichen Verschwiegenheit zu entscheiden. Dem Steuerberater steht kein Zeugnisverweigerungsrecht gegenüber dem Insolvenzverwalter zu.[54] Die Auskunft muss der Steuerberater selbst bei Honorarrückständen erteilen.

Sofern die begehrte Auskunft pflichtwidrig nicht erteilt wird und dem Insolvenzverwalter hieraus Nachteile entstehen, erwächst hieraus eine Schadenersatzpflicht des Steuerberaters.

Beispiel

Der Insolvenzverwalter verlangt vom Steuerberater die Kontenblätter unter Fristsetzung heraus. Der Steuerberater verweigert die Herausgabe unter Hinweis auf Honorarrückstände. Der Insolvenzverwalter ist daher nicht in der Lage, die Zahlungsunfähigkeit des Schuldners innerhalb der letzten 3 Monate vor Insolvenzantrag zu überprüfen und kann deshalb die Insolvenzanfechtung gegenüber einigen Gläubigern nicht durchsetzen. Später gelangt der Insolvenzverwalter an die Unterlagen, die Insolvenzanfechtung ist aber verjährt. In diesem Fall haftet der Steuerberater aus Verzug auf den Ausfall der Forderungen.

Häufiger Streitpunkt zwischen dem Insolvenzverwalter und dem Steuerberater des Schuldners ist in der Praxis auch der Folgende: Der Berater gibt die ihm vom Schuldner überlassenen Unterlagen nicht an den Insolvenzverwalter heraus mit der Begründung, dass er an den Unterlagen wegen offener Honorarforderungen ein **Zurückbehaltungsrecht** geltend macht.

---

[53] Gräfe/Lenzen/Schmeer, Steuerberaterhaftung, Rn. 162..

[54] BGH v. 30.11.1989, II ZR 112/88; BGHZ 109, 260; BGH v. 25.10.1988, XI ZR 3/88; ZIP 1988, 1474.

► **Praxishinweis** Der Geschäftsbesorgungsvertrag zwischen Steuerberater und Mandant **erlischt** automatisch durch die Eröffnung des Insolvenzverfahrens, § 115 InsO. Und zwar, ohne dass es einer ausdrücklichen Kündigung durch den Insolvenzverwalter bedarf.

Wichtig ist in diesem Zusammenhang, zwischen den Verfahrensstadien zu unterscheiden. **Vor** Insolvenzeröffnung besteht grundsätzlich an allen Unterlagen und Daten ein Zurückbehaltungsrecht, sofern Honorarforderungen offen sind. Mit Verfahrenseröffnung endet der Auftrag des Steuerberaters, ohne dass es einer Kündigung bedarf, §§ 116 Satz 1, 115 Abs. 1 InsO. Daher ist auch nach Verfahrenseröffnung § 320 BGB nicht mehr anwendbar.

Nach Verfahrenseröffnung ist zunächst zu unterscheiden zwischen (1) den Unterlagen des Mandanten, (2) den Arbeitsergebnissen des Steuerberaters sowie (3) dessen Handakte.

(1) Zu den **Unterlagen** des Mandanten gehören z. B. die Belege, die der Mandant seinem Berater zur Erstellung der Buchhaltung zur Verfügung stellt. Solche Unterlagen muss der Steuerberater herausgeben. Er hat hieran **kein** Zurückbehaltungsrecht: Begründung: Diese Unterlagen sind zur ordnungsgemäßen Abwicklung des Insolvenzverfahrens erforderlich.[55] Außerdem bedarf der Honoraranspruch als einfache Forderung in Insolvenzverfahren keines besonderen Druckmittels mehr zu seiner Durchsetzung.[56]

(2) Dagegen sind **Arbeitsergebnisse** des Beraters bspw. die von ihm unter Zuhilfenahme der vom Mandanten übergebenen Unterlagen erstellte Buchführung. Hier gilt: Nach Eintritt der Insolvenz seines Auftraggebers (Mandanten) hat der Steuerberater die z. B. **DATEV-Konten** an den Insolvenzverwalter herauszugeben, ohne dass er Gegenrechte wegen seiner Honoraransprüche geltend machen kann.[57] Dies gilt auch für den Datenübertrag im Rechenzentrum. Der Steuerberater muss hier zustimmen. Der Gebührenanspruch des Beraters stützt sich hier auf § 33 Steuerberatergebührenverordnung. Er ist bereits – in voller Höhe – dadurch angefallen, dass der Steuerberater die einzelnen Buchungsvorgänge erfasst und zwecks Erstellung des DATEV-Kontos in den PC eingegeben hat. Der Steuerberater muss seine Honorarforderung wie jeder andere Insolvenzgläubiger auch zur Insolvenztabelle anmelden, um zunächst nur nach der Quote befriedigt zu werden.

Anders sieht es dagegen laut eines BGH-Urteils aus dem Jahr 1988 dann aus, wenn der Insolvenzverwalter die Herausgabe der **Hauptabschlussübersicht** verlangt. Solange der Insolvenzverwalter die Zahlung des Honorars hierfür verweigert, kann der Steuerberater die Hauptabschlussübersicht zurückbehalten.[58] Begründung: Die Vergütung richtet sich hier nach § 35 Steuerberatergebührenverordnung. Sie ist unabhängig von der Honorarpflichtigkeit der Vorarbeiten erst dann in voller Höhe angefallen, wenn die

[55] OLG Hamm ZIP 1987, 1330 f.
[56] Best 2002/2003, A. Rz. 366.
[57] LG Essen, Urteil vom 24.5.1996 zum damaligen Konkursrecht.
[58] BGH ZIP 1988, 1474 ff.

Abschlussarbeiten erstellt und den Steuerbehörden, anderen Stellen oder dem Auftraggeber zugänglich gemacht worden sind.

In dieselbe Richtung geht ein neueres Urteil des BGH vom 11.5.2004.[59] Dort hat der BGH entschieden, dass der Insolvenzverwalter keinen Anspruch auf Herausgabe der Arbeitsergebnisse gegen den Steuerberater bei rückständigem Honorar hat. Allerdings soll der Insolvenzverwalter einen Anspruch auf Datenübertrag haben, soweit der Steuerberater lediglich die übergebenen Unterlagen aufbereitet und zum Zwecke der Geschäftsbesorgung erfasst hat.

(3) Die **Handakte** des Steuerberaters hingegen umfasst typischerweise die Mandantenkorrespondenz. Hier ist wohl ein Zurückbehaltungsrecht anzunehmen. Ob sich dies aus § 66 Abs. 4 StGB oder aus § 273 BGB ergibt, dürfte gleichgültig sein. Denn der Gesetzgeber hat in § 51 InsO Zurückbehaltungsrechte normiert, die insolvenzfest sind. Das Zurückbehaltungsrecht des Steuerberaters ist hier nicht enthalten. Daher folgt aus einem Umkehrschluss, dass es gerade nicht insolvenzfest ist. Dies bestätigt insoweit ein BGH-Urteil zur Vorlage der Handakte des Rechtsanwalts.[60] Der Rechtsanwalt muss nach Verfahrenseröffnung aus Gründen der Verfahrensbeschleunigung seine gesamte Handakte herausgeben. Aufgrund der sehr ähnlichen Konstellation ist dieses Urteil für die Handakte des Steuerberaters oder des Wirtschaftsprüfers übertragbar.

In der Praxis läuft das Zurückbehaltungsrecht ins Leere. Denn lässt der Insolvenzverwalter, soweit das Zurückbehaltungsrecht ausgeübt wird, die Steuerberater gem. §§ 4, 5 InsO als Zeugen vor das Insolvenzgericht vorladen, führt dies regelmäßig dazu, dass die Auskünfte bereitwillig erteilt und Unterlagen herausgegeben werden.

An den Arbeitsergebnissen besteht eine Herausgabepflicht wohl nicht. Allerdings ist davon auszugehen, dass der DATEV-Datenübertrag verlangt werden kann.

Eine körperliche Herausgabe der Unterlagen des Steuerberaters wird wohl nicht verlangt werden können. Der BGH hat nämlich in einem Urteil[61] gegenüber einem Steuerberater entschieden, dieser müsse die von ihm gefertigte Hauptabschlussübersicht und die Umbuchungslisten nicht an den Konkursverwalter herausgeben. Diese seien von ihm nicht erlangt i. S. des § 667 BGB, sondern es handle sich um das Arbeitsergebnis, das er nicht ohne Bezahlung herausgeben brauche.

Allerdings kann sich der Steuerberater wohl nicht auf ein Zeugnisverweigerungsrecht gegenüber dem Insolvenzverwalter berufen. Das Zeugnisverweigerungsrecht des Steuerberaters unterscheidet sich nicht von dem des Rechtsanwalts. Für diesen hat der BGH entschieden, dass das Zeugnisverweigerungsrecht nur besteht, soweit der Rechtsanwalt den Mandant strafrechtlich berät. Soweit er ihn wirtschaftlich berät, besteht kein Zeug-

[59] Az: IX ZR 178/03.

[60] BGH vom 30.11.1989 Az: III ZR 112/98, BGHZ 109/260.

[61] BGH 25.10.1988 XI ZR 3/88 NJW 1989, 1216.

nisverweigerungsrecht.[62] Da der Steuerberater aber vorwiegend wirtschaftlich berät und in Konkursdelikten strafrechtlich auch nicht beraten darf, ist davon auszugehen, dass gegenüber dem Steuerberater generell die Entbindungserklärung des Insolvenzverwalters ausreicht.

1.1.1.11 Grenzen der Beraterpflichten

Die allgemeinen Beraterpflichten finden dort ihre Grenzen, wo ein Tätigwerden des Beraters die Mitwirkung an einer mit Strafe bedrohten Handlung oder zumindest eine Ordnungswidrigkeit darstellen würde.

Von besonderer Bedeutung ist dies bei **steuerunehrlichen Mandanten**: Der Steuerberater erfährt, dass sein Mandant Zinseinkünfte aus dem Ausland nicht erklärt hat. Zunächst einmal muss der Steuerberater seinen Mandanten auf die Berichtigungspflicht und die Möglichkeit zur Selbstanzeige hinweisen. Damit hat der Steuerberater seinen Mandanten richtig belehrt. Kommt der Mandant diesem Rat nicht nach, zwingt dies den Steuerberater nicht, sein Mandat niederzulegen. Er wird aber „bösgläubig" für die nächste Steuererklärung. Bei dieser nächsten Steuererklärung muss er den Mandanten auf die ausländischen Zinseinkünfte ansprechen. Teilt der Mandant ihm mit, im Veranlagungszeitraum lägen derartige Einkünfte nicht mehr vor, ist die Angelegenheit für den Steuerberater erledigt. Teilt der Mandant mit, die Einkünfte bestehen noch, so muss der Steuerberater diese erklären oder er muss das Mandat niederlegen. Ein letzter Ausweg wäre noch, dem Mandanten einzelne Anlagen oder den Mantelbogen zu der Steuererklärungen zu erstellen und ihn auf die Deklarationspflicht der Auslandseinkünfte hinzuweisen. Dann aber setzt er sich u. U. dem Vorwurf aus, psychische Beihilfe[63] geleistet zu haben.

Darüber hinaus gibt es auch keine Pflicht des Beraters, dem Mandanten eine (im Gesetz nicht vorgesehene) Steuervergünstigung zu verschaffen oder bei deren Erlangung mitzuwirken.

1.1.1.12 Anforderungen des BGH an die Rechtskenntnis bzw. Rechtsfortbildung des Steuerberaters sowie mögliche Änderung der höchstrichterlichen Rechtsprechung

Bekanntlich sind die Anforderungen, die der Bundesgerichtshof in seiner Rechtsprechung an den Steuerberater stellt, extrem hoch.

1.1.1.12.1 Rechtskenntnis bzw. Rechtsfortbildung

In dem Urteil vom 25.9.2014 hatte der BGH über die Frage zu befinden, unter welchen Umständen ein Steuerberater bei seiner Beratung eine mögliche Änderung der höchstrichterlichen Rechtsprechung in Betracht ziehen muss (BGH-Urteil vom 25.9.14, Az. IX ZR 199/13).[64] Im zugrunde liegenden Fall hatte der Mandant und spätere Kläger seinen

[62] BGH Urteil vom 30.11.1989 BGHZ 109, 260 = DB 1990, 783; vgl. auch Eylmann in Henssler/Prütting BRAO 2. Aufl. 2004 § 43 a BRAO Rz. 66.

[63] s. u. Abschn. 6.1.1

[64] BGH v. 25.9.2014, Az. IX ZR 199/13; DB 2014, 2399.

Hauptwohnsitz aus privaten Gründen verlegt, seine Wohnung am Ort seiner beruflichen Tätigkeit aber als Zweitwohnung beibehalten. Das Finanzamt hatte die Berücksichtigung der Kosten für eine doppelte Haushaltsführung abgelehnt. Dagegen legte der Steuerberater auf Weisung seines Mandanten Einspruch ein, nahm diesen aber später ohne vorherige Rücksprache mit seinem Mandanten zurück, nachdem das Finanzamt angekündigt hatte, nicht abhelfen zu wollen. 3 Wochen nach Einspruchsrücknahme änderte der BFH seine Rechtsprechung über die Berücksichtigungsfähigkeit der Kosten bei doppelter Haushaltsführung, sodass die Kosten, deren Berücksichtigung der Mandant mit seinem Anspruch begehrt hatte, tatsächlich zu berücksichtigen gewesen wären. Der Mandant machte daraufhin Schadenersatzansprüche gegen seinen Steuerberater geltend, letztlich mit Erfolg.

Dabei waren 2 zentrale Fragen vom BGH zu beantworten, nämlich zum einen, ob der Steuerberater die Möglichkeit einer Rechtsprechungsänderung hätte in Betracht ziehen müssen, zum anderen die Frage, wie die unabgesprochene Einspruchsrücknahme zu bewerten sei. Das Berufungsgericht war der Auffassung gewesen, der Steuerberater hätte mit der Möglichkeit rechnen müssen, dass der BFH seine entsprechende Rechtsprechung zur Berücksichtigung der Kosten doppelte Haushaltsführung ändern werde, da sich aus dem Jahresbericht des Bundesfinanzhofes ergeben habe, dass dort ein Revisionsverfahren zur Berücksichtigung von Kosten der doppelten Haushaltsführung anhängig war, dem der BFH besondere Bedeutung zumaß. Der Steuerberater sei gehalten gewesen, die im Internet veröffentlichten Jahresberichte, die übersichtlich gegliedert seien, zur Kenntnis zu nehmen.

Diese Einschätzung hat der Bundesgerichtshof **nicht** geteilt. Er hat darauf verwiesen, dass der Jahresbericht des Bundesfinanzhofs nicht Teil der amtlichen Sammlung sei und auch nicht zu den einschlägigen Fachzeitschriften gehöre, die ein Steuerberater auszuwerten habe. Die Durchsicht dieser Berichte sei zwar ohne großen Aufwand möglich, da ihnen ein Inhaltsverzeichnis vorangestellt sei, das das Auffinden der eingegangen Revisionen von besonderem Interesse und der zu erwartenden Entscheidungen von besonderer Bedeutung in den einzelnen Rechtsgebieten erleichtere. Adressat der Jahresberichte sei jedoch nicht der einzelne Steuerberater. Vielmehr werde der Jahresbericht im Zusammenhang mit der Jahrespressekonferenz des Bundesfinanzhofs verfasst, bei der ein Überblick über die Geschäftsentwicklung des vergangenen Jahres und die im Berichtsjahr neu eingegangenen wichtigen Streitverfahren gegeben wird. Die Jahresberichte würden an die Teilnehmer dieser Jahrespressekonferenz verteilt und anschließend auf der Internetseite des Gerichts veröffentlicht. Zwar sei der Bericht so jedermann zugänglich, er wende sich jedoch an die Vertreter der allgemeinen sowie der Fachpresse, die ihn publizistisch verwerten. Der einzelne Steuerberater könne sich daher darauf verlassen, die für ihn bedeutsamen Informationen der allgemeinen Presse und der Fachliteratur entnehmen zu können und sei nicht gehalten, die Jahresberichte selbst durchzusehen.

Da der Steuerberater nicht nur die höchstrichterliche Rechtsprechung, sondern auch die aktuellen Entwicklungen in Gesetzgebung und Literatur zu verfolgen habe, könne von ihm nicht die Kenntnis jeder einzelnen Entscheidung des Bundesfinanzhofs erwartet werden. Auch reine Entscheidungssammlungen müssen von Steuerberatern nicht vollständig ausgewertet werden. Vielmehr dürfe der Steuerberater darauf vertrauen, über etwaige neue Rechtsentwicklungen durch die allgemeinen steuerrechtlichen Fachpublikationen unterrichtet zu werden.[65]

Zu den Berufspflichten des Steuerberaters gehört die Lektüre einschlägiger Fachzeitschriften.[66] Dabei ist ausreichend, dass der Steuerberater eine allgemeine Fachzeitschrift regelmäßig und zeitnah, d. h. innerhalb eines Monats,[67] liest und auswertet.[68] Welche Fachzeitschriften der Steuerberater lesen muss, lässt die Rechtsprechung aber weiterhin offen.[69] Zu diesem Fragekreis hat der BGH im Urteil vom 23.9.2010[70] jedoch hervorgehoben, dass Zeitschriften wie „Steuerrechtsprechung in Karteiform", „StuB" (Steuern und Bilanzen) und „BFH-PR" sowie die weiter in Betracht kommende, keine redaktionellen Beiträge enthaltende Rechtsprechungssammlung BFH/NV **nicht** zu dem Kreis der „einschlägigen allgemeinen Fachzeitschriften" gehört. Er hat sich weiterhin dahingehend eingelassen, dass die Zeitschrift „Der Ertragssteuerberater" nicht zum Kanon der auszuwertenden Fachzeitschriften zähle.[71] Des Weiteren hat der BGH die Anforderungen an die auszuwertende Literatur dahingehend präzisiert, dass die einschlägigen Zeitschriften die für die Beraterpraxis benötigten Informationen dank einer redaktionellen Aufarbeitung gebündelt auffinden lassen müssen.[72]

Der BGH weist in dem Urteil vom 23.9.2010 darauf hin, dass zu den „einschlägigen allgemeinen Fachzeitschriften" **nicht nur** das „Bundessteuerblatt" und das „Deutsche Steuerrecht" zu zählen ist.[73] Der BGH betont des Weiteren, dass gegenwärtig nicht verlangt werden könne, dass der Rechtsberater schlechthin jede in seinen Arbeitsbereich fallende höchstrichterliche Entscheidung kennt, insb. wenn sie nicht einmal mit einem Leitsatz versehen ist.[74] Ob bei einer fortschreitenden, einen einfachen, raschen und kostengünstigen Zugriff gestattenden Informationstechnologie zukünftig strengere Anforderungen an die Kenntnis höchstrichterlicher Entscheidungen zu stellen sind, hat der BGH aber ausdrücklich offengelassen.[75]

---

[65] BGH v. 25.9.2014, a. a. O.

[66] BGH v. 28.9.2000, IX ZR 6/99; BGHZ 145, 256; OLG Düsseldorf v. 25.5.2000, 13 U 76/99; GI 200, 267.

[67] Gräfe/Lenzen/Schmeer, Steuerberaterhaftung, Rn. 243; OLG Düsseldorf v. 25.5.2000, 13 U 76/99, GI 2000, 267 (4–6 Wochen); OLG Düsseldorf v. 4.9.1998, 6 U 82/96; information StW 1999, 95 (4–6 Wochen).

[68] BGH v. 20.12.1978, IV ZB 115/78; DB 1979, 1407.

[69] OLG Köln v. 26.4.2007, 8 U 49/06 : BStBl und DStR; so auch in Anmerkung zu OLG Karlsruhe v. 18.12.2006, 1 U 77/06; DStR 2007, 1459: „Pflichtblätter" sind BStBl und DStR.

[70] BGH v. 23.9.2010, IX ZR 26/09; DB 2010, 2325.

[71] BGH v. 25.9.2014, a. a. O.

[72] BGH v. 25.9.2014, a. a. O.

[73] BGH v. 23.9.2010, a. a. O.

[74] BGH v. 23.9.2010, a. a. O.

[75] BGH v. 23.9.2010, a. a. O.

Ungeachtet dessen wird bei spezialisierten Kanzleien eine zeitnahe Auswertung der Spezialliteratur verlangt.[76] Daher ist Vorsicht geboten bei der eigenen werbenden Angabe von Spezialgebieten. Der Steuerberater wird sich daran messen lassen müssen!

1.1.1.12.2 Informationspflicht zur eventuellen Rechtsprechungsänderung?

Im Hinblick auf eventuelle Rechtsprechungsänderungen sind nach der Entscheidung des BGH[77] keine strengeren Anforderungen zu stellen als allgemein an die Information des Steuerberaters über die aktuelle Entwicklung.

Grundsätzlich darf sich der Steuerberater wegen der richtungsweisenden Bedeutung, die höchstrichterlichen Entscheidungen für die Rechtswirklichkeit zukommt, bei der Wahrnehmung seines Mandats an dieser Rechtsprechung ausrichten, zumal von einer gefestigten höchstrichterlichen Rechtsprechung normalerweise nur in Ausnahmefällen abgewichen wird.

Eine Änderung der Rechtsprechung hat der Berater allerdings dann in Erwägung zu ziehen, wenn entweder ein oberstes Gericht sie in Aussicht stellt oder neue Entwicklungen in Rechtsprechung und Rechtswissenschaft Auswirkungen auf eine ältere Rechtsprechung haben können und es zu einer bestimmten Frage an neueren höchstrichterlichen Erkenntnissen fehlt.

Ausnahmsweise kann auch eine Verpflichtung des Beraters bestehen, die Rechtsprechung der Instanzgerichte und das Schrifttum heranzuziehen, wenn ein Rechtsgebiet aufgrund eindeutiger Umstände in der Entwicklung begriffen ist und neue höchstrichterliche Rechtsprechung zu erwarten ist. In einem solchen Fall muss der Berater auch innerhalb angemessener Zeit Spezialzeitschriften durchsehen. Der Maßstab ist im Einzelfall davon abhängig, mit welcher Evidenz eine neue Rechtsentwicklung in eine bestimmte Richtung weist.

1.1.1.13 Pflicht zur Beendigung; Pflichten bei der Beendigung des Mandats und nachvertragliche Pflichten

Ein Mandat ist niederzulegen, wenn der Berater aus Gründen, die in seinem Verantwortungsbereich liegen, einen Auftrag nicht ordnungsgemäß erfüllen kann.

Beispiel

Hat beispielsweise die Finanzverwaltung schon mehrfach zur Abgabe der Steuererklärung aufgefordert und Fristen gesetzt und erkennt der Berater, dass er die schon verlängerten Fristen nicht einhalten kann und eine weitere Fristverlängerung auch nicht zu erlangen ist, dann muss er das Mandat niederlegen.[78]

Sollte es aufgrund der fehlenden Mandatsniederlegung zu Schäden kommen, besteht kein Versicherungsschutz.[79]

---

[76] argumentum ex contrario aus BGH v. 20.12.1978, IV ZB 115/78; DB 1979, 1407.

[77] BGH v. 25.9.2014, a. a. O.

[78] Gräfe/Lenzen/Schmeer, Steuerberaterhaftung, Rn. 276.

[79] Gräfe/Lenzen/Schmeer, Steuerberaterhaftung, Rn. 276.

Des Weiteren weisen die Standesrichtlinien darauf hin, dass die Tätigkeit zu versagen ist, wenn sie für eine pflichtwidrige oder unerlaubte Handlung in Anspruch genommen werden (§ 25 Abs. 3 BOStB, § 49 WPO).

Das Mandat des Steuerberaters wird beendet durch

- Erledigung,
- einvernehmliche Beendigung,
- Kündigung,
- Tod.

Der Steuerberatungsvertrag ist von beiden Seiten fristlos gemäß § 627 BGB kündbar, ohne dass besondere Kündigungsgründe vorliegen müssen. Für die Mandatsbeendigung durch Kündigung stellt sich dabei die Frage, inwieweit nachvertragliche Pflichten bestehen.

a) Bei **Beendigung des Mandats (Kündigung) durch den Steuerberater** sind diejenigen Handlungen vorzunehmen, die zumutbar sind und keinen Aufschub dulden, § 29 BOStB.
Außerdem muss er beachten, dass er nicht ohne wichtigen Grund zur Unzeit kündigt. Eine Kündigung zur Unzeit ist zwar eine wirksame Kündigung. In diesem Fall macht sich der Steuerberater gem. § 627 Abs. 2 Satz 2 BGB schadenersatzpflichtig. Eine Kündigung zur Unzeit liegt vor, wenn sich der Mandant nach Zugang der Kündigung (Mandatsniederlegung) einen anderen Steuerberater nicht rechtzeitig beschaffen kann. Ein wichtiger Grund ist dann anzunehmen, wenn das auch nur vorübergehende Festhalten an dem Mandatsverhältnis für den Steuerberater unzumutbar ist. Ein wichtiges Indiz für die vorzunehmende Interessenabwägung ist das vertragswidrige Verhalten des Mandanten gem. § 628 Abs. 1 Satz 2 BGB. Für den Mandanten gilt die Einschränkung der Kündigungsmöglichkeit zur Unzeit nicht, § 627 Abs. 2 BGB.
Ein wichtiger Fall der Mandatskündigung wegen vertragswidrigen Verhaltens ist der Honorarrückstand des Mandanten. Allerdings sollte der Steuerberater für den Fall der Mandatskündigung diese in der Vorschussanforderung bzw. der Mahnung auf die Vorschussanforderung androhen.[80] Entsprechendes gilt, wenn der Mandant trotz Aufforderung keine, fehlerhafte oder unvollständige Informationen erteilt oder Belege nicht vorlegt. Zum Schluss ist ein wichtiger Grund anzunehmen, wenn der Mandant vom Steuerberater Gesetzesverstöße verlangt, z. B. Überbewertung von Aktiva, um einen Kredit zu erhalten oder Nichtansetzen von Betriebseinnahmen, um Steuern zu verkürzen.

[80] Rinkler, in Zugehör/Fischer/Sieg/Schlee, Handbuch der Anwaltshaftung, Rn. 113.

Musterschreiben

Sehr geehrter Mandant,

ich nehme Bezug auf meine Vorschussanforderung vom .... und meine Mahnung vom .... Ich habe diesem Brief nochmals die Kopien dieser Schreiben als Anlage beigefügt.

Einen Zahlungseingang konnte ich immer noch nicht feststellen. Bitte haben Sie Verständnis dafür, dass ich das Mandatsverhältnis kündigen werde, wenn nicht bis zum .... (Zahlungseingang) auf meinem Konto ein Zahlungseingang festzustellen ist.

Mit freundlichen Grüßen

....

Steuerberater

b) Bei **Beendigung des Mandats (Kündigung) durch den Mandanten** muss der Steuerberater über auslaufende Fristen belehren,[81] es sei denn, der Mandant wurde bereits über die laufenden Fristen unterrichtet. Dann aber entfällt eine weitere Belehrung selbst bei Mandatskündigung durch den Mandanten während des Laufs der Rechtsbehelfsfrist. Eine darüber hinausgehende Erinnerungspflicht besteht nicht.

[81] BFH v. 7.12.1995, III R 12/91; BFH/NV 1996, 680.

Musterschreiben

Einschreiben mit Rückschein

per Fax vorab

Sehr geehrter Mandant,

ich nehme Bezug auf Ihre Mandatskündigung vom ...., deren Eingang ich hiermit bestätige.

Ich bitte Sie zu beachten, dass derzeit folgende Fristen offen sind:

Lfd. Nr.	Steuerart/Auftrag	Bescheiddatum	Fristende	Rechtsbehelf etc.
1.	Einkommensteuer 2013			
2.	Lohnabrechnung Juni 2013			
3.				
4.				

Aufgrund Ihrer Mandatskündigung bin ich nicht mehr in der Lage, diese Fristen für Sie zu unterbrechen. Bitte beachten Sie die Rechtsbehelfsbelehrungen, die auf den Bescheiden angebracht sind.

Mit freundlichen Grüßen

....

Steuerberater

Das obige Musterschreiben könnte dem Mandanten grundsätzlich per einfachem Brief geschickt werden, denn der Steuerberater darf auf den üblichen Postlauf vertrauen.[82] Dennoch ist zu empfehlen, das Schreiben entweder gegen Empfangsbestätigung oder per Einschreiben zu versenden. Jedenfalls muss die Versendung, z. B. durch Postausgangsbuch, ordentlich dokumentiert werden.

Grundsätzlich endet jede Beratungs- und Hinweispflicht mit dem Auftragsende. Das gilt auch für die Hinweispflicht auf eigene Fehler.[83] Der Steuerberater ist nach einer Kün-

[82] BVerfG v. 1.12.1982, 1 BvR 607/82; NJW 1983, 1479.
[83] BGH v. 1.2.1990, IX ZR 82/89; NJW-RR 459.

digung durch den Mandanten nicht mehr zur Beratung verpflichtet. Insbesondere ist er nach Mandatsbeendigung nicht mehr verpflichtet, Möglichkeiten zur Schadensminderung aufzuzeigen.

BGH Urteil vom 1.2.1990[84]
Eine Rechtspflicht zur eigenverantwortlichen Belehrung über die Regreßmöglichkeit oblag dem Beklagten insbesondere nicht als Nachwirkung aus dem beendeten Anwaltsvertrag der Parteien. Die Belehrungspflicht des Rechtsanwalts besteht grundsätzlich nur bis zur Beendigung des Mandats (vgl. Senatsurt. v. 18. September 1986 – IX ZR 204/85, NJW 1987, 326, 327; Jessnitzer, Bundesrechtsanwaltsordnung 4. Aufl. § 51 Rdn. 4; Rinsche, aaO I 126). Zwar können vertragliche Pflichten unter Umständen über die Vertragsabwicklung hinaus fortwirken, insbesondere in dem Sinne, daß kein Beteiligter den Vertragszweck nachträglich vereiteln oder gefährden darf (RGZ 161, 330, 338 f; BGH, Urt. v. 28. Mai 1952 – II ZR 253/51, LM § 362 BGB Nr. 2; Palandt/Heinrichs, BGB 49. Aufl. § 276 Anm. 7 D). Hierbei geht es aber in aller Regel nur um Nebenpflichten, nicht um ein Fortdauern der – konkret auf Beratung gerichteten – vertraglichen Hauptpflicht selbst. Eine generelle Rechtspflicht, eine zuvor geschuldete Beratung nach Vertragsende unaufgefordert wieder aufzunehmen, wenn der frühere Mandant erkennbar erneut der Beratung bedarf, würde nicht nur die beratenden Berufe in unzumutbarer Weise überfordern, sondern auch nicht berücksichtigen, dass die Beratung im allgemeinen ein besonderes Vertrauensverhältnis voraussetzt. Nur ausnahmsweise unter ganz besonderen Umständen ist nach Treu und Glauben eine Benachrichtigungspflicht nach Vertragsbeendigung angenommen worden, insbesondere um einen dem Vertragspartner offensichtlich drohenden erheblichen Schaden abzuwenden, der mit der vorangegangenen Vertragserfüllung zusammenhing (OGHZ 1, 380, 384 f; BGHZ 61, 176, 178 f).

1.1.1.14 Darlegungs- und Beweislast für den Pflichtverstoß

Kommt es zum Rechtsstreit zwischen dem Steuerberater und seinem Mandanten, so gilt: Die Tatsache, dass der Steuerberater eine seiner Pflichten verletzt hat, muss vom Mandanten dargelegt und bewiesen werden.[85] Das Gericht entscheidet im Rechtsstreit aufgrund einer freien Beweiswürdigung, § 286 ZPO. Vor Gericht muss also der Mandant alle Tatsachen vortragen, aus denen sich die Pflichtverletzung ergibt und – für den Fall, dass der Steuerberater die Pflichtverletzung bestreitet – muss er diese beweisen. Stellt der Steuerberater im Prozess die wesentlichen Punkte des Gesprächs mit dem Mandanten so dar,

[84] BGH v. 1.2.1990, IX ZR 82/89; DB 1990, 882.
[85] Gräfe/Lenzen/Schmeer, Steuerberaterhaftung, Rn. 139.

dass zu erkennen ist, dass er den ihm obliegenden Aufklärungs- und Hinweispflichten gerecht geworden ist, genügt er seiner Darlegungslast.[86]

> **Praxishinweis** Konkret bedeutet dies, dass z. B. der Mandant darlegen muss, dass der Steuerberater nicht oder falsch belehrt hat. Außerdem muss er darlegen und beweisen, welche Fragen und welche Sachverhaltsschilderungen er an den Steuerberater gerichtet hat.

Hier drohen bei gut beratenen Mandanten enorme Haftungsrisiken. Die vertraulichen Gespräche finden sehr oft unter vier Augen statt. Das heißt der Steuerberater hat für die Schilderung der Umstände im Haftungsprozess keine Zeugen. Der Mandant kann aber seine Schadenersatzforderung z. B. an seine Ehefrau abtreten und dann im Schadenersatzprozess als Zeuge auftreten. Der Steuerberater, der die Gespräche nicht oder nur unzulänglich dokumentiert, wird damit in große Bedrängnis gebracht. Daher sollte der Steuerberater in jedem Fall Hinweise und Belehrungen dokumentieren und die Aktenvermerke dem Mandanten zusenden. Zu besonders kritischen Besprechungen sollte er Mitarbeiter als potentielle Zeugen hinzuziehen, die den Aktenvermerk zudem unterzeichnen sollten.

1.1.2 Sonderfall: Krise bzw. Insolvenz des Mandanten

In der Krise des Mandanten ist besondere Vorsicht geboten. Hier setzen Gesetzgebung und Rechtsprechung besonders strenge Maßstäbe bezüglich der Arbeit des steuerlichen Beraters an. Der Steuerberater muss nicht nur richtig beraten – dies muss er immer. Er muss vielmehr auch unter erheblichem Zeitdruck arbeiten. Auch sind die Haftungspotentiale in der Krise besonders hoch. So kann die Beihilfe zu einer Insolvenzverschleppung neben den strafrechtlichen und berufsrechtlichen Konsequenzen ohne weiteres Haftungsfolgen nach sich ziehen, die die Existenz des Beraters gefährden. Zuletzt ist zu beachten, dass in der Insolvenz von dem Insolvenzverwalter sogenannte Sonderaktiva, also z. B. auch Schadenersatzansprüche gegen den Steuerberater, gesucht werden. Das heißt die Gefahr, dass Schadenersatzansprüche entdeckt werden, ist ungleich höher als im „normalen Mandat".

1.1.2.1 Verspätete Erstellung des Jahresabschlusses

Der Jahresabschluss ist gem. § 243 Abs. 3 HGB innerhalb eines ordnungsgemäßen Geschäftsgangs aufzustellen. Für Kapitalgesellschaften schreibt das HGB vor, dass der Jahresabschluss binnen 3 Monaten ab Schluss des Geschäftsjahres auszustellen ist. Lediglich kleine Kapitalgesellschaften dürfen sich 6 Monate Zeit lassen, wenn dies dem ordnungsgemäßen Geschäftsgang entspricht, § 264 Abs. 1 Satz 3 HGB. Aber auch für Einzelunternehmen, OHG und KG gelten nach der ständigen Rechtsprechung Aufstellungsfristen.

[86] BGH v. 4.6.1996, IX ZR 246/95; DStR 1997, 106.

Zwar sind diese noch nicht eindeutig ausgeurteilt. So sieht der **BFH**[87] eine Höchstfrist von 12 Monaten, während nach der handelsrechtlichen Literatur[88] von einer Frist von maximal 6–9 Monaten auszugehen ist.

Gerät ein Unternehmen in die Insolvenz und wurden die vorausgehenden Abschlüsse verspätet erstellt, so hat dies weitreichende Konsequenzen. Besonders bedeutsam ist dies bei der verspäteten Bilanzerstellung, §§ 264 HGB, § 283b StGB: Die verspätete Jahresabschlusserstellung steht nämlich in der Krise unter Strafe. Hier ist zu beachten, dass bei Beauftragung des Steuerberaters mit der Jahresabschlusserstellung die Aufgabe auf diesen delegiert wird, mit der Folge, dass dieser gem. § 14 StGB in die strafrechtliche Verantwortung hineinwächst, § 14 Abs. 2 Nr. 2 StGB. Der Berater muss seine wirtschaftlich schwierigen Mandanten bei der Bilanzierung vorziehen.[89] Zur Vermeidung der eigenen Strafbarkeit wird der Steuerberater bei Honorarrückständen die Unterlagen unter Kündigung des Auftrags an den Mandanten zurückgeben.[90]

► **Praxishinweis** In einer eventuellen **Krise** darf die gesetzliche Frist für die Erstellung des Jahresabschlusses nicht ausgeschöpft werden. Die Rechtsprechung geht von einer Verkürzung auf ca. 10 Wochen aus.[91] Die Literatur ist etwas großzügiger und gewährt 2–3 Monate.[92] Jedenfalls ist eine Abschlusserstellung später als 6 Monate in der Krise generell nicht mehr einem ordnungsgemäßen Geschäftsgang entsprechend.[93]
Dies gilt auch für Einzelunternehmen und Personenhandelsgesellschaften. Das Schadensrisiko ist hier enorm. Verstößt der Steuerberater gegen die Verpflichtung zur rechtzeitigen Jahresabschlusserstellung, kann dem Mandanten wegen einer Bankrottstraftat, § 283 b Abs. 1 Nr. 3 b StGB, die Restschuldbefreiung versagt werden, § 290 I Nr. 1 InsO. Das Schadensvolumen des Steuerberaters beläuft sich dann auf die Summe der ungedeckten Verbindlichkeiten seines Mandanten, die er ansonsten durch Erteilung der Restschuldbefreiung losgeworden wäre.

Beispiel

Der Mandant betreibt ein kriselndes Einzelunternehmen. Der Steuerberater wird im Februar beauftragt, den Jahresabschluss zu erstellen. Honorarrückstände bestehen nicht. Der Jahresabschluss ist bis zum August nicht erstellt. Aufgrund eines Insolvenzantrags der AOK wird das Insolvenzverfahren im September eröffnet. Die Summe der ungedeckten Verbindlichkeiten beläuft sich auf 2,0 Mio. €. Der Mandant wird wegen verspäteter Abschlusserstellung gem. § 283 b Abs. 1 Nr. 3 b StGB verurteilt. Die

[87] BFH v. 6.12.1983, VIII R 110/79; BStBl 1984 II 227.
[88] Hopt/Merkt, Handelsgesetzbuch, § 243 Rn. 10.
[89] Bittmann, Insolvenzstrafrecht, § 28 Rn. 6 unter Hinweis auf BVerfG v 15.3.1978, 2 BvR 927/76; BVerfGE 48, 48.
[90] Bittmann, Insolvenzstrafrecht, § 12 Rn. 246; BGH v. 30.11.1989, III ZR 112/88; BGHZ 109, 260.
[91] Rechtssprechungsübersicht: Reichel, BB 81, 708.
[92] Hopt/Merkt, Handelsgesetzbuch, § 243 Rn. 10.
[93] Bittmann, Insolvenzstrafrecht, § 12 Rn. 237 m.v.N.

Restschuldbefreiung wird ihm daraufhin versagt, § 290 Abs. 1 Nr. 1 InsO bzw. § 297 InsO. Hier haftet der Steuerberater wegen seiner Verzögerung. Sein Mandant ist so zu stellen, als hätte er rechtzeitig den Jahresabschluss erstellt. Dann aber wäre ihm die Restschuldbefreiung erteilt worden. Der Steuerberater haftet folglich in einem Umfang von 2,0 Mio. €.

Der Straftatbestand ist gerade deshalb so gefährlich, weil er so einfach nachzuweisen ist. Die Staatsanwaltschaft überprüft nur noch das Erstellungsdatum und kann unmittelbar hieraus ihre Schlüsse ziehen.

Entlastung bietet hier ein jüngeres Urteil des BayOLG,[94] nach welchem die Strafbarkeit entfällt, wenn die Bilanz zwar verspätet aber noch vor der Entscheidung des Insolvenzgerichts über die Verfahrenseröffnung erstellt wird und somit dem Gutachter bzw. dem Insolvenzgericht als Entscheidungsgrundlage noch zur Verfügung steht.

► **Praxishinweis** In der Krise muss der Unternehmer kurzfristig den Jahresabschluss erstellen. Darauf wiederum muss der Steuerberater hinweisen. Dies gilt erst recht, wenn ein Fremd-Insolvenzantrag gestellt wird. Hier ist der Mandant über die straf- und insolvenzrechtlichen Risiken des Unterlassens aufzuklären. In dieser Situation sollte der Steuerberater den Jahresabschluss unverzüglich erstellen, wenn sein Honorar, vorwiegend durch Drittzahlung, gesichert ist.

Gerade in Bezug auf Mandate mit schlechter Zahlungsmoral bietet es sich an, die Sachbearbeitung von der Zahlung eines angemessenen Vorschusses abhängig zu machen. Der Berater ist nicht verpflichtet, unentgeltliche Leistungen zu erbringen. Allerdings sollte der Mandant klar und unmissverständlich darauf aufmerksam gemacht werden, dass die erbetene Leistung nicht erbracht wird. Gegebenenfalls ist sogar die Niederlegung des Mandats angezeigt.

[94] BayObLG v. 8.8.2002, 5St RR 202/02, 5 St RR 202/02 a, 5 St RR 202/02 b; DStRE 2002, 1543.

Muster:

Sehr geehrter Herr ....,

für die Erstellung Ihres Jahresabschlusses fordern wir hiermit einen Vorschuss auf unser Honorar in Höhe von .... € an. Die entsprechende Rechnung ist diesem Schreiben als Anlage beigefügt.

Bitte beachten Sie, dass wir vor Begleichung unserer Vorschussforderung mit der Erstellung Ihres Jahresabschlusses nicht beginnen können.

Mit freundlichen Grüßen

....

Steuerberater

► **Praxishinweis** In meiner Praxis als Insolvenzverwalter muss ich immer wieder feststellen, dass die Kollegen Steuerbilanzen und keine handelsrechtlichen Abschlüsse erstellen. Dabei verweisen sie immer darauf, dass ein entsprechender Auftrag nicht vorläge. In einem derartigen Fall ist dringend geboten, den Mandanten über die handelsrechtliche Bilanzierungspflicht und deren strafrechtliche Absicherung aufzuklären und dies entsprechend zu dokumentieren.

Muster:

Sehr geehrter Herr ....,

Sie hatten mich beauftragt, Ihren Jahresabschluss per 31.12.200X zu erstellen. Auf meine Vorschussanforderung vom 15.2.200X ist bis heute keine Zahlung eingegangen.

Wir können aber mit den Arbeiten erst nach Zahlungseingang beginnen. Die gesetzliche Frist zur Erstellung des Jahresabschlusses beträgt 6 Monate nach Bilanzstichtag. Bitte beachten Sie, dass wir für die Erstellung des Abschlusses ca. 2 Wochen benötigen. Ein Unterlassen der Bilanzerstellung könnte erhebliche strafrechtliche Konsequenzen nach sich ziehen, wenn es zu einem Unternehmenszusammenbruch käme.

Aus diesen Gründen muss ich nochmals dringend um Zahlung des Vorschusses anhalten. Eine Kopie meiner Vorschussanforderung habe ich in der Anlage beigefügt.

Mit freundlichen Grüßen

....

Steuerberater

1.1.2.2 Jahresabschluss ohne Anhang bei GmbH usw.

Erinnert sei an dieser Stelle auch an Folgendes: Bei dem Jahresabschluss einer GmbH ist ein Anhang zwingend erforderlich, § 264 Abs. 1 Satz 1 HGB. Ein Jahresabschluss ohne Anhang ist **nichtig.**[95] Aufgrund eines nichtigen Jahresabschluss kann eine ordentliche Gewinnausschüttung nicht beschlossen werden. Das hat zur Folge, dass beschlossene Gewinnausschüttungen als verdeckte Gewinnausschüttungen umqualifiziert werden.

Dies gilt ebenso für handelsrechtliche Jahresabschlüsse ohne Urlaubsrückstellungen, Gewährleistungsrückstellungen, Aufbewahrungsrückstellungen und Drohverlustrückstellungen. Bei derartigen Abschlüssen kommt leicht der Verdacht auf, die Vermögensverhältnisse wurden falsch wiedergegeben, im Fall der Kapitalgesellschaft sogar strafbar nach § 331 HGB. Hier droht u. U. auch dem Steuerberater die Beihilfe zu einer Straftat.

Meines Erachtens kann sich der Steuerberater nicht damit verteidigen, er hätte lediglich eine Steuerbilanz erstellen müssen. Denn aufgrund der Maßgeblichkeit hätte sich der Steuerberater dann den handelsrechtlichen Jahresabschluss ansehen und soweit ein solcher fehlt, auf den Missstand hinweisen müssen. Zudem besteht eine Vorlagepflicht gem. § 60 EStDV. Das Fehlen eines handelsrechtlichen Jahresabschlusses ist auch offensichtlich, sodass in jedem Fall eine Hinweispflicht gegenüber dem Mandanten besteht.

---

[95] OLG Stuttgart v. 11.2.2004, 14 U 23/03; GmbHR 2004, 662.

1.1.2.3 Hinweispflicht auf Insolvenzantragsgründe

Grundsätzlich gilt: Ist der Steuerberater beauftragt, die Insolvenzreife eines Unternehmens zu prüfen, so besteht auch eine vertragliche Haftung bezüglich etwaiger Fehlleistungen.[96] Diese Haftung besteht auch dann, wenn der Steuerberater vertraglich zwar „nur" mit der Erstellung der Steuerbilanz beauftragt war, aber (sozusagen „hierfür unbeauftragt") darüber hinaus erklärt, dass eine insolvenzrechtliche Überschuldung nicht vorliegt.[97]

Anders sieht es aus, wenn der Steuerberater nur mit der allgemeinen steuerlichen Beratung einer GmbH beauftragt ist und tatsächlich auch nur innerhalb dieses Auftrags tätig ist: Dann muss er den GmbH-Geschäftsführer bei einer Unterdeckung in der Handelsbilanz nicht ungefragt darauf hinweisen, eine Überprüfung der Insolvenzreife in Auftrag zu geben bzw. diese selbst vornehmen.

Der BGH[98] führt genau hierzu ausdrücklich aus: „Dieser Grundsatz gilt uneingeschränkt, wenn der Berater ausschließlich mit den steuerlichen Angelegenheiten der Gesellschaft befasst ist."

Geht der Steuerberater aber über seinen Auftrag hinaus und tritt mit dem Vertretungsorgan der Gesellschaft in konkrete Erörterungen über eine etwaige Insolvenzreife der von ihm beratenen Gesellschaft ein, dann gilt laut BGH: Den Steuerberater treffen weitergehende vertragliche Hinweispflichten. Entweder dadurch, dass der Steuerberater selbst zu dieser Frage verbindlich gutachterlich Stellung nimmt – mit besonders erteiltem Auftrag. Oder, wenn sich der Steuerberater hierzu wegen fehlender Fachkunde nicht in der Lage sieht, muss er den Mandanten darauf hinweisen, dass dieser zur Klärung und Prüfung der Insolvenzreife einen fachkundigen geeigneten Dritten beauftragen muss. So auch schon BGH v. 14.5.2007 – ZR 48/06.

Verletzt der Berater diese Hinweispflichten, so haftet er im Rahmen seiner vertraglichen Nebenpflichten (Verletzung der Hinweispflicht auf eine verbindliche Klärung der Insolvenzreife).

► **Praxishinweis** Dokumentieren Sie als Berater Ihren Auftrag, insbesondere den Auftragsumfang, unbedingt schriftlich. Das erleichtert Ihnen in einem möglichen späteren Prozess auch die Beweisführung. Und vor allem: Beraten Sie immer nur innerhalb Ihres Auftrags. Wenn Sie ein „Krisengespräch" über eine mögliche Insolvenzreife des Unternehmens mit Ihrem Mandanten führen, protokollieren Sie dieses Gespräch, ebenfalls zur Erleichterung der Beweisführung. Und wenn Sie aufgrund dieses Krisengesprächs feststellen, dass weitere Beratung zur Prüfung der Insolvenzreife nötig ist, dann erweitern Sie Ihren Auftrag – auch schriftlich!

---

[96] s. BGH, Urteil v. 7.3.2013 – IX ZR 64/12.
[97] s. BGH v. 6.6.2013 – IX ZR 204/12, DStR, 2013 S. 1533 .
[98] v. 6.2.2014 – IX ZR 53/13.

Muster

Sehr geehrter Herren,

nochmals herzlichen Dank für unser gestriges Gespräch.

Den Sachverhalt in der Angelegenheit Muster GmbH & Co. KG darf ich wie folgt zusammenfassen:

……..

Lieferanten der Firma machen aus den Warenlieferungen derzeit Forderungen in Höhe von ca. 10 Mio. € geltend.

Liquide Mittel bestehen in Höhe von rd. 250 T€. Offene Forderungen in Höhe von 7,5 Mio. €.

……….

Es ist aus unserer Sicht nicht mit der erforderlichen Gewissheit auszuschließen, dass aufgrund der obigen Umstände für die Firma ein möglicher Insolvenzgrund begründet ist. Dieser könnte in Form der Zahlungsunfähigkeit oder der Überschuldung eingetreten sein.

Der Geschäftsführer ist zur Vermeidung einer zivilrechtlichen oder strafrechtlichen Haftung verpflichtet, die Insolvenzgründe zu prüfen. Für eine Haftung genügt die Erkennbarkeit der Insolvenzantragsvoraussetzungen. Eine positive Kenntnis ist nicht erforderlich. Auf fehlende Kenntnis kann sich der Geschäftsführer nicht berufen, wenn er seiner Beobachtungspflicht nicht nachgekommen ist. Der Geschäftsführer kann sich auch nicht auf fachliche Unkenntnis in rechtlichen oder steuerlichen Angelegenheiten berufen.

Der Geschäftsführer muss sich, soweit er nicht ausnahmsweise über das erforderliche Sachwissen verfügt, fachkundigen Rat einholen.

Voraussetzung ist zunächst, dass die Geschäftsleitung dem Berater alle möglichen Sachverhaltsdetails mitteilt.

Allerdings muss der Geschäftsführer den hinzugezogenen Berater sorgfältig auswählen und überwachen und den erteilten Rat auf Plausibilität überprüfen. Der Geschäftsführer muss insbesondere:

- Dem Berater einen richtigen Prüfungsauftrag zur Prüfung der Insolvenzgründe erteilen.
- Dem Berater sämtliche erforderlichen Unterlagen zur Verfügung stellen.
- Die Kompetenz des Beraters prüfen.
- Die zeitnahe Vorlage der Prüfungsergebnisse einfordern.
- Das Prüfungsergebnis selbst auf Plausibilität prüfen.

Vorliegend sind folgende Punkte für ein mögliches Vorliegen von Insolvenzgründen entscheidend:

- Werthaltigkeit und voraussichtlicher Geldeingang der Forderungen
- Entwicklung der Zahlungsflüsse in den kommenden 12 Wochen
- ……

Zur Vermeidung einer zivil- und strafrechtlichen Haftung ist die Frage der Insolvenzreife unverzüglich und verbindlich zu prüfen.

Dies gilt auch für Verbundfirmen (hier die Komplementärin), da nicht ausgeschlossen werden kann, dass aufgrund der wirtschaftlichen Verflechtungen der einzelnen Gesellschaften auch weitere Gesellschaften betroffen sind.

Wir bieten Ihnen an, die Prüfung für Sie vorzunehmen. Wenn Sie dies wünschen, sprechen Sie uns bitte wegen der konkreten Auftragsabstimmung an. Sie können sich aber auch anderweitig fachlich beraten lassen. Wir stehen gerne unterstützend zur Verfügung.

Ferner bitten wir Sie, in Ihrem Interesse Nachfolgendes zu beachten, wobei wir für unsere kurzfristigen Empfehlungen keinen Anspruch auf Vollständigkeit erheben:

In der Krise einer Gesellschaft bestehen für den Geschäftsführer zahlreiche Haftungstatbestände. Haftungstatbestände können zum einen gegenüber der Gesellschaft selbst bzw. deren Gesellschafter, als auch im Außenverhältnis gegenüber Drittgläubigern begründet werden.

Tatbestände der Innenhaftung

- Haftung nach § 43 Abs. 1 und 2 GmbHG wegen Verletzung der Sorgfaltspflicht eines ordentlichen Geschäftsmannes
- Verletzung der Pflicht zur ordnungsgemäßen Buchführung / Bankrottdelikte
- Pflicht zur Erhaltung des Stammkapitals mit Ersatzpflicht für entgegen

  § 30 GmbHG verbotener Weise ausgezahltes Stammkapital
- Verletzungen des Verbots, einem Geschäftsführer, Prokuristen oder Handlungsbevollmächtigten der Gesellschaft Darlehen aus dem gebundenen Vermögen der Gesellschaft auszureichen
- Mitwirkung bei existenzvernichtenden Eingriffen der Gesellschaft § 826, 830 BGB
- Ersatzpflicht für Zahlungen an die Gesellschafter, die zur Zahlungsunfähigkeit der Gesellschaft geführt haben bzw. führen können
- Verletzung der Pflicht zur Einberufung der Gesellschafterversammlung bei Verlust der Hälfte des Stammkapitals

Tatbestände der Außenhaftung

- Insolvenzverschleppungshaftung nach § 823 Abs. 2 BGB, 15 a Abs. 1, 2 InsO
- Strafbarkeit wegen Nichtabführung von Arbeitnehmeranteilen zur Sozialversicherung, § 266 a StGB; Haftung für nicht abgeführte Arbeitnehmeranteile
- Strafbarkeit wegen Eingehungsbetrug § 263 StGB; Haftung für entstandenen Schaden
- Haftung für nicht abgeführte Steuern §§ 34 Abs. 1, 69 AO
- Haftung für alle Zahlungen nach Insolvenzreife nach § 64 GmbHG (s.u.)

Insbesondere Haftung für Zahlungen nach Insolvenzreife nach § 64 GmbHG

Zur Vermeidung einer Haftung nach § 64 GmbHG sind folgende Punkte zu unterlassen:

- Zahlung von Arbeitgeberbeiträgen zur Sozialversicherung.
- Einreichung eines Kundenschecks auf debitorischem Konto bei bestehender Verrechnungsabrede, und zwar auch dann, wenn der Kreditrahmen nicht ausgeschöpft ist.
- Zulassung von Kundenzahlung auf ein debitorisches Konto der Gesellschaft nach Insolvenzreife, etwa dadurch, dass Ihnen noch nach Eintritt der Zahlungsunfähigkeit Rechnungen auf dem Briefkopf mit der Angabe des Kontos zugesandt worden sind.
- Pflichtverletzung durch Bezahlung mit Mitteln, die ein Dritter gerade zu diesem Zweck zur Verfügung gestellt hat (Treugelder).
- Zahlung der Komplementär-GmbH an die KG nach Eintritt der Insolvenzreife.
- Kontoverrechnungen zwischen Konten der Gesellschaft und des Gesellschafters.

Weitere Straftatbestände in der Krise

- Betrug: Ein Betrug liegt beispielsweise vor, wenn der Geschäftsführer Waren bestellt, obwohl offenkundig ist, dass diese Lieferung nicht bezahlt werden kann. Macht der Geschäftsführer gegenüber der Bank falsche oder unvollständige Angaben über krediterhebliche Umstände, ist dieses Verhalten darüber hinaus als Kreditbetrug strafbar. Dazu gehören insbesondere die Vorlage unrichtiger oder unvollständiger Bilanzen, Gewinn- und Verlustrechnungen, Vermögensübersichten oder Betriebsgutachten.
- Gläubigerbegünstigung: In diesem Fall gewährt der Geschäftsführer einem Gläubiger in Kenntnis der Zahlungsunfähigkeit der GmbH eine Sicherheit oder Befriedigung, auf die dieser keinen Anspruch hat; der Gläubiger wird dadurch absichtlich oder wissentlich vor den übrigen Gläubigern begünstigt.
- Bankrott: Der Geschäftsführer macht sich hier bei Überschuldung oder bei drohender oder eingetretener Zahlungsunfähigkeit z. B. strafbar, wenn er
    - Vermögensbestandteile, die im Falle der Eröffnung des Insolvenzverfahrens zur Insolvenzmasse gehören, beiseiteschafft (beispielsweise Bargeld oder Geldeingänge auf fremde Konten umleitet);
    - Waren auf Kredit beschafft und sie oder die aus diesen Waren hergestellten Sachen erheblich unter ihrem Wert in einer den Anforderungen einer ordnungsgemäßen Wirtschaft widersprechenden Weise veräußert oder sonst abgibt;
    - Rechte anderer vortäuscht oder erdichtete Rechte anerkennt (z. B. vordatierte Verträge, Abtretungen);
    - Handelsbücher gar nicht führt oder aber so führt bzw. verändert, dass die Übersicht über seinen Vermögensstand erschwert wird;
    - Handelsbücher oder sonstige Unterlagen, zu deren Aufbewahrung er verpflichtet ist, vor Ablauf der für Buchführungspflichtige bestehenden Aufbewahrungsfristen beiseiteschafft, verheimlicht, zerstört oder beschädigt und dadurch die Übersicht über seinen Vermögensstand erschwert; entgegen dem Handelsrecht Bilanzen so aufstellt, dass die Übersicht über seinen Vermögensstand erschwert wird, oder es unterlässt, die Bilanz seines Vermögens oder das Inventar in der vorgeschriebenen Zeit aufzustellen.

- Enthält der Geschäftsführer der Einzugsstelle Beiträge des Arbeitnehmers zur Sozialversicherung vor, stellt dies eine Veruntreuung dar. In diesem Fall haben die Arbeitnehmer ihre Arbeit erbracht und dafür auch den ihnen zustehenden Nettolohn erhalten; jedoch wurden die Arbeitnehmeranteile am Sozialversicherungsbeitrag nicht oder nicht vollständig entrichtet.
- Steuerhinterziehung: Umsatzsteuererklärungen müssen pünktlich abgegeben werden. Dies gilt auch für die Umsatzsteuer-Voranmeldungen, selbst wenn die berechnete Umsatzsteuer-Zahllast u. U. nicht oder nicht vollständig bezahlt werden kann. Die schlichte Nichtzahlung geschuldeter Umsatzsteuer ist keine Steuerhinterziehung, wohl aber die Nichtabgabe bzw. die nicht fristgemäße Abgabe der Steuererklärung.

Handlungsempfehlung

Folgende Handlungspflichten sind vom Geschäftsführer in der Krise zu erfüllen:

- Unverzügliche Prüfung der Insolvenzgründe
- Beseitigung etwaiger Insolvenzgründe oder unverzügliche Insolvenzantragstellung, spätestens innerhalb von 3 Wochen bei nicht offensichtlicher Sanierungsfähigkeit
- Abführung der Arbeitnehmeranteile zur Sozialversicherung
- Abführen der fälligen Steuer und Bildung von Liquiditätsreserven für zukünftige Steuerverbindlichkeiten
- Ggf. Fertigstellung Jahresabschluss zum 31.12.20XX und Aktualisierung der Buchhaltung
- Einrichtung einer kurzfristigen Liquiditätsplanung
- Durchführung einer lieferantenbezogenen Inventur

  Kein Weiterverkauf von Ware, soweit die Bezahlung der Lieferanten nicht sichergestellt ist
- Während der Prüfungsphase der Insolvenzgründe Vornahme lediglich der zur Betriebsfortführung zwingend erforderlichen Auszahlungen
- Keine Rückzahlungen von Gesellschafterdarlehen, keine Kontoverrechnungen mit Gesellschafterkonten
- Verhinderung von Kundenzahlungen auf debitorisches Konto

Sollten Sie Fragen haben, rufen Sie mich gerne an.

Mit freundlichen Grüßen

Berater

1.1.2.4 Beihilfe zur Insolvenzverschleppung

Vorweg: Die Aufklärung über Insolvenzgründe bzw. der Hinweis auf eine bestehende Insolvenzantragspflicht begründet keine Beihilfe zu einer Insolvenzverschleppung. Strafrechtlich relevant wird es für den Steuerberater aber immer dann, wenn er sich mit dem die Insolvenz verschleppenden Geschäftsführer solidarisiert.

Der Steuerberater darf auf keinen Fall den Mandanten dazu verleiten, einen gebotenen Insolvenzantrag zu unterlassen (Anstiftung). Ebenso wenig darf er seinen Mandanten bei der Verschleppung unterstützen, indem er z. B. die betriebswirtschaftlichen Auswertungen, Liquiditätspläne oder Jahresabschlüsse „schönt".

Besonders problematisch und gleichermaßen praxisrelevant sind diejenigen Fälle, in denen der Steuerberater auf seine Bedenken hinsichtlich eines möglichen Insolvenzgrundes hingewiesen hat und der Mandant die Bedenken ohne substantielle Prüfung verworfen hat oder auf die Anregung, einen Rechtsanwalt aufzusuchen, nicht reagiert. Regelmäßig stellt sich die Frage, ob in derartigen Fällen das Mandat niedergelegt werden soll.

Generell ist dabei zu beachten, dass es für den Steuerberater keine Pflicht zur Mandatsniederlegung gibt. Anderseits setzt er sich im Fall der Fortführung seiner Tätigkeit dem Vorwurf der psychischen Beihilfe aus. Der Kreis der Beihilfe wird weit gezogen. Vor allem ist eine Ursächlichkeit der Beihilfehandlung für die Tatbegehung nicht erforderlich. In diesen Fällen ist auch ein Verweis auf ein strafrechtlich neutrales berufstypisches Verhalten nicht erfolgsversprechend. Der BGH[99] hat für die Frage der Beihilfehandlung eines Bankmitarbeiters zur Steuerhinterziehung des Bankkunden entschieden:

> Strafbare Beihilfe ist die vorsätzliche Hilfeleistung zu einer vorsätzlich begangenen Straftat eines anderen (§ 27 Abs. 1 StGB). Als Hilfeleistung im Sinne des § 27 StGB ist dabei grundsätzlich jede Handlung anzusehen, welche die Herbeiführung des Taterfolges des Haupttäters objektiv fördert (BGHSt 42, 135, 136), ohne daß sie für den Erfolg selbst ursächlich sein muß (st. Rspr.; vgl. nur BGHSt 8, 390; weitere Nachweise bei Roxin in LK 11. Aufl. § 27 Rdn. 1). Gehilfenvorsatz liegt vor, wenn der Gehilfe die Haupttat in ihren wesentlichen Merkmalen kennt und in dem Bewußtsein handelt, durch sein Verhalten das Vorhaben des Haupttäters zu fördern (BGHR StGB § 27 Abs. 1 – Vorsatz 2); Einzelheiten der Haupttat braucht er nicht zu kennen (BGHR aaO – Vorsatz 7). Ob der Gehilfe den Erfolg der Haupttat wünscht oder ihn lieber vermeiden würde, ist nicht entscheidend. Es reicht, daß die Hilfe an sich geeignet ist, die fremde Haupttat zu fördern oder zu erleichtern, und der Hilfeleistende dies weiß. Unter dieser Voraussetzung ist der Vorsatz selbst dann nicht in Frage gestellt, wenn der Gehilfe dem Täter ausdrücklich erklärt, er mißbillige die Haupttat (BGHR aaO – Vorsatz 5 m. w. N.) ... Zielt das Handeln des Haupttäters ausschließlich darauf ab, eine strafbare Handlung zu begehen, und weiß dies der Hilfeleistende, so ist sein Tatbeitrag als Beihilfehandlung zu werten (vgl. BGHR StGB § 27 Abs. 1 – Hilfeleisten 3, 20). In diesem Fall verliert sein Tun stets den „Alltagscharakter"; es ist als„Solidarisierung" mit dem Täter zu deuten (Roxin in LK 11. Aufl. § 27 Rdn. 19) und dann auch nicht mehr als sozialadäquat anzusehen (vgl. Löwe-Krahl wistra 1995, 201, 203).

[99] BGH v. 1.8.2000, 5 StR 624/99; BGHSt 46, 107; vgl. auch OLG Köln 1 Ws 146/10; DStR 2011, 1195.

Diese Erwägungen sind auf die Beratung des Steuerberaters übertragbar. Aus diesem Grund sollte bei einem beratungsresistenten Mandanten das Mandat niedergelegt werden, wenn dieser die Beratung des Steuerberaters nicht beachtet.

► **Praxishinweis** Vorsichtig sollte der Steuerberater mit einer Fortsetzung eines Mandats nach Hinweis auf die bestehende Insolvenzantragspflicht sein. Hat er unmissverständlich mitgeteilt, dass eine Insolvenzreife eingetreten ist und handelt es sich um eine insolvenzantragspflichtige Gesellschaftsform, könnte aus der fortgesetzten Beratung schnell eine psychische Beihilfe konstruiert werden. Aus diesem Grund sollte der Steuerberater auch nur auf die **mögliche** Insolvenzreife hinweisen, zumal er weder die Zahlungsunfähigkeit noch die Überschuldung aus der handelsrechtlichen Rechnungslegung unmittelbar ableiten kann.

Muster:

Überschuldung der GmbH

Sehr geehrter Herr ....,

in der Anlage überreiche ich Ihnen Ihre BWA per .... Diese weist ein kumuliertes unterjähriges Ergebnis von ./. .... € (Verlust) aus.

Das Vorjahr haben Sie mit .... € abgeschlossen.

Der Verlustvortrag per .... beläuft sich auf .... €.

Ihr Stammkapital beträgt .... €.

Wie Sie wissen, hat die handelsbilanzielle Überschuldung nicht zwingend die insolvenzrechtliche Überschuldung zur Folge. Sie müssen aber als Geschäftsführer überprüfen, ob eine insolvenzrechtliche Überschuldung eingetreten ist.

Es kann von mir aufgrund der Finanzbuchführung und der Erstellung des Jahresabschlusses nicht mit der erforderlichen Gewissheit ausgeschlossen werden, dass Ihre Gesellschaft überschuldet ist, § 64 Abs. 1 GmbHG. Wenn dies zuträfe, müssten Sie den Insolvenzgrund kurzfristig beseitigen oder unverzüglich, spätestens aber binnen 3 Wochen Insolvenzantrag stellen. Ein Unterlassen wäre strafbar. Die 3-Wochen-Frist dürfen Sie nur ausschöpfen, wenn Sie tatsächlich einen ernstzunehmenden Sanierungsversuch unternehmen. Zur Überprüfung einer eventuellen Überschuldung müssen Sie einen sogenannten Überschuldungsstatus erstellen.

Die Überschuldungsprüfung erfolgt in einem zweistufigen Verfahren. Zunächst stellen Sie anhand der handelsrechtlichen Rechnungslegung fest, ob eine handelsrechtliche Überschuldung vorliegt. In diesem Fall müssen Sie weiter prüfen. In der zweiten Stufe überprüfen Sie, ob eine so genannte positive Fortführungsprognose besteht. In dem Überschuldungsstatus dürfen die Fortführungswerte nämlich nur angesetzt werden, wenn eine positive Fortbestehensprognose für Ihr Unternehmen festgestellt wird. Dann können im Überschuldungsstatus sämtliche stillen Reserven hinzugezählt werden und Verbindlichkeiten abgezogen werden, für die eine Rangrücktrittserklärung abgegeben wurde. Allerdings muss diese Fortbestehensprognose hinreichend dokumentiert sein. Auch inhaltlich gibt es hierfür zwingende Voraussetzungen. Im Zweifel dürfen Sie nicht von der positiven Fortbestehensprognose ausgehen. Diese Zweifel können Sie nur durch einen entsprechenden Plan ausräumen.

Bitte beachten Sie, dass Sie in einer eventuellen Krise die gesetzliche Frist für die Erstellung des Jahresabschlusses nicht ausschöpfen dürfen. Die Rechtsprechung geht von einer Verkürzung auf 10 Wochen aus, BGH GA 1971, 38.

Lassen Sie es mich wissen, wenn ich Ihnen bei der Erstellung des Überschuldungsstatus behilflich sein soll.

Mit freundlichen Grüßen.

....

Steuerberater

Per Fax:

Ich erbitte einen persönlichen Termin

Bei Ihnen

Bei mir/uns

Als Termin schlage ich .... vor.

Mit freundlichen Grüßen

....

(Unterschrift)

Die Überschuldung stellt bei Kapitalgesellschaften, Personenhandelsgesellschaften ohne natürliche Person als Vollhafter und bei Vereinen einen Insolvenzgrund dar. In praktisch allen Fällen hat die Annahme der Zerschlagung die Überschuldung zur Folge. Die fehlerhafte Erstellung des Jahresabschlusses unter der Annahme der Fortführung der Unternehmenstätigkeit stellt einen Straftatbestand für Kapitalgesellschaften und qualifizierte Personenhandelsgesellschaften dar, §§ 331 Ziff 1, 335 b HGB. Erforderlich für die Strafbarkeit ist zwar Vorsatz. Dieser ist aber bei ungeprüfter Annahme der Fortbestehensprognose als bedingter Vorsatz gegeben.

Der Steuerberater kann sich als Beteiligter[100] strafbar machen, soweit er das Vertretungsorgan anstiftet oder durch Erstellung falscher Jahresabschlüsse Beihilfe leistet. Neben der Strafbarkeit begründet der Verstoß gegen § 331 HGB einen Schadenersatzanspruch, da § 331 HGB Schutzgesetz i. S. d. § 823 Abs. 2 BGB ist.[101] Zudem ist ein Jahresabschluss, der nicht den Grundsätzen ordnungsgemäßer Buchführung entspricht, nichtig, wenn die Fehler nicht bedeutungslos sind.[102]

Daher nimmt die Fortbestehensprognose eine besondere Stellung bei der Überschuldungsprüfung ein. Zu den Anforderungen an die Fortbestehensprognose sei auf ein Urteil[103] des OLG Dresden hingewiesen:

---

[100] Anstifter oder Gehilfe.

[101] LG Bonn v. 15.5.2001, 11 O 181/00; EWiR 2001, 767.

[102] BGH v. 1.3.1982, II ZR 23/81; BGHZ 83, 341.

[103] OLG Dresden v. 21.9.2004, 2 U 1441/04, WPg 2005, 360.

Anforderungen an die Fortbestehensprognose

1. Gegen die Inanspruchnahme nach § 64 Abs. 2 GmbH kann der betroffene Geschäftsführer nicht einwenden, aufgrund der optimistischen Angaben eines in der Krise des Unternehmens hinzugezogenen Unternehmensberaters habe er von einer positiven Fortbestehensprognose ausgehen dürfen, wenn sich diese auf ein substanzloses Sanierungskonzept stützt, das nur allgemein gehaltene Empfehlungen von Selbstverständlichkeiten enthält.
2. Zahlungen, die mit der Sorgfalt eines ordentlichen Kaufmanns unvereinbar sind, sind auch solche des insolvenzreifen Unternehmens an Leasingunternehmen (für Firmenfahrzeuge) und Sozialversicherungsträger, weil diese nicht erforderlich sind, um einen planlosen Zusammenbruch zu verhindern.
3. Gehaltsforderungen des Geschäftsführers, die nach Insolvenzeröffnung entstehen, können dem Schadenersatzanspruch nach § 64 Abs. 2 GmbH nicht im Wege der Aufrechnung entgegengehalten werden. Dies folgt aus § 96 Abs. 1 Nr. 1 InsO.

Das OLG hat in der Entscheidung ein Sanierungskonzept einer Unternehmensberatung verworfen und qualifizierte Anforderungen an das Sanierungskonzept erstellt. Insbesondere muss das Konzept das Unternehmen analysieren, Verbesserungen aufzeigen und die Verbesserungen durch einen qualifizierten Ertrags- und Finanzplan[104] unterlegen. Nur wenn dieser die Liquiditätsdeckung prognostiziert, darf von einer positiven Fortbestehensprognose ausgegangen werden. Dabei ist zu beachten, dass den Geschäftsführer die Darlegungs- und Beweislast für die positive Fortbestehensprognose trifft.[105]

In Fällen, in denen bei der Bilanzierung die Annahme des Fortbestehens kritisch wird, sollte der Steuerberater daher auf die Beweislast im Insolvenzrecht hinweisen und dem Mandanten dringend dazu raten, eine Überschuldungsprüfung anzustellen und die Ermittlung und deren Ergebnis zu dokumentieren.

Aber nicht nur bei der Überschuldung, sondern auch bei der **Zahlungsunfähigkeit** lauern Risiken: Der Steuerberater sieht sich schnell dem Vorwurf ausgesetzt, er hätte die Zahlungsunfähigkeit aufgrund der von ihm gefertigten Buchhaltung erkennen können und den Mandanten warnen können. In einem aktuellen Urteil des BGH[106] wurde die Zahlungsunfähigkeit grundlegend ausgelegt:

[104] BGH v. 9.10.2006, II ZR 303/05; ZInsO 2007, 36; vgl. auch Bork, ZIP 2000, 1709; WPg 2002, 433.

[105] BGH v. 9.10.2006, II ZR 303/; ZInsO 2007, 36; BGH v. 29.11.1999, II ZR 273/98; BGHZ 143, 184; anders für die handelsrechtliche Bilanzierung, dort ist im Zweifel von Fortbestehen des Unternehmens auszugehen, § 252 Abs. 1 Nr. 2 HGB.

[106] BGH v. 24.5.2005, IX ZR 123/04; ZInsO 2005, 807.

- Es liegt ein Fall bloßer **Zahlungsstockung** vor, wenn für die Behebung einer Liquiditätslücke der Zeitraum nicht überschritten wird, den eine kreditwürdige Person braucht, um sich die benötigten Mittel zu leihen. Es ist davon auszugehen, dass eine kreditwürdige Person hierfür maximal **3 Wochen** benötigt.
- Liegt aber eine innerhalb dieser 3 Wochen nicht zu beseitigende Liquiditätslücke von **10 % oder mehr** vor, ist von **Zahlungsunfähigkeit** auszugehen. Etwas anderes gilt nur dann, wenn mit an Sicherheit grenzender Wahrscheinlichkeit zu erwarten ist, dass die Liquiditätslücke demnächst (fast) vollständig beseitigt werden wird und den Gläubigern ein Zuwarten nach den besonderen Umständen des Einzelfalls zuzumuten ist.
- Es ist demgegenüber von **Zahlungsfähigkeit** auszugehen, wenn eine innerhalb von 3 Wochen nicht zu beseitigende Liquiditätslücke des Schuldners **weniger als 10 %** seiner fälligen Gesamtverbindlichkeiten ausmacht und die fälligen Verbindlichkeiten insgesamt in absehbarer Zeit zurückgeführt werden.[107] Etwas anderes gilt hier nur dann, wenn bereits absehbar ist, dass die Lücke demnächst mehr als 10 % erreichen wird, dem Schuldner also eine schlechte Zukunftsprognose zu attestieren ist.

In der Praxis kann aus der Finanzbuchhaltung nicht ohne weiteres die Zahlungsunfähigkeit abgeleitet werden. Insbesondere die Liquiditäts-BWA (statische Liquidität) der DATEV bildet die Liquidität nur stichtagsbezogen ab. Aus der OPOS-Buchhaltung kann nur dann auf die Zahlungsunfähigkeit geschlossen werden, wenn die Kreditoren und Debitoren mit den entsprechenden Fälligkeiten erfasst werden. Außerdem müssen die Verbindlichkeiten, die über die Sachkonten gebucht werden, mit in die Prüfung einbezogen werden.

Dennoch bleibt zu berücksichtigen, dass aufgrund einer dauerhaften statischen Liquidität 2. Grades auch prima facie auf die bestehende Zahlungsunfähigkeit geschlossen werden kann.[108]

Auch können die statischen Werte der Finanzbuchhaltung eine gewisse Indizwirkung entfalten, die dem Steuerberater einen Warnhinweis an seinen Mandanten gebietet. Dies gilt umso mehr, als die Beweisanzeichen für die Feststellung der Zahlungsunfähigkeit nach der kriminalistischen Methode[109] erfüllt sind. Diese sind z. B.:

- Überschreiten von Zahlungszielen,
- Warenlieferungen nur gegen Vorauskasse,
- Lieferantenreiten,
- Zahlungen mit vordatierten Schecks,
- Wechsel- und Scheckproteste,
- Mahn- und Vollstreckungsbescheide,
- Rücklastschriften,
- (fruchtlose) Pfändungen,

[107] Fischer, ZGR 2006, 403.
[108] LG Offenburg v. 9.7.2004, 3 O 331/03.
[109] Weyand, BBK Fach 29, 1145.

- Wechsel- und Scheckproteste,
- Zahlungsrückstände von existenziellen Verbindlichkeiten (Löhne, SV-Beiträge, Lohnsteuer, Umsatzsteuer, Energiekosten, Telekommunikationskosten),
- Kreditkündigungen durch Banken,
- Abgabe der eidesstattlichen Versicherung,
- Anträge auf Eröffnung des Insolvenzverfahrens.

Muster:

Zahlungsunfähigkeit der GmbH

Sehr geehrter Herr ....,

in der Anlage überreiche ich Ihnen Ihre BWA per .... Diese weist ein kumuliertes unterjähriges Ergebnis von ./. .... € (Verlust) aus.

Das Vorjahr haben Sie mit .... € abgeschlossen.

Ihr Stammkapital beträgt .... €.

Ihre Liquidität 1. Grades beträgt .... %.

Ihre Liquidität 2. Grades beträgt .... %.

Es kann von mir aufgrund der Finanzbuchführung nicht mit der erforderlichen Gewissheit ausgeschlossen werden, dass Ihre Gesellschaft zahlungsunfähig ist, § 64 Abs. 1 GmbHG. Wenn dies zuträfe, müssten Sie den Insolvenzgrund kurzfristig beseitigen oder unverzüglich, spätestens aber binnen 3 Wochen Insolvenzantrag stellen. Ein Unterlassen wäre strafbar.

Zahlungsunfähigkeit liegt nach der Insolvenzordnung vor, wenn Sie nicht alle fälligen Verbindlichkeiten innerhalb von 3 Wochen bezahlen können. Eine Liquiditätsunterdeckung von 10 % oder weniger ist unschädlich, wenn nicht noch zusätzlich weitere negative Umstände, wie z.B. schlechte Zukunftsaussichten, hinzukommen. Eine Liquiditätsdeckung von mehr als 90 % ist aber auch dann nicht ausreichend, wenn weitere negative Tendenzen bestehen.

Es ist zur Überprüfung der Zahlungsunfähigkeit erforderlich, einen so genannten Finanzplan zu erstellen. Aus der Buchhaltung können diese Aussagen nicht ohne weitere Ermittlungen geschlossen werden, da die Buchhaltung die Liquidität stichtagsbezogen abbildet, während für die Überprüfung der insolvenzrechtlichen Überschuldung eine Zeitraumilliquidität erforderlich ist.

Hierzu sind die Zahlungsverpflichtungen nach den entsprechenden Fälligkeiten und die voraussichtlichen Eingänge nach dem üblichen Lauf der Dinge zu ermitteln. Dabei muss nachgewiesen werden, dass spätestens in 3 Monaten eine vollständige Rückführung aller fälligen Verbindlichkeit wieder erreicht werden kann.

Lassen Sie es mich wissen, wenn ich Ihnen bei der Erstellung des Finanzplans behilflich sein soll.

Mit freundlichen Grüßen.

....

Steuerberater

Per Fax:

Ich erbitte einen persönlichen Termin

Bei Ihnen

Bei mir/uns

Als Termin schlage ich .... vor.

Mit freundlichen Grüßen

....

(Unterschrift)

1.1.2.5 Hinweispflicht auf Verlustanzeige

Der Verlust des hälftigen Stammkapitals löst die Anzeigepflicht aus. Diese ist sogar strafbewehrt, §§ 49 Abs. 3, 82 GmbHG. Der Steuerberater ist aber verpflichtet, den Mandanten vor jedem Schaden zu bewahren, also auch vor einer strafgerichtlichen Verurteilung. Daher muss er also auch auf den Verlust des hälftigen Stammkapitals und nicht nur auf Insolvenzrisiken hinweisen.

Muster:

GmbH, § 49 Abs. 3 GmbHG

Sehr geehrter Herr ....,

in der Anlage überreiche ich Ihnen Ihre BWA per .... Diese weist ein kumuliertes unterjähriges Ergebnis von ./. .... € (Verlust) aus.

Das Vorjahr hatten Sie mit .... € abgeschlossen.

Der Verlustvortrag per .... beläuft sich auf .... €.

Ihr Stammkapital beträgt .... €.

Es kann von mir nicht mit der erforderlichen Gewissheit ausgeschlossen werden, dass die Hälfte des Stammkapitals verbraucht ist, § 49 Abs. 3 GmbHG. Wenn dies zuträfe, hätten Sie den Verlust gegenüber der Gesellschafterversammlung unverzüglich anzuzeigen. Ein Unterlassen wäre strafbar.

Bitte beachten Sie, dass Sie in einer eventuellen Krise die gesetzliche Frist für die Erstellung des Jahresabschlusses nicht ausschöpfen dürfen. Die Rechtsprechung geht von einer Verkürzung auf ca. 10 Wochen aus, **BGH GA 1971, 38.**

Für Rückfragen stehen wir gerne zur Verfügung. Sollten Sie Interesse an einem persönlichen Gespräch haben, darf ich um Rücksendung des Trennstreifens per Fax bitten.

Mit freundlichen Grüßen.

....

Steuerberater

Per Fax:

Ich erbitte einen persönlichen Termin

Bei Ihnen

Bei mir/uns

Als Termin schlage ich .... vor.

Mit freundlichen Grüßen

....

(Unterschrift)

1.1.3 Verschulden

Liegt eine Pflichtverletzung vor, so ist eine weitere Voraussetzung für die Haftung des Steuerberaters, dass dieser die Pflichtverletzung auch verschuldet hat, also dass er sie zu **vertreten** hat. Wann ein Steuerberater eine Pflichtverletzung zu vertreten hat, ergibt sich aus § 276 Abs. 1 S. 1 BGB.

§ 276 Abs. 1 S. 1 BGB (Verantwortlichkeit des Schuldners) lautet:

> Der Schuldner hat Vorsatz und Fahrlässigkeit zu vertreten, wenn eine strengere oder mildere Haftung weder bestimmt noch aus dem sonstigen Inhalt des Schuldverhältnisses, insbesondere aus der Übernahme einer Garantie oder eines Beschaffungsrisikos zu entnehmen ist.

Die Vereinbarung einer strengeren oder milderen Haftung hat im Rahmen des Steuerberatungsvertrags keine praktische Bedeutung. Es kommt also darauf an, ob der Steuerberater **vorsätzlich** bzw. **fahrlässig** gehandelt hat.

1.1.3.1 Vorsatz

Der Steuerberater handelt vorsätzlich, wenn er gewusst und gewollt hat, dass er eine Pflichtverletzung begeht. Bedingter Vorsatz ist ausreichend. Dieser liegt vor, wenn der Steuerberater es für möglich gehalten hat, dass er eine Pflichtverletzung begeht und dies billigend in Kauf genommen hat.[110] Es reicht also, wenn sich der Steuerberater denkt: „Na, wenn schon." So reicht es beispielsweise für die Annahme des bedingten Vorsatzes nach Ansicht des BGH aus, wenn der Abschlussprüfer kritische Prüffelder „umsegelt", die grundlegenden Berufspflichten unberücksichtigt lässt und es dabei für möglich hält und billigend in Kauf nimmt, seinen Auftraggeber falsch zu beraten.[111]

Der Steuerberater wird in den seltensten Fällen vorsätzlich eine Pflichtverletzung begehen. Hat er jedoch tatsächlich vorsätzlich und damit wissentlich gehandelt, so schließt dies die Deckung des Schadens durch die Vermögensschadenhaftpflicht aus, was mitunter existenzielle Folgen haben kann.[112]

Wesentlich praxisrelevanter sind die Fälle der fahrlässigen Pflichtverletzung.

1.1.3.2 Fahrlässigkeit

§ 276 Abs. 2 BGB definiert den Begriff der Fahrlässigkeit:

> Fahrlässig handelt, wer die im Verkehr erforderliche Sorgfalt außer Acht lässt.

[110] Siehe zum Vorsatz Grüneberg, in: Palandt, § 276, Rn. 10 f.

[111] BGH v. 19.4.2012, III ZR 224/10; WM 2012, 954.

[112] Siehe hierzu Kap. 7.

Eine fahrlässige Pflichtverletzung liegt dann vor, wenn der Steuerberater bei Beachtung der erforderlichen Sorgfalt die Pflichtwidrigkeit seines Verhaltens hätte erkennen und sich daraus ergebende Nachteile für seinen Mandanten hätte vermeiden können.

Abgestellt wird bei der Ermittlung der **erforderlichen Sorgfalt**[113] dabei immer darauf, was von einem **durchschnittlichen** Berufsangehörigen erwartet werden kann. Eine Berufung auf individuell mangelnde Kenntnisse und fehlende Erfahrung ist nicht möglich.[114]

Letztendlich kommt es dann auf die **konkreten Umstände des Einzelfalles** an, was von einem durchschnittlichen Steuerberater hätte erwartet werden können. Dabei spielt auch die **Vorbereitungszeit** eine wichtige Rolle: Sofern der Mandant kurzfristig einen Eilauftrag erteilt und der Steuerberater diesen Auftrag wegen Überlastung nicht oder nicht gründlich erledigen kann, muss er hierauf hinweisen. Will der Mandant dennoch, dass sein Steuerberater die Angelegenheit für ihn erledigt, kann er bei einem Pflichtverstoß nur noch dann Regress verlangen, wenn er einen groben Sorgfaltsverstoß darlegen kann. Allerdings muss der Steuerberater auch kurzfristige Aufträge sachgerecht bearbeiten, wenn es sich um gewöhnliche Probleme innerhalb eines Dauermandats handelt.[115]

1.1.3.3 Zurechnungsfähigkeit

Hat der Steuerberater die Pflichtverletzung vorsätzlich oder fahrlässig begangen, so haftet er dennoch nur, wenn er bei Begehung der Pflichtverletzung zurechnungsfähig war. Dies ergibt sich aus §§ 276 Abs. 1 S. 2, 827 BGB. In der Praxis wird es äußerst selten vorkommen, dass der Steuerberater bei der Pflichtverletzung nicht zurechnungsfähig war.[116]

1.1.3.4 Darlegungs- und Beweislast

Für das Vorliegen einer Pflichtverletzung durch den Steuerberater trägt der Mandant die Darlegungs- und Beweislast. Kann der Mandant die Pflichtverletzung jedoch beweisen, so wird das Verschulden durch den Steuerberater **vermutet** und es ist wiederum an diesem, darzulegen und zu beweisen, dass ihn kein Verschulden trifft. Diese Verschuldensvermutung lässt sich dem Wortlaut des § 280 Abs. 1 S. 2 BGB (Schadenersatz wegen Pflichtverletzung) entnehmen:

> Dies gilt nicht, wenn der Schuldner die Pflichtverletzung nicht zu vertreten hat.

Auf die Frage, was der Steuerberater tun kann, um im Fall eines Rechtsstreites darlegen und beweisen zu können, dass ihn kein Verschulden trifft, wird im Rahmen der zusammenfassenden Darstellung zur Haftungsvermeidung näher eingegangen.[117]

---

[113] Siehe zur erforderlichen Sorgfalt Grüneberg, in: Palandt, § 276, Rn. 16.
[114] BGH v. 27.3.2003, IX ZR 399/99, BGH NJW 2003, 2022 zur Haftung eines Rechtsanwaltes.
[115] BGH vom 25.11.1987, IVa ZR 162/86, WM 1988, 166.
[116] Siehe zur Zurechnungsfähigkeit Sprau, in: Palandt, § 827, Rn. 1 ff..
[117] Siehe hierzu Abschn. 2.2.3.

1.1.4 Haftung für Fehler von Mitarbeitern

Ein Steuerberater erledigt seine Aufgaben nun zumeist nicht allein, sondern er hat angestellte Mitarbeiter (Steuerfachangestellte, Sekretariat usw.) oder freie Mitarbeiter. Begehen diese Mitarbeiter Pflichtverletzungen, so muss sich der Steuerberater deren Verschulden unter bestimmten Voraussetzungen zurechnen lassen:

Der Steuerberater haftet im Rahmen der vertraglichen Haftung für das Verschulden (Vorsatz oder Fahrlässigkeit) seiner **Erfüllungsgehilfen**, § 278 S. 1 BGB.

§ 278 S. 1 BGB (Verantwortlichkeit des Schuldners für Dritte) lautet:

> Der Schuldner hat ein Verschulden seines gesetzlichen Vertreters und der Personen, deren er sich zur Erfüllung seiner Verbindlichkeiten bedient, in gleichem Umfang zu vertreten wie eigenes Verschulden.

Erfüllungsgehilfe des Steuerberaters ist jede Person, die mit dem Willen des Steuerberaters bei einer diesem aus dem Steuerberatungsvertrag obliegenden Verpflichtung als dessen Hilfsperson tätig wird.[118] Dabei ist es für die rechtliche Einordnung als Erfüllungsgehilfe gleichgültig, ob ein Mitarbeiter **Angestellter** oder **freier Mitarbeiter** ist. Steuerfachgehilfen, Auszubildende, Schreibkräfte, Steuerberater usw. können Erfüllungsgehilfen sein. Es ist ebenso gleichgültig, ob der Steuerberater zu einer Kontrolle und Überwachung seines Erfüllungsgehilfen in der Lage ist.[119]

Das Tun oder Unterlassen des Mitarbeiters muss in innerem Zusammenhang mit der Erfüllung des Steuerberatervertrags stehen, damit das Verschulden des Mitarbeiters dem Steuerberater zugerechnet werden kann. Weicht der Mitarbeiter von einer ihm erteilten Weisung ab, so besteht der Zusammenhang noch, wenn sich der Mitarbeiter noch im allgemeinen Umkreis der ihm erteilten Weisung bewegt. Für schuldhafte Handlungen des Mitarbeiters, die nur bei Gelegenheit der Vertragserfüllung begangen werden, haftet der Steuerberater aber nicht.[120]

Beispiel

Hat ein Mitarbeiter ohne das Wissen und Billigung des Steuerberaters dem Mandanten Abschreibungsobjekte oder Kapitalanlagen vermittelt,[121] so steht sein Handeln nicht mehr in innerem Zusammenhang mit der Erfüllung der Verbindlichkeit.[122] Der Erfüllungsgehilfe handelte nur bei Gelegenheit der Vertragserfüllung. Daher wird ein etwaiges Verschulden des Mitarbeiters dem Steuerberater nicht zugerechnet.

[118] BGH v. 21.4.1954, VI ZR 55/53; BGHZ 13, 111.

[119] BGHZ 58, 211.

[120] Siehe zum Erfüllungsgehilfen Grüneberg, in: Palandt, § 278 mit Verweis auf die st. Rspr. Siehe auch dort unter Rn. 41 zur Beweislast.

[121] Gräfe/Lenzen/Schmeer, Steuerberaterhaftung, Rn. 827.

[122] Gräfe/Lenzen/Schmeer, Steuerberaterhaftung, Rn. 824.

Wird dem Steuerberater das Verschulden des Mitarbeiters zugerechnet und trifft ihn deshalb die Verpflichtung zum Schadenersatz, so kann er u. U. bei dem Mitarbeiter Rückgriff nehmen. Hier sind jedoch einige arbeitsrechtliche Besonderheiten zu berücksichtigen, die dazu führen, dass der Rückgriff u. U. nicht möglich ist.

1.1.5 Haftung für Fehler hinzugezogener Berufsträger

Neben dem Steuerberater und seinen Mitarbeitern können auch andere Berufsträger (z. B. andere Steuerberater und Rechtsanwälte) auf verschiedene Weise mit dem Mandat eines Steuerberaters in Berührung kommen:

- als Sozietätspartner,
- als angestellter Berufsträger oder als freier Mitarbeiter, der Berufsträger ist.

Macht der hinzugezogene Berufsträger einen Fehler, so stellt sich die Frage, ob der Steuerberater hierfür haftet.

1.1.5.1 Haftung für Sozietätspartner

Zur Haftung in Sozietäten siehe unten § 4.

1.1.5.2 Haftung für angestellte Berufsträger oder freie Mitarbeiter, die Berufsträger sind

Für angestellte Berufsträger und freie Mitarbeiter, die Berufsträger sind, haftet der Steuerberater wie für seine Mitarbeiter, § 278 BGB: Denn der Steuerberater haftet gemäß § 276 BGB für das Verschulden seines Erfüllungsgehilfen. Erfüllungsgehilfe ist jede Person, die mit dem Willen des Steuerberaters bei einer ihm obliegenden Verpflichtung als Hilfsperson tätig war.[123]

1.1.6 Kausalität und haftungsrechtliche Zurechnung

Die verschuldete Pflichtverletzung des Beraters muss letztlich kausal, also ursächlich für einen entstandenen Schaden sein. Nur dann besteht ein Haftungsanspruch gegen den Steuerberater. Zu unterscheiden ist zwischen haftungsbegründender und haftungsausfüllender Kausalität.

1.1.6.1 Haftungsbegründende Kausalität

Haftungsbegründende Kausalität bedeutet, dass die schuldhafte Pflichtverletzung nach der Lebenserfahrung geeignet sein muss, einen Vermögensnachteil des Mandanten herbeizu-

[123] BGH v. 21.4.1954, VI ZR 55/53; BGHZ 13, 111.

führen.[124] Es geht also darum, ob die Pflichtverletzung des Steuerberaters zum Schaden beim Mandanten geführt hat. Ausgeblendet werden dabei alle anderen Fragen, wie die, ob der Schaden auch bei einer pflichtgemäßen Beratung durch den Steuerberater entstanden wäre. Die haftungsbegründende Kausalität ist in aller Regel unproblematisch.

1.1.6.2 Haftungsausfüllende Kausalität

Steht fest, dass die schuldhafte Pflichtverletzung des Steuerberaters zu Schaden geführt hat, stellt sich die Frage, in welchem Umfang der Steuerberater den Schaden zu ersetzen hat. Dies ist die Frage der haftungsausfüllenden Kausalität. Sie wird unter § 1 A. VII., „Schadensumfang und Mitverschulden" behandelt.

1.1.6.3 Haftungsrechtliche Zurechnung[125]

Liegt eine schuldhafte Pflichtverletzung durch den Steuerberater vor, die ursächlich für einen Schaden war, kann die Haftung des Steuerberaters dennoch entfallen, weil der Schaden bei wertender Betrachtung dem Steuerberater billigerweise nicht zuzurechnen ist. Jede Pflicht, die der Steuerberater erfüllen muss, hat einen bestimmten Schutzzweck. Fällt der Schaden, der entstanden ist, nicht in den Schutzbereich der Pflicht, so kann der Schaden dem Steuerberater nicht zugerechnet werden.

Beispiel[126]

Ein Steuerberater erklärte dem Gründer einer GmbH, eine beabsichtigte stille Beteiligung anderer Personen an der Gesellschaft werde bei diesen zu bestimmten Steuervorteilen führen. Hierdurch begründete der Steuerberater eine Pflicht zur Beratung gegenüber den Anlegern, § 311 Abs. 3 BGB.[127] Die Steuervorteile traten jedoch nicht in vollem Umfang ein. Nach 3 Jahren war die Gesellschaft insolvent, ein Verfahren wurde mangels Masse nicht eröffnet. Die Anleger begehrten vom Steuerberater Schadenersatz wegen der entgangenen steuerlichen Vorteile und wegen ihres verlorenen Anlagekapitales. Die Pflicht des Steuerberaters zur Beratung sollte die Anleger jedoch vereinbarungsgemäß nur vor steuerlichen Risiken schützen, nicht vor wirtschaftlichen Misserfolgen. Die Anleger konnten daher nur den Schaden ersetzt verlangen, der dadurch entstanden war, dass die steuerlichen Vorteile ausblieben. Wegen ihres verlorenen Anlagekapitales konnten sie keinen Schadenersatz fordern.

Ein Schaden kann dem Steuerberater bei wertender Betrachtung haftungsrechtlich auch dann nicht zuzurechnen sein, wenn der Mandant oder ein Dritter zum Schaden beigetragen hat.[128] Ist der Dritte ein Gericht, so ist der Schaden dem Steuerberater dann noch

[124] BGH v. 23.10.2003, IX ZR 249/02, DStRE 2004, 298, st. Rspr.

[125] Siehe hierzu Zugehör, DStR 2007, 673 (680, 681) mit einer noch vertiefteren Auseinandersetzung mit der Thematik und der Rechtsprechung.

[126] BGH v. 13.2.2003, IX ZR 62/02, DStRE 2003, 829.

[127] Siehe zur Eigenhaftung des Verhandlungsgehilfen § 2 B. II. 5.

[128] Dies ist eine Frage, die sich unabhängig vom Mitverschulden des Mandanten oder Dritten stellt. Zum Mitverschulden siehe unten Abschn. 1.1.7.2.

zuzurechnen, wenn der gerichtliche Fehler auf Umstände oder Probleme zurückzuführen ist, die der Steuerberater gerade hätte verhindern müssen.[129]

1.1.6.4 Darlegungs- und Beweislast

Für die haftungsbegründende Kausalität trägt der Mandant die Darlegungs- und Beweislast. Für die fehlende haftungsrechtliche Zurechenbarkeit trägt dagegen der Steuerberater die Darlegungs- und Beweislast.

1.1.7 Schadensumfang und Mitverschulden

1.1.7.1 Schadensumfang

1.1.7.1.1 Gesetzliche Grundlage

Steht fest, dass der Steuerberater eine Pflicht aus dem Vertrag mit dem Mandanten schuldhaft verletzt hat und dass diese Pflichtverletzung ursächlich für einen beim Mandanten entstandenen Schaden war, so stellt sich die Frage, in welchem Umfang der Mandant Ersatz für seinen Schaden verlangen kann. Diese Frage ist im Regressprozess von Amts wegen zu beachten.[130]

Die gesetzliche Grundlage für die Ermittlung des Umfangs des Schadens, den der Mandant ersetzt verlangen kann, ist § 249 Abs. 1 BGB (Art und Umfang des Schadenersatzes):

> Wer zum Schadenersatz verpflichtet ist, hat den Zustand herzustellen, der bestehen würde, wenn der zum Ersatz verpflichtende Umstand nicht eingetreten wäre.

Der Steuerberater hat bei der vertraglichen Haftung seinen Auftraggeber also so zu stellen, wie er bei pflichtgemäßem Verhalten des rechtlichen Beraters stünde.[131] Das bedeutet: Im Rahmen der Differenzhypothese[132] muss die tatsächliche Vermögenslage derjenigen gegenübergestellt werden, die sich ohne den Fehler des Beraters ergeben hätte. Hierfür ist ein **Gesamtvermögensvergleich** erforderlich, der alle von dem haftungsbegründenden Ereignis betroffenen finanziellen Positionen umfasst.[133] Es geht bei dem Gesamtvermö-

---

[129] BGH v. 21.9.2000, IX ZR 439/99, NJW 2000, 3560, st. Rspr. Das BVerfG hat in einem Anwaltshaftungsfall unter Hinweis auf Art. 12 Abs. 1 GG gegen diese Rechtsprechung Bedenken geäußert (BVerfG v. 12.8.2002, 1 BvR 399/02, NJW 2002, 2937). Der BGH hat seine Rechtsprechung gegen diese Bedenken in Fällen der Rechtsanwalts- und Notarhaftung verteidigt und fortgeführt, nähere Nachweise bei Zugehör, DStR 2007, 673 (681), Fn. 128.

[130] BGH v. 15.4.2010, IX ZR 189/09; DB 2010, 1171.

[131] BGH v. 7.2.2008, IX ZR 149/04; DB 2008, 1261.

[132] BGH v. 17.3.2011, IX ZR 162/08; DB 2011, 1633.

[133] BGH v. 23.11.2006, IX ZR 21/03, WM 2007, 419; BGH v. 19.1.2006, IX ZR 232/01, NJW-RR 2006, 923 zur Haftung eines Rechtsanwaltes.

gensvergleich nicht um Einzelpositionen, sondern um eine Gegenüberstellung der hypothetischen und der tatsächlichen Vermögenslage.[134] Diese Grundsätze hat der BGH mit Urteil vom 17.3.2011 erneut bestätigt.[135] Letztlich sind also die Auswirkungen der schädigenden Handlung zu bilanzieren. Die Vermögensbilanz ohne die schädigende Handlung wird der Vermögensbilanz nach der schädigenden Handlung gegenübergestellt. Die Differenz ergibt den zu ersetzenden Schaden.

Beispiel

Bezüglich eines Dienstvertrags zwischen einem Unternehmensberater und dessen Kunden entschied das OLG Düsseldorf, dass das Honorar für unbrauchbare Leistungen einen Schaden darstellt. Entsprechendes muss auch für alle anderen Dienstverträge gelten, also auch für diejenigen, die zwischen einem Steuerberater und seinem Mandanten abgeschlossen werden.

Nach der Entscheidung ist eine Schlechtleistung wegen völliger Unbrauchbarkeit einer Nichtleistung gleichzustellen. Der Mandant hat – wenn alle sonstigen Voraussetzungen neben der Nichtleistung erfüllt sind – einen Anspruch auf Schadenersatz statt der Leistung aus §§ 280 Abs. 1, Abs. 3, 281 BGB. Der Schaden besteht darin, dass dem Mandanten wegen der Unbrauchbarkeit der Leistung die geldwerten Beratungsdienste nicht erbracht worden sind. Die Höhe des Schadens richtet sich nach dem vereinbarten Preis, der für das Erbringen dieser Dienste aufgewendet werden muss. Hat der Mandant die Vergütung bereits gezahlt, kann er sie zurückverlangen. Die noch nicht gezahlte Vergütung muss der Mandant nicht bezahlen.[136]

1.1.7.1.2 Verhalten des Mandanten bei pflichtgemäßer rechtlicher Beratung

Aus § 249 Abs. 1 BGB ergibt sich, dass der Steuerberater nicht den Schaden ersetzen muss, der auch entstanden wäre, wenn er pflichtgemäß beraten hätte. Denn dann stellt sich die Vermögenslage des Mandanten bei pflichtgemäßer Beratung nicht anders dar als bei pflichtwidriger Beratung. Daher ist es notwendig als Grundlage der Differenzhypothese festzustellen, wie der Mandant bei richtiger Beratung verfahren wäre und sich seine Vermögenslage ohne das haftungsbegründende Ereignis dargestellt hätte.[137]

Dafür, dass der Schaden bei pflichtgemäßer Beratung nicht entstanden wäre, trägt der Mandant die Darlegungs- und Beweislast.

Die **Prüfung**, wie sich der Mandant bei pflichtgemäßer rechtlicher Beratung wohl verhalten hätte, wird in **drei Schritten** vollzogen:[138]

---

[134] BGH v. 7.2.2008, a. a. O.
[135] BGH v. 17.3.2011, a. a. O.
[136] OLG Düsseldorf v. 2.11.2005, I-15 U 117/04, DStRE 2007, 589; hierzu auch: OLG Celle, v. 23.10.2003, 16 U 199/02, ZIP 2003, 2118. Ein Überblick über die Rechtsprechung zum Schadensumfang findet sich bei Zugehör, DStR 2007, 673 (681, 682).
[137] BGH v. 19.5.2009, IX ZR 43/08; DB 2009, 1642.
[138] OLG Celle v. 13.6.2006, 3 U 238/06.

1. Welche Handlungsalternativen stellten sich dem Mandanten?
2. Welche Rechtsfolgen haben diese Handlungsalternativen?
3. Wie passen die jeweiligen Rechtsfolgen zu den Zielen des Mandanten?

Ergibt diese Prüfung, dass bei pflichtgemäßer Beratung ein vernünftig urteilender Mandant mit Wahrscheinlichkeit nur **eine bestimmte Handlungsalternative** gewählt hätte, so gilt für den Mandanten der **Beweis des ersten Anscheins**.[139]

Dies ist eine Beweiserleichterung und bedeutet: Es gilt als bewiesen, dass der Mandant die einzig sinnvolle Handlungsalternative gewählt hätte. Nur wenn der Steuerberater diese Vermutung im konkreten Fall erschüttern kann, trifft den Mandanten wieder die volle Beweislast.[140]

Beispiel

Die Betriebsaufgabe durch einen Mandanten bringt nur steuerliche Nachteile. Der Steuerberater informiert den Mandanten pflichtwidrig nicht hierüber. Es gilt der Beweis des ersten Anscheins, dass der Mandant den Betrieb bei pflichtgemäßer Beratung nicht aufgegeben hätte.[141]

Dieser Beweis des ersten Anscheins gilt jedoch nie bei Entscheidungen, die auch von nicht wirtschaftlichen Überlegungen bestimmt werden.

Beispiel

Der Steuerberater informiert den Mandanten pflichtwidrig nicht darüber, dass bei einer Gewinnausschüttung Kirchensteuer über die übliche Quote hinaus anfällt. Es gilt nicht der Anscheinsbeweis dafür, dass der Mandant bei pflichtgemäßer Beratung aus der Kirche ausgetreten wäre.[142]

Wären bei pflichtgemäßer Beratung **mehrere gleich vernünftige Handlungsalternativen** mit verschiedenen Vor- und Nachteilen in Betracht gekommen, gilt für den Mandanten der Beweis des ersten Anscheins nicht. Ihn trifft dann die volle Darlegungs- und Beweislast.

Beispiel

Ein Steuerberater berät seinen Mandanten, der Eigentumswohnungen erwirbt, pflichtwidrig nur über die Abschreibungsmöglichkeit nach § 7b EStG, nicht auch über die Steuervergünstigung gemäß § 7 Abs. 5 EStG. Später erwarb der Mandant ein Grundstück. Für ihn war, weil er zuvor die Abschreibungsmöglichkeit nach § 7b EStG gewählt hatte, keine weitere Steuerersparnis mehr möglich. Eine solche wäre bei der Wahl

[139] BGH v. 23.11.2006, IX ZR 21/03, WM 2007, 419; BGH v. 19.1.2006, IX ZR 232/01, NJW-RR 2006, 923 zur Haftung eines Rechtsanwaltes.
[140] Greger, in: Zöller, Vor § 284 Rn. 25 ff.
[141] BGH v. 23.10.2003, IX ZR 249/02, DStRE 2004, 298.
[142] BGH v. 18.5.2006, IX ZR 53/05, DStRE 2007, 133.

der Steuervergünstigung gemäß § 7 Abs. 5 EStG noch möglich gewesen. Sind beim Erwerb der Eigentumswohnungen für eine vernünftige Partei in der Lage des Mandanten beide Abschreibungsmöglichkeiten ernsthaft in Betracht gekommen, so gilt der Beweis des ersten Anscheins dafür, dass der Mandant die Steuervergünstigung gemäß § 7 Abs. 5 EStG gewählt hätte, nicht. Der Mandant muss darlegen und beweisen, dass er den Weg über § 7 Abs. 5 EStG gewählt hätte.[143]

1.1.7.1.3 Vorteilsanrechnung

Grundsätzlich sind Vorteile, die der Geschädigte durch die Pflichtverletzung erlangt hat, auf den Schaden anzurechnen. Ein solcher Vorteil kann z. B. eine geringere Steuerlast sein.

Beispiel

Ein anzurechnender Vorteil kann auch darin liegen, dass ein – insofern von einem Steuerberater beratener – Arbeitgeber infolge unerkannter Versicherungspflicht eines Mitarbeiters keinen Arbeitnehmeranteil vom Lohn abzieht, diesen Abzug auch nicht mehr nachholen kann und infolgedessen die Beitragsansprüche gegen den Arbeitgeber verjährt sind.[144]

Der Steuerberater rät dem Mandanten zur Aufgabe des Gewerbebetriebs. Dies führt zur Aufdeckung stiller Reserven, auf die Einkommensteuer entfällt. Die pflichtgemäße Beratung wäre die zu einem ruhenden Gewerbebetrieb gewesen. Die Einkommensteuer stellt einen Schaden des Mandanten dar. Daran ändert sich dadurch nichts, dass die stillen Reserven als Aufschub der Besteuerung eingeordnet werden. Die Befreiung von einer latenten Steuerlast ist schadensrechtlich dem Steuerberater unter dem Gesichtspunkt des Vorteilsausgleichs nur dann zugute zu halten, wenn der Mandant infolge dieser Befreiung unmittelbar Vorteile erzielt, die ihm ohne die Aufdeckung der stillen Reserven nicht zugeflossen wären.[145]

So war es in dem vom BGH entschiedenen Fall, dass der Mandant Weinberggrundstücke verkaufte, was zur Aufdeckung stiller Reserven mit der entsprechenden Besteuerung führte. In diesem Fall erzielte der Mandant als Vorteil den Kaufpreis. Beim Vermögensvergleich musste daher gegenübergestellt werden der Veräußerungsgewinn abzüglich der Steuern einerseits und der Verkehrswert der Weinberggrundstücke andererseits. Im konkreten Fall ergab sich bei diesem Vergleich kein Schaden.[146]

Zur Berechnung des Insolvenzverschleppungsschadens siehe unten § 1 B. II.

[143] BGH v. 16.10.2003, IX ZR 167/02, DStRE 2004, 237; BGH v. 23.11.2006, IX ZR 21/03, WM 2007, 419; BGH v. 19.1.2006, IX ZR 232/01, NJW-RR 2006, 923, die beiden Letztgenannten zur Haftung eines Rechtsanwaltes.

[144] BGH v. 23.9.2004, IX ZR 148/03, NJW-RR 2005, 494.

[145] BGH v. 23.10.2003, IX ZR 249/02, DStRE 2004, 298.

[146] BGH v. 20.1.2005, IX ZR 416/00, DStRE 2005, 548.

1.1.7.1.4 Zeitpunkt der Schadensentstehung

Der Schaden des Mandanten entsteht mit **Zugang des** ihn **belastenden Steuerbescheides.**[147]

Beispiel

Hat der Steuerberater schuldhaft über die Wirkung des sog. Objektverbrauchs bei der Inanspruchnahme der erhöhten Abschreibung nach § 7b EStG nicht belehrt, so beginnt die Verjährung des daraus herrührenden Ersatzanspruches nicht mit Bestandskraft des letzten diese Abschreibung gewährenden, sondern mit Zugang des die erhöhte Abschreibung für ein weiteres Objekt versagenden Steuerbescheids.[148]

Zahlt der Mandant auf einen Steuerbescheid, so bleibt der Schaden selbst dann bestehen, wenn der Steuerbescheid später aufgehoben wird. Der Mandant kann vom Steuerberater ab dem Zeitpunkt des Zuganges des Steuerbescheides Schadenersatz verlangen Zug um Zug gegen Abtretung eines etwaigen Erstattungsanspruchs gegen das Finanzamt.[149]

Dem Zeitpunkt der Schadensentstehung kommt deshalb eine wichtige Bedeutung zu, weil erst mit der Entstehung des Schadens die letzte Voraussetzung für das Entstehen des Anspruches des Mandanten vorliegt. Dies ist wichtig hinsichtlich der Verjährung: Die 3-Jahres-Frist der seit dem 15.12.2004 geltenden regelmäßigen Verjährungsfrist beginnt mit dem Schluss des Jahres, in dem der Anspruch entstanden ist und der Gläubiger von den den Anspruch begründenden Umständen und der Person des Schuldners Kenntnis erlangt oder ohne grobe Fahrlässigkeit erlangen müsste, § 199 Abs. 3 Nr. 1 BGB. Nach dem zuvor geltenden Verjährungsrecht begann die Verjährung direkt mit der Schadensentstehung, auf die Kenntnis oder das Kennenmüssen des Mandanten kam es nicht an.

1.1.7.1.5 Darlegungs- und Beweislast

Die Darlegungs- und Beweislast für das Vorliegen eines Schadens liegt grundsätzlich bei dem anspruchserhebenden Mandanten, außer es kommen die Grundsätze des Beweises des ersten Anscheins zur Anwendung.[150]

Bei der Frage, ob ein Schaden vorliegt und wie hoch dieser ist, entscheidet das Gericht aber nicht wie bei der Frage, ob eine Pflichtverletzung, Verschulden und haftungsbegründende Kausalität vorliegen, nach § 286 ZPO, sondern nach § 287 ZPO. § 287 ZPO hat gegenüber § 286 ZPO vor allem den Unterschied, dass das Gericht – soweit es nicht willkürlich handelt – auch eine Schätzung des Schadens vornehmen kann.[151]

---

[147] BGH v. 24.1.2013, IX ZR 108/12; DStR 2013, 879; BGH v. 3.11.2005, IX ZR 208/04, DB 2006, 210; OLG Hamm v. 10.4.2013, 25 U 46/11; aus juris.

[148] BGH v. 9.10.2003, IX ZR 167/02, DStRE 2004, 237.

[149] BGH v. 21.12.2006, IX ZR 277/03, n.v., BeckRS 2007, 02052.

[150] Siehe oben Abschn. 1.1.7.1.2.

[151] Siehe zu § 287 ZPO Greger, in: Zöller, § 287 Rn. 1 ff.

1.1.7.2 Mitverschulden

Im Rahmen der Verschuldensprüfung sollte auch immer ein Augenmerk darauf gelegt werden, inwieweit evtl. auch der Mandant den eingetretenen Schaden mitverschuldet hat. Denn insoweit kann die Haftung des Steuerberaters entfallen, im günstigsten Fall sogar ganz.

1.1.7.2.1 Allgemeines

§ 254 BGB (Mitverschulden) regelt, was passiert, wenn der Mandant den Schaden mitverschuldet hat:

(1) Hat bei der Entstehung des Schadens ein Verschulden des Beschädigten mitgewirkt, so hängt die Verpflichtung zum Ersatz sowie der Umfang des zu leistenden Ersatzes von den Umständen, insbesondere davon ab, inwieweit der Schaden vorwiegend von dem einen oder dem anderen Teil verursacht worden ist.

(2) Dies gilt auch dann, wenn sich das Verschulden des Beschädigten darauf beschränkt, dass er unterlassen hat, den Schuldner auf die Gefahr eines ungewöhnlich hohen Schadens aufmerksam zu machen, die der Schuldner weder kannte noch kennen musste, oder dass er unterlassen hat, den Schaden abzuwenden oder zu mindern.

Beispiel

Der Mandant hat den Schaden mitverschuldet, wenn er nach Zugang des Steuerbescheides die Angaben, die dem Finanzamt fehlten – wie der volle Name und die Adresse des Empfängers bei Barquittungen zu Betriebsausgaben – nicht macht.[152]

Der BGH hat sich mit den Urteilen vom 15.4.2010[153] und 17.3.2011[154] intensiv mit der Frage des Mitverschuldens des Mandanten befasst. Der BGH hat hierbei die allgemeinen Grundsätze bestätigt und weiter präzisiert. Danach obliegt die steuerliche Bearbeitung eines ihm anvertrauten Mandats allein dem Steuerberater. Selbst wenn der Mandant über steuerliche Kenntnisse verfügen sollte, muss er darauf vertrauen können, dass der beauftragte Berater die steuerrechtlichen Fragen fehlerfrei bearbeitet, sodass eine Kontrolle nicht notwendig ist.[155]

Unter besonderen Umständen kann auch im Rahmen eines Beratungsfehlers ein Mitverschulden des Mandanten in Erwägung gezogen werden. Hierauf hat der BGH in seinen

[152] BGH v. 20.2.2003, IX ZR 384/99, DStRE 2003, 892.
[153] BGH v. 15.4.2010, IX ZR 189/09; DB 2010, 1171.
[154] BGH v. 17.3.2011; IX ZR 162/08; DB 2011, 1633.
[155] BGH v. 18.12.2008, IX ZR 12/05, NJW 2009, 1141.

Urteilen vom 23.9.2010[156] und 17.3.2011[157] hingewiesen. Ein Mitverschulden kann beispielsweise in Betracht kommen, wenn Warnungen oder ohne weiteres erkennbare Umstände, die gegen die Richtigkeit des von dem Berater herausgearbeiteten Standpunkts sprechen, nicht ausreichend beachtet werden.[158]

Die Beauftragung eines Steuerberaters entbindet den Mandanten also nicht von einer Prüfungspflicht. Insbesondere darf er den Angaben und Ermittlungen des Steuerberaters nicht blind vertrauen. Fehler oder Versäumnisse des Steuerberaters, die offenkundig sind, muss er rügen.[159] Ein Mitverschulden muss sich der Mandant in folgendem Fall nicht anrechnen lassen:[160]

Der Mandant beauftragt neben oder nach dem Erstberater auch einen Zweitberater. Vertraute der Mandant darauf und durfte er auch darauf vertrauen, dass die Beratung durch den Erstberater fehlerfrei war, muss er sich Fehler des Zweitberaters nicht als Mitverschulden anrechnen lassen, wenn er Schadenersatzansprüche gegen den Erstberater geltend macht.

Anders ist dies, wenn der Mandant den Zweitberater gerade zu dem Zweck beauftragt hat, die Beratungsleistung des Erstberaters zu überprüfen.[161]

Zu beachten ist allerdings: Der Einwand des Mitverschuldens kommt nicht in Betracht, wenn die Verhütung des entstandenen Schadens nach dem Vertrag dem in Anspruch genommenen Schädiger oblag. Deswegen kann dem Mandanten ein Mitverschulden dann nicht angerechnet werden, wenn er eine Gefahr, zu deren Vermeidung er einen Fachmann hinzugezogen hat, bei genügender Sorgfalt hätte selbst erkennen können. Anders ist dies nur dann, wenn eine Schadensursache im Bereich der Eigenverantwortung des Mandanten entstanden ist und dieser diejenige Sorgfalt außer Acht gelassen hat, die nach der Sachlage erforderlich schien, um sich selbst vor Schaden zu bewahren.

Beispiel

Ein Steuerberater verletzt seine Vertragspflicht zur Erteilung richtiger Auskünfte. Gegenüber dem Schadenersatzanspruch des Mandanten kann der Steuerberater nicht geltend machen, dass diesen ein Mitverschulden trifft, weil er auf die Auskunft vertraut hat und dadurch einen Mangel an Sorgfalt gezeigt hat.[162]

1.1.7.2.2 Insbesondere: Informationspflicht des Mandanten

Ein Mitverschulden durch den Mandanten kommt insbesondere dann in Betracht, wenn der Mandant seine Informationspflicht verletzt hat: Denn wer kennt das nicht: Erst erhält der Steuerberater nicht alle oder gar falsche Informationen von seinem Mandanten. Und

[156] BGH-Beschluss v. 23.9.2010, IX ZR 132/08; GI aktuell 2013, 157.
[157] BGH v. 17.3.2011, IX ZR 162/08, DB 2011, 1633.
[158] BGH-Beschluss v. 23.9.2010, IX ZR 132/08; GI aktuell 2013, 157.
[159] BGH-Beschluss v. 23.9.2010; IX ZR 132/08; GI aktuell 2013, 157.
[160] Zugehör, DStR 2007, 673 (682).
[161] BGH v. 3.5.2001, IX ZR 46/00, DStRE 2001, 1071.
[162] BGH v. 7.12.2006, IX ZR 37/04, DB 2007, 510.

wenn dann „das Kind in den Brunnen gefallen ist", sprich der Schaden entstanden ist, möchte der Mandant auch noch, dass der Steuerberater für den Schaden einsteht. In beiden Fällen, also wenn der Steuerberater nur unzureichend Informationen erhalten hat oder aber, wenn der Mandant den Steuerberater falsch informiert hat, trägt der Mandant zumindest ein Mitverschulden. Bestenfalls entfällt der Schadenersatzanspruch des Mandanten dadurch ganz. Der Mandant kann auch nach dem ihm obliegenden Gebot der Wahrung eigener Interessen verpflichtet sein, seinen Steuerberater über eine fundierte abweichende Auskunft, die er wiederum von einer sachkundigen Person erhalten hat, zu unterrichten. Dies gilt allerdings nicht ohne Weiteres für Informationen des Mandanten durch seinen z. B. Berufsverband.[163]

1.1.7.2.3 Schadensminderung

Nach § 254 Abs. 2 S. 1 BGB ist der Geschädigte im Interesse des Schädigers angehalten, den entstehenden Schaden zu mindern. Die Schadensminderungspflicht ist ein Anwendungsfall des allgemeinen Grundsatzes von Treu und Glauben.[164] Dieser greift dann ein, wenn der Geschädigte Maßnahmen unterlässt, die eine ordentliche und verständige Person zur Schadensabwendung oder Minderung aufgreifen würde (Grüneberg in: Palandt 2014, § 254 Rz. 36). Dies gilt nicht bei Maßnahmen, die dem Geschädigten nicht zugemutet werden können. Demnach ist er nicht verpflichtet, den entstandenen Steuerschaden durch ein teures, mit neuen Risiken ausgestattetes Kompensationsgeschäft auszugleichen.[165]

Ein anrechenbares Mitverschulden eines geschädigten Mandanten kann sich allerdings daraus ergeben, dass er es in vorwerfbarer Weise versäumt hat, den durch die Verletzungshandlung entstandenen Schaden durch Einlegung zulässiger, aussichtsreicher und zumutbarer Rechtsbehelfe oder Rechtsmittel abzuwenden oder zu mindern.[166] Etwas anderes gilt, wenn der Geschädigte einen aussichtslosen Rechtsbehelf nicht einlegt.[167]

1.1.7.2.4 Darlegungs- und Beweislast

Die Darlegungs- und Beweislast hinsichtlich des Mitverschuldens des Mandanten trägt der Steuerberater.

Beispiel

Der BGH entschied, dass ein Steuerberater, der daraus, dass sein Mandant eine Nachfrage bei ihm unterlassen hat, ein Mitverschulden herleitet, darlegen und beweisen muss, dass die Anfrage unterblieben ist:[168]

[163] BGH-Beschluss v. 23.9.2010; IX ZR 132/08; GI aktuell 2013, 157.
[164] BGH v. 17.3.2011, IX ZR 162/08, DB 2011, 1633.
[165] BGH v. 17.3.2011, IX ZR 162/08, DB 2011, 1633.
[166] BGH v. 20.2.2003, IX ZR 384/99; DB 2003, 1899.
[167] BGH v. 6.10.2005, IX ZR 111/02; NJW 2006, 288.
[168] BGH v. 21.7.2005, IX ZR 6/02, DStR 2006, 160.

Im entschiedenen Fall beauftragte die Klägerin einen Dritten mit der Ausarbeitung von Lösungskonzepten für einen Erbauseinandersetzungsvertrag zwischen der Klägerin und deren Kindern.

Den ausgearbeiteten Vertragsentwurf schickte die Klägerin im Jahr 1995 dann an die später beklagte Steuerberatungsgesellschaft zur Beurteilung, was die Beklagte auch tat. Die Klägerin behauptet, sie habe später bei der Beklagten nachgefragt, ob es notwendig sei, dass der Vertrag noch im Jahr 1995 notariell beurkundet wird, um steuerliche Nachteile zu vermeiden und die Beklagte habe als Auskunft gegeben, es sei keine Eile geboten. Die Beklagte bestritt, dass die Anfrage jemals erfolgt ist. Der Vertrag wurde dann im Jahr 1996 notariell beurkundet. Dies führte zu einem Anfall von Erbschaftssteuer in Höhe von rund 680.000 €, die bei notarieller Beurkundung des Vertrags noch im Jahr 1995 nicht entstanden wäre. Die Klägerin verlangte von der Beklagten daraufhin Schadenersatz wegen Verletzung einer nachvertraglichen Pflicht.[169] Der BGH entschied, dass für den Fall, dass eine Pflichtverletzung des Steuerberaters vorliegt und der Steuerberater sich auf ein Mitverschulden wegen der unterlassenen Nachfrage beruft, dieser die Beweislast dafür trägt, dass die Nachfrage unterblieben ist.

Weil der Steuerberater die Darlegungs- und Beweislast trägt, folgender

▶ **Praxishinweis** Der Steuerberater sollte immer genau **dokumentieren, welche Informationen er von seinem Mandanten angefordert hat**. So kann er später – in einem möglichen Haftungsprozess – beweisen, dass der Mandant seiner Aufforderung nicht nachgekommen ist und seinen Mandanten damit zumindest ein Mitverschulden am entstandenen Schaden trifft.

1.1.7.2.5 Muster für Vollständigkeitserklärungen des Mandanten und Aktenvermerke

Im Hinblick auf die obigen Ausführungen sollte der Steuerberater den Mandanten in Bezug auf die Jahresabschlusserstellung bzw. Erstellung der Steuererklärung immer eine **Vollständigkeitserklärung** unterschreiben lassen. So ist gewährleistet, dass der Mandant nicht im späteren Haftungsprozess vorträgt, er habe dem Steuerberater eine bestimmte Tatsache mitgeteilt.

[169] Zur Pflichtverletzung durch den Steuerberater, wenn er davon ausgehen darf, dass der Mandant anderweitig fachkundig beraten ist, siehe oben Abschn. 1.1.1.5.

Muster:

Mandant Nr.: .... Name: ....

Vollständigkeitserklärung:

Ich/Wir erkläre(n) hiermit Folgendes:

In den von KANZLEI ....

erstellten Steuererklärungen (Zutreffendes bitte ankreuzen)

Einkommensteuer,

Körperschaftsteuer

Gewerbesteuer,

Umsatzsteuer

Feststellung von Besteuerungsgrundlagen

für den Veranlagungszeitraum .... sind alle Einkünfte enthalten.

Ebenfalls sind alle Betriebsausgaben, Werbungskosten, Sonderausgaben und außergewöhnlichen Belastungen aufgeführt.

Die Einkünfte wurden nicht zu niedrig und die abzugsfähigen Ausgaben wurden nicht zu hoch angesetzt. Der KANZLEI .... wurden sämtliche angeforderten Auskünfte vollständig und richtig erteilt.

Außerdem bestätige ich/wir hiermit, dass mir/uns die Daten zur unverzüglichen Überprüfung ausgehändigt wurden.

Ich/Wir bin/sind von meinem/unseren steuerlichen Berater darüber aufgeklärt worden, dass die Festsetzungsfrist für Steuern ggf. mehr als 10 Jahre betragen kann und ich/wir innerhalb dieser Frist zur eigenständigen Berichtigung nach § 153 AO verpflichtet bin/sind. Innerhalb dieser Frist kann das Finanzamt eine steuerliche Veranlagung veranlassen bzw. abändern. Die Frist beginnt grundsätzlich mit dem Ablauf des Veranlagungszeitraums.

Ich/Wir wurde/n von meinem/unserem steuerlichen Berater darüber aufgeklärt, dass ich/wir im eigenen Interesse vorsorglich Unterlagen und Belege zur Glaubhaftmachung von Tatsachen, die in Steuererklärung geltend gemacht worden sind oder geltend gemacht werden können, 10 Jahre nach Ablauf des Veranlagungszeitraums aufbewahren sollt/en.

Es wird nochmals anerkannt, dass die Allgemeinen Auftragsbedingungen für Steuerberater, Steuerbevollmächtigte und Steuerberatungsgesellschaften des DWS Instituts, Stand ..... einbezogen sind. Die Auftragsbedingungen hängen in der KANZLEI .... im Erdgeschoss zur Einsichtnahme aus bzw. sind auf unserer Homepage ersichtlich und werden auf Wunsch nochmals ausgehändigt.

____________________________ ____________________________________

Ort, Datum Unterschrift des Mandanten

Jedenfalls in komplizierten Beratungsmandaten sollte der Steuerberater vor Ausarbeitung seiner Stellungnahme nochmals schriftlich den Sachverhalt in einem **Aktenvermerk** skizzieren und seinem Mandanten mit der **Bitte um Überprüfung** auf Vollständig- und Richtigkeit zuschicken. Ein derartiger Aktenvermerk lässt sich wie folgt aufbauen:

Muster:

Aktenvermerk in Sachen ___________-

Besprechung vom ___________ Ort: ___________

Anwesend: ______________________

Gesprächsgrund:

Zum Sachverhalt:

Ergebnis/Würdigung:

Hinweise:

Ergebnis:

Zu erledigen:

Von wem:

Mit wem:

Bis wann:

Nachricht an wen:

Der Aktenvermerk sollte danach dem Mandanten im Nachgang per Fax zugesandt werden. Der Aktenvermerk wird mit dem Sendeprotokoll abgeheftet.

Damit sind alle Voraussetzungen für die Haftung des Steuerberaters aus Vertrag genannt.

1.1.7.2.5.1 Checkliste: Voraussetzungen für eine vertragliche Haftung des Steuerberaters

- Zustandekommen eines Steuerberatungsvertrags
  Der Steuerberatungsvertrag ist grundsätzlich ein Dienstvertrag, nur ausnahmsweise handelt es sich um einen Werkvertrag. Mit dem Abschluss des Steuerberatungsvertrags übernimmt der Steuerberater Pflichten gegenüber seinem Mandanten. Er muss:
  - Den Mandanten umfassend beraten und ungefragt über alle bedeutsamen steuerlichen Einzelheiten und deren Folgen unterrichten,
  - den Mandanten generell vor Schaden bewahren, d. h. es besteht auch die Verpflichtung, den Mandanten vor einer Strafverfolgung oder der Ahndung einer Ordnungswidrigkeit zu bewahren,
  - den sichersten Weg zum angestrebten steuerlichen Ziel aufzeigen und entsprechende Vorschläge zur Realisierung unterbreiten und
  - es hierdurch dem Mandanten ermöglichen, selbst die erforderlichen Entscheidungen zu treffen.

    Besonderheiten sind in der Krise und Insolvenz des Mandanten zu beachten.
- Pflichtverletzung
- Verschulden
  Verletzt der Steuerberater eine seiner Pflichten aus dem Steuerberatungsvertrag, so haftet er nur, wenn er die Pflichtverletzung verschuldet hat. Er muss also vorsätzlich oder fahrlässig gehandelt haben.
- Kausalität und haftungsrechtliche Zurechnung
  Die schuldhafte Pflichtverletzung des Steuerberaters muss zu einem Schaden beim Mandanten geführt haben. Eine Haftung entfällt, wenn der Schaden dem Steuerberater bei wertender Betrachtung billigerweise nicht zuzurechnen ist.
- Schadensumfang und Mitverschulden
  Letztlich ist dann noch zu klären, in welchem Umfang der Steuerberater den Schaden des Mandanten ersetzen muss und ob den Mandanten ein Mitverschulden trifft, das die Haftung des Steuerberaters verringert oder gar ganz entfallen lässt.

1.1.7.2.5.2 Exkurs: Haftung der Mehrbänderleute und in der interprofessionellen Sozietät

Steuerberater sind häufig auch Wirtschaftsprüfer bzw. vereidigter Buchprüfer oder/und Rechtsanwälte oder sie sind in Sozietäten mit Wirtschaftsprüfern oder/und Steuerberatern verbunden. Dies hat Einfluss auf ihre Haftung:

Grundsätzlich sind die Voraussetzungen für eine Haftung dieselben wie wenn nur ein Steuerberater allein oder eine Steuerberatersozietät tätig wird: Voraussetzung für einen Anspruch des Mandanten ist eine vom Berufsträger zu vertretende Verletzung einer Pflicht aus dem Vertrag zwischen dem Berufsträger und dem Mandanten, die kausal ist für einen beim Mandanten entstandenen Schaden. Bei einem Mehrfachberufler muss geprüft werden, welche Aufgaben übernommen wurden, ob die Vertragsparteien die zu erledigende

Aufgabe einem bestimmten Beruf zugeordnet haben oder ob sich dieser aus dem Schwerpunkt der zu erledigenden Tätigkeit ergibt.[170]

Jedoch gilt: Gibt es für eine Berufsgruppe strengere Anforderungen, so sind diese zu beachten:

- Wird ein Berufsträger in mehreren Funktionen beauftragt (z. B. als Steuerberater und Rechtsanwalt), so muss er die jeweils strengeren Anforderungen erfüllen.
  Dies gilt jedoch nicht, wenn der Steuerberater, der gleichzeitig Rechtsanwalt ist, eindeutig nur für die Erbringung von Steuerberaterleistungen engagiert wurde.
- Kommt ein Vertrag mit einer Sozietät aus mehreren Berufsgruppen zustande, so muss jedes Mitglied der Sozietät die jeweils strengeren Anforderungen beachten.
  Dies gilt jedoch nicht, wenn ausnahmsweise der Vertrag nur mit einem Mitglied der Sozietät zustande kommt, der z. B. nur Steuerberater ist.

Unterschiedliche Anforderungen an Steuerberater, Wirtschaftsprüfer und Rechtsanwälte gibt es bei der Grenze der Haftungsbeschränkung in AAB und einzelvertraglich, bei der Begrenzung der Haftung auf einen Sozius in der Sozietät und bei der erforderlichen Mindestversicherungssumme bei der Vermögensschaden-Haftpflichtversicherung. Im Einzelnen wird auf diese Besonderheiten bei den jeweiligen Abschnitten eingegangen werden.

1.1.8 Haftungsbeschränkung

Nachdem nun aufgezeigt wurde, wie eine vertragliche Haftung des Steuerberaters entstehen kann, stellt sich die Frage, welche Möglichkeiten der Steuerberater schon im Vorfeld hat, um seine Haftung – sollte ihm tatsächlich einmal ein Fehler unterlaufen – möglichst weit zu beschränken. Dies kann er durch eine Vereinbarung mit dem Mandanten tun. Zu beachten ist hierbei, dass nur eine vertragliche Haftung beschränkt werden kann. Etwaige gesetzliche Schadenersatzansprüche wie z. B. aus Delikt werden von einer Haftungsklausel nicht erfasst.

▶ **Praxishinweis** Eine Haftungsbeschränkung sollte immer dann vorgenommen werden, wenn ein Haftungsrisiko besteht, das durch die Vermögensschaden-Haftpflichtversicherung nicht abgedeckt ist oder wenn bereits im Voraus erkennbar ist, dass überhaupt kein Versicherungsschutz besteht, z. B. bei einer Beratung im außereuropäischen Recht. Im letzten Fall muss zusätzlich noch eine Vereinbarung darüber getroffen werden, dass eine Einzelobjektversicherung abgeschlossen wird und der Mandant die Kosten hierfür trägt.

[170] BGH v. 27.1.1994, IX ZR 195/93; WM 1994, 504; Gräfe/Lenzen/Schmeer, Steuerberaterhaftung, Rn. 865.

Die Haftungsbeschränkung sollte immer vor der Mandatsannahme erfolgen, bevor der Haftungsfall eingetreten ist und es zu spät ist. Eine Haftungsbeschränkung wirkt zwar nicht nur für die Zukunft, sondern in den Grenzen von Treu und Glauben auch zeitlich rückwirkend. Ist der Haftungsfall aber bereits eingetreten, so wird der Mandant sich natürlich nicht mehr mit einer Haftungsbeschränkung einverstanden erklären. Wurde der Haftungsfall vom Mandanten noch nicht bemerkt und ihm wird eine Haftungsvereinbarung untergeschoben, ist diese aus Treu und Glauben wohl unwirksam.[171]

1.1.8.1 Haftungsausschluss und Haftungsbeschränkung

Die Vereinbarung eines **vollständigen Haftungsausschlusses** ist nicht möglich. Wird ein solcher dennoch vereinbart, so ist er gänzlich **unwirksam**, § 34 Abs. 2 BOStB.

Die **Haftung** kann jedoch durch eine Vereinbarung im Einzelfall oder durch Allgemeine Geschäftsbedingungen (AGB) – häufig und im Folgenden auch als Allgemeine Auftragsbedingungen (AAB) bezeichnet – **beschränkt** werden. In der Praxis kommt die Haftungsbeschränkung durch AAB sehr viel häufiger vor als die Beschränkung durch Vereinbarung im Einzelfall.

Hier ist jedoch Folgendes zu berücksichtigen: Eine Haftungsbeschränkung in AAB ist nur dann zulässig, wenn in entsprechender Höhe Versicherungsschutz besteht. Was dies konkret heißt, ist jedoch unklar: In der Literatur gehen die Ansichten weit auseinander, von der Ansicht, es müsse nur abstrakt Versicherungsschutz bestehen[172] bis zur Ansicht, es müsse Versicherungsschutz mit einer unbegrenzten Jahreshöchstleistung bestehen.[173] Die Rechtsprechung hat sich zu dieser Problematik noch nicht geäußert. Besteht keine unbegrenzte Jahreshöchstleistung (was i. d. R. der Fall sein wird), ist es somit am sichersten, die Haftung einzelvertraglich zu beschränken, um nicht dem Risiko einer unzulässigen und damit unwirksamen Beschränkung zu unterliegen.

1.1.8.2 AAB

► **Praxishinweis** Entgegen einer unter Steuerberatern weit verbreiteten Auffassung liegen AAB schon dann vor, wenn der Berater „eigene" AAB formuliert, diese aber unverändert jedem neuen Mandatsvertrag beifügt. Es ist also nicht erforderlich, dass es sich dabei um von einem Verlag (z. B.: IDW) vorgedruckte Exemplare handelt! Entscheidend ist einzig, dass es sich um für eine Vielzahl von Verträgen vorformulierte Auftragsbedingungen handelt.
Insofern genügt bereits eine zur wiederkehrenden Verwendung vorformulierte Klausel zur Annahme einer vorformulierten Vertragsbedingung, also von AAB.[174]

---

[171] Hierzu Waschk, DStR 2006, 817.
[172] Chab, AnwBL 2006, 205.
[173] Gehre/Koslowski, Steuerberatungsgesetz, § 67 a, Rn. 7.
[174] BGH v. 25.6.1992, VII ZR 128/91, NJW 1992, 2759.

1.1.8.2.1 Einbeziehung der AAB

Vorweggeschickt sei hier der dringende Hinweis, dass eine solche Haftungsbeschränkung überhaupt nur dann wirksam sein kann, wenn die AAB Bestandteil des Mandatsvertrags geworden sind.[175]

Hierfür ist erforderlich, dass der Steuerberater bei Vertragsschluss seinen Mandanten ausdrücklich auf diese AAB hinweist. Außerdem muss er die AAB seinem Mandanten zur Kenntnis geben und der Mandant muss zudem sein Einverständnis mit denselben erklären, § 305 Abs. 2 BGB. Werden diese Erfordernisse beachtet, können die Vertragsparteien für eine bestimmte Art von Rechtsgeschäften die Geltung bestimmter AAB im Voraus vereinbaren, § 305 Abs. 3 BGB. Letzteres ist für den Steuerberater jedoch wenig praxisrelevant. Solche Vereinbarungen werden vor allem von Banken geschlossen.

Demgegenüber reicht es nicht aus, dass die Auftragsbedingungen der Bilanz oder einer sonstigen Leistung im Nachhinein ohne vorherige Vereinbarung beigefügt werden.[176] In diesen Fällen könnte höchstens durch andauernde Übung ab einer gewissen Wiederholungsanzahl darauf geschlossen werden, dass der Steuerberater aufgrund der Einbeziehung seiner AAB arbeitet.

Allerdings wäre dann unklar, ob dies beim zweiten, dritten Mal ... oder erst später erfolgen würde. Zudem besteht die Gefahr, dass die Einbeziehung der AAB nur auf den Jahresabschluss erfolgt, nicht hingegen auf die Deklarations- und Gestaltungsberatung. Dementsprechend bietet es sich an, die AAB in einem Rahmenvertrag einzubeziehen oder sich die Einbeziehung der AAB schriftlich bestätigen zu lassen.

---

[175] Zum idealen Standort der Haftungsbeschränkung durch AAB im Vertrag siehe unten Abschn. 1.4.1.

[176] Siehe zur wirksamen Einbeziehung von AAB in einen Vertrag: Grüneberg, in: Palandt, § 305, Rn. 45 ff.; OLG Frankfurt, WPK-Mitt. 1986, 11OLG Frankfurt, WPK-Mitt. 1986, 11.

Musterschreiben:

Sehr geehrter Mandant,

wir begrüßen Sie herzlich als Neumandant der KANZLEI .... und bedanken uns für das von Ihnen entgegengebrachte Vertrauen.

(..........)

In unserem Gespräch vom .... hatten wir Ihnen bereits mitgeteilt, dass wir grundsätzlich allen von uns zu erbringenden Leistungen unsere AAB zugrunde legen. In der **Anlage** überlasse ich Ihnen die derzeit geltenden AAB (Stand: ......). Sofern sich diese in der Zukunft ändern, senden wir Ihnen ein weiteres Exemplar zu. Darüber hinaus hängen unsere AAB in unsere Kanzlei .... (Standort) aus. Bitte bestätigen Sie uns den Erhalt der AAB und Ihr Einverständnis zur Einbeziehung in alle Aufträge.

Mit freundlichen Grüßen

....

Steuerberater

Die allen, auch künftigen, Aufträgen zugrunde liegenden AAB habe ich erhalten.

....

Ort, Datum Unterschrift, Stempel

1.1.8.2.2 Grenze der Haftungsbeschränkung in AAB

1.1.8.2.2.1 Steuerberater

Der Steuerberater kann seine Haftung in AAB nicht unbegrenzt beschränken. § 67a Abs. 1 Nr. 2 StBerG (Vertragliche Begrenzung von Ersatzansprüchen) lautet:

> Der Anspruch des Auftraggebers aus dem zwischen ihm und dem Steuerberater oder Steuerbevollmächtigten bestehenden Vertragsverhältnis auf Ersatz eines fahrlässig verursachten Schadens kann beschränkt werden (...) durch vorformulierte Vertragsbedingungen auf den vierfachen Betrag der Mindestversicherungssumme, wenn insoweit Versicherungsschutz besteht.

Ein Ausschluss der Haftung in AAB ist nur für einen **fahrlässig verursachten Schaden** – hier wohl aber auch für den grob fahrlässig verursachten Schaden – möglich:[177]

Die Haftung wegen vorsätzlichen Handelns kann dem Steuerberater nicht im Voraus erlassen werden, § 276 Abs. 3 BGB.

Gemäß § 307 Nr. 7 b) BGB kann die Haftung für grob fahrlässiges Verhalten des Verwenders der AAB nicht ausgeschlossen werden. Hier stellt § 67a Abs. 1 Nr. 2 StBerG aber wohl eine spezielle Regelung dar, sodass der Ausschluss der groben Fahrlässigkeit möglich ist.[178] Die Rechtsprechung hat zu dem Verhältnis von § 67a Abs. 1 Nr. 2 StBerG und § 309 Nr. 7b) BGB noch keine Entscheidung getroffen.

Die **Mindestversicherungssumme** für den einzelnen Versicherungsfall beträgt 250.000 €, § 52 Abs. 1 DVStB. Es ist damit eine Begrenzung auf 1.000.000 € möglich.

Wird die Haftung auf 1.000.000 € beschränkt, so muss, wenn der konkrete Haftungsfall eintritt, dann auch **Versicherungsschutz** in dieser Höhe bestehen. Das bedeutet: Es muss eine Haftpflichtversicherung bestehen mit der Deckungssumme von 1.000.000 € und die Haftpflichtversicherung muss den konkreten Haftungsfall umfassen. Es darf in den Versicherungsbedingen also kein Risikoausschluss hinsichtlich des konkreten Haftpflichtfalls eingreifen.[179] Zur Unklarheit in der Begriffsbestimmung siehe § 1 A. VII. 1.

Vorsicht ist hier allerdings bei **Sozietäten** geboten: Dann nämlich, wenn nicht alle Sozien eine Deckung von mindestens 1.000.000 € für den einzelnen Schadensfall versichert haben. Hier droht die Gefahr, dass die Haftungsbegrenzung in den AAB unwirksam ist. Im Rahmen der Haftpflichtversicherung werden die Deckungssummen der Sozien summiert und es wird die durchschnittliche Deckungssumme ermittelt.[180] Die AAB könnte unwirksam sein, wenn die durchschnittliche Deckungssumme nicht den Betrag von 1.000.000 € erreicht.[181]

Beispiel

Eine Sozietät aus 2 Steuerberatern und einem Rechtsanwalt ist wie folgt versichert: Die Steuerberater mit jeweils 1,0 Mio. €, der Rechtsanwalt mit 500 T€. Die Durchschnittsumme der Versicherten ist 833 T€ (2,5 Mio. €/3), also weniger als 1,0 Mio. € pro Sozius. Eine Haftungsbeschränkung in AAB wäre damit unwirksam.

1.1.8.2.2.2 Mehrbänderleute und interprofessionelle Sozietät

Zu beachten ist auch, dass sich die Grenze der Haftungsbeschränkung bei den Mehrbänderleuten und in der interprofessionellen Sozietät erhöhen kann.

177 Gräfe/Lenzen/Schmeer, Steuerberaterhaftung, Rn. 789.

178 Gehre/Koslowski, Steuerberatungsgesetz, § 67 a, Rn. 4; Waschk, DStR 2006, 817 (818).

179 Zu den Risikoausschlüssen siehe unten Abschn. 7.1.5.4.

180 Siehe hierzu Abschn. 7.1.7.

181 So Kuhls, in: Kuhls/Meurer/Maxl/Schäfer/Goetz/Willenscheid, Steuerberatungsgesetz, § 67 a, Rn. 21.

§ 54a Abs. 1 Nr. 2 WPO (der gemäß § 130 Abs. 1 WPO auch auf vereidigte Buchprüfer Anwendung findet) lautet:

> Der Anspruch des Auftraggebers aus dem zwischen ihm und dem Wirtschaftsprüfer bestehenden Vertragsverhältnis auf Ersatz eines fahrlässig verursachten Schadens kann beschränkt werden (...) durch vorformulierte Vertragsbedingungen auf den vierfachen Betrag der Mindesthöhe der Deckungssumme nach § 54 Abs. 1 Satz 2, wenn insoweit Versicherungsschutz besteht.

Die Mindesthöhe der Deckungssumme beträgt nach § 54 Abs. 1 S. 2 WPO (i. V. m. § 323 Abs. 2 S. 1 HGB) 1.000.000 €. Die Haftung kann daher nur bis zu einem Betrag von 4.000.000 € beschränkt werden. Auch hier muss im konkreten Haftungsfall Versicherungsschutz in der entsprechenden Höhe bestehen.

> **Mehrbänderleute und interprofessionelle Sozietät**
> Der Anspruch des Auftraggebers aus dem zwischen ihm und dem Rechtsanwalt bestehenden Vertragsverhältnis auf Ersatz eines fahrlässig verursachten Schadens kann beschränkt werden (...) durch vorformulierte Vertragsbedingungen für Fälle einfacher Fahrlässigkeit auf den vierfachen Betrag der Mindestversicherungssumme, wenn insoweit Versicherungsschutz besteht.

Die Mindestversicherungssumme beträgt für Rechtsanwälte 250.000 €, § 51 Abs. 4 S. 1 BRAO. Es ist also im Vergleich zum Steuerberater keine höhere Deckungssumme erforderlich, jedoch kann nur die Haftung für einfache Fahrlässigkeit ausgeschlossen werden, der Ausschluss von grober Fahrlässigkeit ist nicht möglich.[182]

1.1.8.3 Vereinbarung im Einzelfall

Für die Vereinbarung im Einzelfall gilt § 67 a Abs. 1 Nr. 1 StBerG:

> Der Anspruch des Auftraggebers aus dem zwischen ihm und dem Steuerberater oder Steuerbevollmächtigten bestehenden Vertragsverhältnis auf Ersatz eines fahrlässig verursachten Schadens kann beschränkt werden (...) durch schriftliche Vereinbarung im Einzelfall bis zur Höhe der Mindestversicherungssumme.

[182] Gräfe/Lenzen/Schmeer, Steuerberaterhaftung, Rn. 790.

Die Vereinbarung im Einzelfall kommt in der Praxis nicht so häufig vor, denn präsentiert der Steuerberater die Haftungsbeschränkung nicht als „standardmäßige Vorsichtsmaßnahme“, sondern möchte sie für den konkreten Einzelfall aushandeln, schreckt das den Mandanten oftmals ab. Dennoch sollte der Steuerberater sich nicht davor scheuen, eine derartige Haftungsbeschränkung zu vereinbaren. **Argumente** hierfür sind neben der bereits aufgeführten höheren Sicherheit was die Wirksamkeit betrifft:[183]

- Das Gebührenaufkommen steht in keinem vernünftigen Verhältnis zum Haftungsrisiko.
- Ansonsten müsste das Gebührenvolumen für eine Objektdeckung (Einzelfallversicherung mit erhöhtem Risiko) im Rahmen einer Honorarvereinbarung auf den Mandanten übergewälzt werden.
- Mit seiner Tätigkeit haftet der Steuerberater ähnlich wie ein Versicherer im Schadensfall. Aber dort steigen die Versicherungsprämien auch mit dem vereinbarten Haftungsvolumen.

1.1.8.3.1 Voraussetzungen einer Vereinbarung im Einzelfall

Wichtig ist im Rahmen einer solchen Individualvereinbarung, dass es sich hier tatsächlich um ein **individuelles Aushandeln unter gegenseitigem Nachgeben** handelt und es gerade keine vorformulierte Vereinbarung ist. Daher ist für eine individuelle Haftungsbeschränkung ein ausführliches Risikogespräch zwischen dem Steuerberater und seinem Mandanten notwendig. Zur Sprache sollten hier auch alternative Haftungssummen sowie die Möglichkeit einer Einzelobjektversicherung[184] kommen.

Den Inhalt dieses Gesprächs sollte der Steuerberater schließlich unbedingt **schriftlich fixieren**. Denn die Haftungsvereinbarung bedarf nach § 67a Abs. 1 Nr. 1 StBerG der Schriftform i.S. des § 126 BGB. Gleichwertig ist u. a. die elektronische Form i.S. von § 126a BGB.[185] Wichtig ist dabei, dass sich aus der schriftlichen Aufzeichnung auch die einzelnen Verhandlungsschritte ergeben. Das Gesprächsprotokoll muss eigenhändig vom Mandanten unterschrieben werden. Ein Fax oder eine E-Mail ist nicht ausreichend.

---

[183] Siehe hierzu Abschn. 1.1.8.

[184] Zur Einzelobjektversicherung siehe unten Abschn. 1.1.8.3.1.

[185] Gräfe/Lenzen/Schmeer, Steuerberaterhaftung, Rn. 766.

Muster für die einzelvertragliche Haftungsbeschränkung:
1. Für den Fall, dass ein Haftungsrisiko über den Betrag der Versicherungsdeckung hinaus besteht:

Vereinbarung über Haftungsbeschränkung

zwischen

Herrn/Frau/Firma

Im Folgenden: **Auftraggeber**

und

Steuerberater

Im Folgenden: **Auftragnehmer**

Vorbemerkung:

Der Auftragnehmer wurde vom Auftraggeber für die Besorgung der nachfolgenden Angelegenheit beauftragt:

____
____
____
____

Die Angelegenheit birgt ein hohes Risiko. Der Auftragnehmer hat darauf hingewiesen, dass eine Vermögensschadenhaftpflicht über ein Volumen von ________ Mio. € abgeschlossen wurde. Im Hinblick auf das übersteigende Risiko hat der Auftragnehmer darauf hingewiesen, dass entweder eine Einzelversicherung für dieses Risiko auf Kosten des Mandanten abgeschlossen werden könnte oder eine Haftungsbeschränkung auf den Betrag der Vermögensschadenhaftpflichtsumme von _____ ______ Mio. €. Über die Risiken und den Umfang einer Haftungsbeschränkung wurde ausführlich gesprochen. Die dieser Vereinbarung beigefügte Besprechungsnotiz ist Bestandteil dieser Vereinbarung.

Die Haftung des Auftragnehmers für etwaige Berufsversehen wird im Einzelfall auf ____ ______ € (in Worten: ______________ Euro) beschränkt, soweit die Haftung nicht auf Vorsatz beruht. Die Haftungsbeschränkung umfasst auch die Haftung für Erfüllungsgehilfen.

Es soll eine Einzelfallversicherung auf das Risiko des Auftrags abgeschlossen werden über ____ _____________€.

Der Auftraggeber und der Auftragnehmer sind sich dabei einig, dass die Haftung für etwaige Berufsversehen hierbei auf _________ € (in Worten: ______________) beschränkt wird, soweit die Haftung nicht auf Vorsatz beruht. Die Haftungsbeschränkung umfasst auch die Haftung für Erfüllungsgehilfen. Die Kosten für die Versicherung trägt der Mandant vorschüssig.

Ort, den ________

(Unterschrift Auftraggeber) (Unterschrift Auftragnehmer)

Besprechungsnotiz:

Datum der Besprechung: ______________________

Ort der Besprechung: ______________________

Teilnehmer:

____
____
____

Zwischen den Teilnehmern wurde Folgendes besprochen:

____
____
____
____
____
____
____
____
____
____
____
____
____
____

Die Teilnehmer gelangten unter gegenseitigem Nachgeben zu dem in der vorstehenden Vereinbarung über die Haftungsbeschränkung festgelegten Ergebnis.

____

Ort, Datum

Name und Unterschrift der Teilnehmer:

______________________________	______________________________
Name	Unterschrift
______________________________	______________________________
Name	Unterschrift

2. Für den Fall, dass kein Versicherungsschutz besteht, aber eine Zusatzversicherung abgeschlossen werden kann:

Vereinbarung über Haftungsbeschränkung

zwischen

Herrn/Frau/Firma

Im Folgenden: **Auftraggeber**

und

Steuerberater

Im Folgenden: **Auftragnehmer**

Vorbemerkung:

Der Auftragnehmer wurde vom Auftraggeber für die Besorgung der nachfolgenden Angelegenheit beauftragt:

____
____
____
____

Die Angelegenheit birgt ein hohes Risiko, das nicht durch die Vermögensschaden-Haftpflichtversicherung des Auftragnehmers abgedeckt ist. Der Auftragnehmer hat darauf hingewiesen, dass eine Einzelversicherung für dieses Risiko auf Kosten des Mandanten abgeschlossen werden könnte. Die dieser Vereinbarung beigefügte Besprechungsnotiz ist Bestandteil dieser Vereinbarung.

Es soll eine Einzelfallversicherung auf das Risiko des Auftrags abgeschlossen werden über ____ ____________ €.

Der Auftraggeber und der Auftragnehmer sind sich dabei einig, dass die Haftung für etwaige Berufsversehen hierbei auf ________________ € (in Worten: ____________________) beschränkt wird, soweit die Haftung nicht auf Vorsatz beruht. Die Haftungsbeschränkung umfasst auch die Haftung für Erfüllungsgehilfen. Die Kosten für die Versicherung trägt der Mandant vorschüssig.

Ort, den ________

(Unterschrift Auftraggeber) (Unterschrift Auftragnehmer)

Besprechungsnotiz:

Datum der Besprechung: ____________________

Ort der Besprechung: ____________________

Teilnehmer:

____

____

____

Zwischen den Teilnehmern wurde Folgendes besprochen:

____

____

____

____

____

____

____

____

____

____

____

____

____

____

Die Teilnehmer gelangten unter gegenseitigem Nachgeben zu dem in der vorstehenden Vereinbarung über die Haftungsbeschränkung festgelegten Ergebnis.

____

Ort, Datum

Name und Unterschrift der Teilnehmer:

__________________________	__________________________
Name	Unterschrift
__________________________	__________________________
Name	Unterschrift

Zu beachten ist Folgendes: Gemäß § 309 Nr. 12 a) BGB sind AAB unwirksam, durch die der Steuerberater die Beweislast zum Nachteil des Mandanten ändert, indem er den Mandanten bestimmte Tatsachen bestätigen lässt. Eine Bestimmung in den AAB des Steuerberatungsvertrags mit dem Inhalt, dass der Mandant bestätigt, dass eine gesonderte Haftungsvereinbarung individuell ausgehandelt wurde, ist damit unwirksam.

1.1.8.3.2 Grenze der Haftungsbeschränkung im Einzelfall

Die Grenze der Haftungsbeschränkung bei einer Vereinbarung im Einzelfall wird durch § 67a Abs. 1 StBerG festgelegt:

> Der Anspruch des Auftraggebers aus dem zwischen ihm und dem Steuerberater oder Steuerbevollmächtigten bestehenden Vertragsverhältnis auf Ersatz eines fahrlässig verursachten Schadens kann beschränkt werden (...) durch schriftliche Vereinbarung im Einzelfall bis zur Höhe der Mindestversicherungssumme.

Die gesetzliche Mindestdeckungssumme für den Steuerberater beträgt 250.000 € (§ 52 Abs. 1 DVStB).

Die Vorschrift soll verhindern, dass Haftung auf Beträge unterhalb dieser Mindestversicherungssumme beschränkt wird, der Steuerberater also nicht haftet, obwohl seine Vermögensschaden-Haftpflichtversicherung greifen würde. Die Haftung kann aber auf höhere Beträge beschränkt werden, so wie in obigem Muster. Natürlich empfiehlt sich eine solche Haftungsbeschränkung auf einen höheren Betrag nur, wenn auch ein entsprechender Versicherungsschutz besteht.

1.1.8.3.3 Einzelobjektversicherung

Im Rahmen der einzelvertraglichen Absprachen ist noch eine weitere Variante denkbar, seitens des Steuerberaters das Haftungsrisiko zu minimieren: In Fällen mit beträchtlichen Haftungsrisiken, insbesondere auch über die Versicherungshöchstsumme hinaus, kann der Berater mit seinem Mandanten eine Einzelobjekt-Versicherung auf Kosten des Mandanten vereinbaren. Diese Kostenvereinbarung ist eine Honorarvereinbarung, die den Vorschriften der StBVV gerecht werden muss, also schriftlich abgeschlossen sein muss.

Beispiel

Der Steuerberater soll eine Betriebsimmobilie mit stillen Reserven von 2,0 Mio. € vom Sondervermögen in das Gesamthandsvermögen einer Personengesellschaft überführen. Bei einer durchschnittlichen steuerlichen Belastung von 40 % ist das Schadensrisiko 800.000 €, sodass hier eine Einzelfallversicherung in Erwägung gezogen werden sollte, soweit der Versicherungsschutz des Steuerberaters diesen Betrag nicht erreicht. Hierzu sollte der Steuerberater mit dem Mandanten schriftlich vereinbaren, dass dieses Risiko vom Steuerberater versichert wird und der Mandant die Prämie im Voraus an den Steuerberater bezahlt.

1.1.8.3.4 Mehrbänderleute und interprofessionelle Sozietät

Für Mehrbänderleute und in der interprofessionellen Sozietät gilt:

§ 54a Abs. 1 Nr. 1 WPO lautet
Der Anspruch des Auftraggebers aus dem zwischen ihm und dem Wirtschaftsprüfer bestehenden Vertragsverhältnis auf Ersatz eines fahrlässig verursachten Schadens kann beschränkt werden (...) durch schriftliche Vereinbarung im Einzelfall bis zur Mindesthöhe der Deckungssumme nach § 54 Abs. 1 S. 2.

Die Mindesthöhe der Deckungssumme beträgt 1.000.000,00 €. Die Haftung kann damit einzelvertraglich bis zu dieser Höhe beschränkt werden.

§ 52 Abs. 1 Nr. 1 BRAO lautet
Der Anspruch des Auftraggebers aus dem zwischen ihm und dem Rechtsanwalt bestehenden Vertragsverhältnis auf Ersatz eines fahrlässig verursachten Schadens kann beschränkt werden (...) durch schriftliche Vereinbarung im Einzelfall bis zur Höhe der Mindestversicherungssumme.

Die Mindestversicherungssumme beträgt für Rechtsanwälte 250.000 €, § 51 Abs. 4 S. 1 BRAO. Für die Begrenzung der Haftung ergeben sich im Vergleich zum Steuerberater damit keine Besonderheiten.

1.1.8.4 Persönliche Haftungsbeschränkung

1.1.8.4.1 Steuerberater

Grundsätzlich haftet in einer Sozietät als Gesellschaft bürgerlichen Rechts im Außenverhältnis jeder Partner als Gesamtschuldner. Das bedeutet, jeder haftet – unabhängig von seiner Mitwirkung an einer Pflichtverletzung – für jede berufliche Fehlleistung der übrigen Partner.[186]

Es ist hier allerdings möglich, in den AAB die persönliche Haftung zu beschränken. § 67a Abs. 2 Satz 1 StBerG lautet:

Die persönliche Haftung auf Schadenersatz kann durch vorformulierte Vertragsbedingungen beschränkt werden auf die Mitglieder einer Sozietät, die das Mandat im

[186] Ausführlich zur Haftung in der Sozietät siehe unten Kap. 4.

Rahmen ihrer eigenen beruflichen Befugnisse bearbeiten und namentlich bezeichnet sind. Die Zustimmungserklärung zu einer solchen Beschränkung darf keine anderen Erklärungen enthalten und muss vom Auftraggeber unterschrieben sein.

Wichtig ist hier, dass es bezüglich dieser Haftungsbeschränkung eine ausdrückliche, vom Mandanten unterschriebene Zustimmungserklärung gibt, in der keine anderen Erklärungen enthalten sind.

Muster:

Ich, _________, erkläre meine Zustimmung, dass bei dem zwischen ________ und mir bestehenden Steuerberatungsvertrag die Haftung für berufliche Verstöße auf Herrn/Frau Steuerberater _____ ______ beschränkt wird.

Ort, Datum Unterschriften

Bei der persönlichen Haftungsbeschränkung sollte an die **Nachschusspflicht** gedacht werden, die sich aus § 735 BGB ergibt und diese ggf. im Sozietätsvertrag ausgeschlossen werden.

1.1.8.4.2 Mehrbänderleute und interprofessionelle Sozietät

§ 54a Abs. 2 WPO lautet
Die persönliche Haftung von Mitgliedern einer Sozietät (§ 44b) auf Schadenersatz kann auch durch vorformulierte Vertragsbedingungen auf einzelne namentlich bezeichnete Mitglieder der Sozietät beschränkt werden, die die vertragliche Leistung erbringen sollen.

Für eine Wirtschaftsprüfersozietät ist folglich nicht erforderlich, dass es bezüglich der Haftungsbeschränkung eine ausdrückliche, vom Mandanten unterschriebene Zustimmungserklärung gibt, in der keine anderen Erklärungen enthalten sind. Mehrbänderleute und interprofessionelle Sozietäten müssen jedoch die strengere Vorschrift des § 67a Abs. 2 Satz 1 StBerG beachten.

§ 52 Abs. 2 S. 2 BRAO lautet
Die persönliche Haftung auf Schadenersatz kann auch durch vorformulierte Vertragsbedingungen beschränkt werden auf einzelne Mitglieder einer Sozietät, die das Mandat im Rahmen ihrer eigenen beruflichen Befugnisse bearbeiten und namentlich bezeichnet sind. Die Zustimmungserklärung zu einer solchen Beschränkung darf keine anderen Erklärungen enthalten und muss vom Auftraggeber unterschrieben sein.

Es ergeben sich im Vergleich zur Haftungsbegrenzung beim Steuerberater damit keine Besonderheiten.

1.1.8.5 Haftungsbeschränkung für Fehler von Mitarbeitern und hinzugezogenen Berufsträgern

Soweit dem Steuerberater die Fehler der Mitarbeiter und der hinzugezogenen Berufsträger zugerechnet werden, gilt auch die Haftungsbeschränkung.

Gemäß § 278 S. 2 BGB i. V. m. § 276 Abs. 3 BGB kann der Steuerberater einzelvertraglich auch die Haftung für vorsätzliches Handeln seines Erfüllungsgehilfen ausschließen. Auch hier ist aber § 67a StBerG wohl die speziellere Norm und ein Ausschluss für die Haftung aus vorsätzlichem Handeln des Erfüllungsgehilfen ist nicht möglich.

Ein Ausschluss für vorsätzliches oder grob fahrlässiges Handeln des Erfüllungsgehilfen ist in AAB hingegen grundsätzlich nicht möglich, § 309 Nr. 7b) BGB. § 67a StBerG erlaubt aber wohl wiederum den Ausschluss für grob fahrlässiges Handeln.

1.1.8.6 Wirksamkeit der Haftungsbeschränkung gegenüber Dritten

Eine Haftung kann nicht nur gegenüber Mandanten, sondern auch gegenüber Dritten, Nichtmandanten, bestehen.[187] Wird die Haftung gegenüber dem Mandanten nach den oben ausgeführten Grundsätzen beschränkt, stellt sich die Frage, ob diese Beschränkung auch gegenüber den Nichtmandanten wirkt.

Die beiden wichtigsten Arten der Haftung gegenüber Dritten sind der Vertrag mit Schutzwirkung zugunsten Dritter und der selbständige Auskunftsvertrag. Bei der Frage, ob eine Haftungsbeschränkung auch gegenüber Dritten gilt, ist zwischen diesen beiden Haftungstypen zu unterscheiden.

1.1.8.6.1 Vertrag mit Schutzwirkung zugunsten Dritter

Ein Problem stellt sich bei Haftungsbegrenzungs-Vereinbarungen immer dann, wenn sie sich letztlich zu Lasten Dritter auswirken. Immer häufiger stellt sich die Frage, ob auch die Bank Haftungsbegrenzungs-Vereinbarungen gegen sich gelten lassen muss. Oftmals ist man als Steuerberater oder Wirtschaftsprüfer für den Mandanten der erste Ansprechpartner, wenn es um Unternehmensfinanzierungen geht. Im Verhältnis zum Mandanten

[187] Zur Entstehung einer solchen Haftung gegenüber Dritten s. u. Abschn. 2.2.2.

sieht sich der Berater in der Verantwortung, für diesen unter Berücksichtigung der vorliegenden Unternehmensdaten die besten Kreditkonditionen sicherzustellen. Dabei lässt er mitunter außer Acht, dass bereits im Rahmen dieser Vorberatungen und Vorbereitungen für das Bankengespräch auch die berechtigten und auch schützenswerten Interessen der Kreditinstitute mit zu berücksichtigen sind, die außerhalb des bestehenden Mandatsverhältnisses stehen. Die Rechtsprechung sieht hier den Steuer- und Wirtschaftsberater in einem juristischen Spannungsfeld – einerseits Wahrung der berechtigten wirtschaftlichen Interessen des Mandanten und andererseits Minimierung der Risiken für die Kreditinstitute. Die Banken werden seitens der Gerichte unter folgenden Gesichtspunkten mit in den Schutzbereich der Beratungsverträge einbezogen:

- Dritthaftung von Steuerberatern bei der Erstellung von Jahresabschlüssen[188]
- Schutzbereich der Beauftragung des Abschlussprüfers[189]
- Prospekthaftung des Wirtschaftsprüfers[190]

Schließen der Steuerberater und sein Mandant einen Vertrag ab, in dem eine Haftungsbeschränkung vereinbart ist und entfaltet dieser Vertrag eine Schutzwirkung zugunsten eines Dritten, so muss der Dritte die Haftungsbeschränkung auch gegen sich gelten lassen. Die Rechte des Dritten können grundsätzlich nicht weitergehen als die Rechte des Gläubigers als Vertragspartner des Schädigers. Dies entschied der BGH für die Haftung gegenüber einem Drittem aus einem Werkvertrag.[191]

In seinem Urteil vom 26.11.1986[192] hat der BGH dies unterstrichen: Bei einem Vertrag mit Schutzwirkung zugunsten Dritter erhalte der Dritte nur wegen der Drittwirkung einen Anspruch. Da dessen inhaltliche Gestaltung über Grund und Höhe des Regresses entscheide, könne auch der Dritte nicht besser stehen, als der unmittelbare Vertragspartner selbst. Wurden die AABs in den Grundvertrag wirksam einbezogen, so kann der Berater sich auch gegenüber dem Anspruch des Dritten darauf berufen.

Entsprechendes gilt für die Haftung aus jedem anderen Schuldverhältnis, also auch aus einem Steuerberatervertrag, sei er Dienstvertrag oder Werkvertrag. Zur Sicherheit kann auch ein separater Vertrag mit dem Dritten mit einer separaten Haftungsbeschränkung abgeschlossen werden.

In folgenden Fällen hat der BGH eine Schutzwirkung zugunsten Dritter anerkannt:

- Mit Urteil vom 13.10.2011 wurde erstmals anerkannt, dass der Geschäftsführer als Dritter in den Schutzbereich eines Umsatzsteuermandats einbezogen sein kann, wel-

188 BGH v. 18.8.1988, XI ZR 12/88; WM 1989, 375; BGH v. 12.1.1993, III ZR 15/92; WM 1993, 897.
189 BGH v. 6.4.2006, III ZR 256/04; DB 2006, 1105; BGH v. 30.10.2008, III ZR 307/07; DB 2008, 2756.
190 BGH v. 24.4.2014 III ZR 156/13; DB 2014, 1126.
191 BGH v. 15.6.1971, VI ZR 262/69, BGHZ 56, 269; BGHZ 126, 378 (Bausachverständiger).
192 BGH v. 26.11.1986, Iva ZR 86/85; ZIP 1987, 376.

ches die GmbH erteilt hat.[193] Deshalb kann der steuerliche Berater verpflichtet sein, den Geschäftsführern ihren Schaden aus einer steuerlichen Inhaftungnahme zu ersetzen;

- Nach Auffassung des BGH[194] kann ebenfalls der Einbezug des Geschäftsführers und (Allein-)Gesellschafters in den Schutzbereich eines Prüfungsauftrags zur Insolvenzreife der GmbH in Betracht kommen.

Die Frage, ob der Geschäftsführer in den Schutzbereich des mit der Gesellschaft abgeschlossenen Beratervertrags fällt, beurteilte der BGH anhand der in der höchstrichterlichen Rechtsprechung anerkannten 4 Grundvoraussetzungen:

- Leistungsnähe,[195]
- Berechtigtes Interesse des Vertragsgläubigers am Schutz des Dritten,[196]
- Erkennbarkeit der Einbeziehung des Dritten für den Vertragsschuldner[197] sowie
- Eigenes Schutzbedürfnis des Dritten.[198]

Nach Gräfe/Lenzen/Schmeer[199] kann die Schutzwirkung zugunsten Dritter ausgeschlossen werden, indem ein Vermerk in die Bilanz, das Gutachten etc. aufgenommen wird, wonach der Jahresabschluss für den Auftraggeber erstellt wurde und keine Schutzwirkung zugunsten Dritter enthalten soll. Dies erscheint rechtlich zulässig, in der Praxis aber nur für schwer durchsetzbar. Die Hausbank der Mandanten wird nämlich einen Steuerberater, der dergestalt bescheinigt, nicht als Partner akzeptieren und möglicherweise den Jahresabschluss als nicht existent betrachten. Außerdem wird schnell der Eindruck erweckt, dass der Steuerberater seiner eigenen Arbeit nicht traut. Praktikabler ist es, deutlich zu berichten, welche Angaben auftragsgemäß (ungeprüft) vom Mandanten übernommen wurden und welche Angaben aufgrund eigener Ermittlungen getätigt wurden.

Beispiel

Der Steuerberater hat keinen Auftrag zur Inventurerstellung, zur Inventurbeobachtung oder Plausibilisierung der Inventur. Absprachegemäß stellt er die vom Mandanten gelieferten Zahlen ein. In diesem Fall sollte in der Bescheinigung und im Erstellungsbericht vermerkt werden, dass diese Werte vom Mandanten übernommen wurden und kein Auftrag zur Prüfung bestand.

[193] BGH v. 13.10.2011, IX ZR 193/10; DB 2011, 2713.
[194] BGH v. 14.6.2012, IX ZR 145/11; BGHZ 193, 297.
[195] BGH v. 2.7.1996, X ZR 104/94; BGHZ 13, 168.
[196] BGH 7.5.2009, III ZR 277/08; DB 2009, 1400.
[197] BGH v. 2.7.1996, X ZR 104/94; DB 1996, 2224.
[198] BGH v. 8.6.2004, X ZR 283/02; DB 2004, 2153.
[199] Gräfe/Lenzen/Schmeer, Steuerberaterhaftung, 5. Aufl. Rn. 456.

1.1.8.6.2 Auskunftsvertrag

Bei einem stillschweigend geschlossenen Auskunftsvertrag greift eine Vereinbarung über eine Haftungsbeschränkung, die im Vertrag mit dem Mandanten getroffen wurde, dagegen selbstverständlich nicht. Hier muss deshalb zur Vermeidung einer Haftung eine separate Vereinbarung mit dem Dritten über die Haftungsbeschränkung getroffen werden.

Besonders problematisch beim Auskunftsvertrag ist, dass das Zustandekommen nicht eindeutig festgestellt werden kann. Aus diesem Grund kann es empfehlenswert sein, mit der Bank die Rolle des Steuerberaters schriftlich zu definieren oder wenigstens klarstellen, dass und zu welchen Konditionen Auskünfte erteilt werden.

Soweit der Steuerberater klarstellt, dass er lediglich Auskünfte als steuerlicher Berater seines Mandanten erteilt, dürfte ein stillschweigender Auskunftsvertrag ausgeschlossen sein, weil durch den Hinweis die Funktion des Steuerberaters klargestellt ist und ein Rechtsbindungswille für einen Auskunftsvertrag nicht angenommen werden kann. Es bietet sich in diesen Zusammenhang auch an, eine Klarstellung im Erstellungsbericht aufzunehmen.

Muster:

Es besteht kein Rechtsbindungswille der Kanzlei … zum Abschluss eines Auskunftsvertrags mit Dritten, es sei denn, ein solcher wird schriftlich vereinbart. Ungeachtet dessen weise ich/weisen wir ausdrücklich darauf hin, dass durch das diesem Jahresabschluss zugrundeliegende Rechtsverhältnis ein Auskunftsvertrag gegenüber Dritten nicht geschlossen wird. Auch wird ein solcher allein durch das Überlassen des Jahresabschlusses an Dritte nicht begründet.

Sofern die Bank dem Steuerberater gegenüber klarstellt, dass sie ihre Entscheidung von seiner Beurteilung abhängig macht, bringt sie zum Ausdruck, dass sie eine verbindliche Erklärung des Steuerberaters will. Eine falsche Auskunft hätte dann haftungsrechtliche Konsequenzen.

In einem derartigen Fall sollte der Steuerberater zuerst mit dem Mandanten klären, ob eine derartige Auskunft überhaupt erteilt werden darf. Der Steuerberater ist schließlich zur Vertraulichkeit verpflichtet. Sofern ein Auskunftsvertrag mit der Bank zustande kommt, müssten aber gegebenenfalls auch vertrauliche Informationen erteilt werden.

Ferner sollte der Steuerberater mit der Bank vereinbaren, dass seine AAB einbezogen werden. Zuletzt sollte er von der Bank für die Auskunft ein angemessenes Honorar verlangen. Die Auskunft führt zu Haftungsrisiken, die sich Banken, wenn sie sie eingehen, ebenfalls vergüten lassen.[200]

[200] Anhaltspunkte sind die Honorare der Banken für eine Bank/-Bonitätsauskunft bzw. Avalgebühren.

Musterschreiben:

.... –bank

Sehr geehrter Herr ....,

Sie hatten mich gebeten, am Jahresabschlussgespräch meiner Mandantin, der .... GmbH, teilzunehmen, da Sie von mir eine Darstellung der wirtschaftlichen Lage der GmbH erwarten. Sie hatten gleichzeitig darauf aufmerksam gemacht, dass meine Einschätzung für Ihre Kreditentscheidung von Bedeutung ist.

Zunächst einmal muss ich klarstellen, dass ich als Steuerberater der ..... GmbH der Vertraulichkeit unterliege. Ich darf Ihnen also nur Auskünfte in dem Maße erteilen, wie ich von der beruflichen Verschwiegenheit entbunden werde. Ich werde meine Mandantin diesbezüglich anschreiben, und versuchen, eine Entbindungserklärung zu erhalten.

Aufgrund der Ausgangslage muss ich davon ausgehen, dass Sie von mir eine Auskunft im Rahmen eines Auskunftsvertrags verlangen. Dies hat für mich im Fall eines Fehlers haftungsrechtliche Konsequenzen.

Ich möchte deshalb meine Auskunft auf eine vertragliche Grundlage stellen und unterbreite Ihnen, vorbehaltlich der Entbindung von der beruflichen Schweigepflicht, folgendes Angebot:

1. Der Steuerberater verpflichtet sich, die von der .....-bank angeforderten Auskünfte nach bestem Wissen und Gewissen zu erteilen. Der Steuerberater ist verpflichtet, kenntlich zu machen, welche Tatsachenangaben und Würdigungen vom Mandanten übernommen wurden und welche er aufgrund eigener Ermittlungen angegeben hat. Sofern die Auskünfte nicht sofort erteilt werden können, ist der Steuerberater verpflichtet, die Auskunft schriftlich nachzureichen.

2. Für diesen Auskunftsvertrag gelten die beigefügten Auftragsbedingungen (AAB). Die ...-bank erklärt durch die Unterschrift, dass sie eine Ausfertigung der AAB erhalten hat.

3. Über jede Besprechung wird ein schriftliches Protokoll durch den Steuerberater erstellt. Der Inhalt gilt von der Bank als zugestanden, wenn nicht binnen 3 Werktagen nach Erhalt eine Protokollberichtigung beantragt wird.

4. Der Steuerberater erhält für die Gesprächsdauer bzw. die Ermittlungs- und die Protokollierungszeiten ein Honorar von .... € pro angefangener halber Stunde zzgl. 20 € Auslagenpauschale und der jeweils gültigen Umsatzsteuer.

Ich darf Sie bitten, mir eines dieser Schreiben rechtsverbindlich gegengezeichnet zurückzusenden.

Mit freundlichen Grüßen

....

Steuerberater

Ort, Datum

Unterschriften, Stempel

Abschließend zum Überblick bezüglich der Haftungsbeschränkungen folgende

1.1.8.6.2.1 Checkliste: Haftungsbeschränkung

- Haftungsbeschränkung durch AAB:
  - AAB müssen in den Vertrag einbezogen worden sein.
  - Begrenzung auf bis zu 1 Mio. € möglich.
  - Im konkreten Fall muss Versicherungsschutz bestehen.
- Haftungsbeschränkung durch einzelvertragliche Vereinbarung:
  - Es muss sich um individuelles Aushandeln unter gegenseitigem Nachgeben handeln.
  - Begrenzung auf bis zu 250.000 € möglich.
  - Es besteht die Möglichkeit der Einzelobjektversicherung.
- Persönliche Haftungsbeschränkung:
  - Notwendig ist eine ausdrückliche, vom Mandanten unterschriebene Zustimmungserklärung, in der keine anderen Erklärungen enthalten sind.

► **Praxishinweis** Eine andere Haftungsbeschränkung ist nicht möglich. § 67a StBerG ist abschließend. Unwirksam ist daher z. B. der Hinweis auf einem Briefkopf, dass für telefonisch erteilte Auskünfte nicht gehaftet wird.

1.2 Deliktische Haftung

Neben der Haftung aus Vertrag kann sich für den Steuerberater auch eine Haftung aus Gesetz, die deliktische Haftung, ergeben. Diese gilt allgemein gegenüber jedermann; sie wird dann besonders relevant, wenn der Vertrag zwischen dem Steuerberater und dem

Mandanten nicht wirksam abgeschlossen wurde sowie bei der Haftung gegenüber Dritten, mit denen kein Vertrag besteht.[201]

Das tückische am Deliktsrecht ist einerseits, dass es sich um eine Handelndenhaftung handelt. Das heißt Haftungsschuldner ist derjenige, der gehandelt hat bzw. pflichtwidrig nicht gehandelt hat (Unterlassen). Das Deliktsrecht eröffnet die Beihilfehaftung. Damit ist ein Haftungsdurchgriff auch durch GmbH, GmbH & Co. KG sowie durch die PartG mbBH ermöglicht. Ferner handelt es sich um gesetzliche Ansprüche, sodass eine Haftungsbeschränkung in AGB/AAB dem Haftenden gegenüber unwirksam ist. Zum Schluss ist bei vorsätzlicher Schadensherbeiführung der Rückgriff auf den Vermögensschadenhaftpflichtversicherer gem. § 103 VVG ausgeschlossen. Der handelnde oder mitwirkende Steuerberater haftet also mit „Haus und Hof" und nicht beschränkbar.

Im Folgenden wird näher auf einzelne Anspruchsgrundlagen der deliktischen Haftung eingegangen.

1.2.1 § 823 Abs. 1 BGB

§ 823 Abs. 1 BGB (Schadenersatzpflicht) lautet
Wer vorsätzlich oder fahrlässig das Leben, den Körper, die Gesundheit, die Freiheit, das Eigentum oder ein sonstiges Recht eines anderen widerrechtlich verletzt, ist dem anderen zum Ersatz des daraus entstehenden Schadens verpflichtet.

Schäden, die ein Steuerberater verursacht, sind in aller Regel Vermögensschäden. Das Vermögen ist allerdings durch § 823 Abs. 1 BGB nicht geschützt. In Betracht kommt nur eine Verletzung des Eigentums oder des Persönlichkeitsrechts bzw. des Rechts am eingerichteten und ausgeübten Gewerbebetriebs als sonstige Rechte.

Eine **Eigentumsverletzung** durch den Steuerberater kommt nur dann in Betracht, wenn der Steuerberater Unterlagen des Mandanten beschädigt, verliert oder an Dritte weitergibt.

Das **allgemeine Persönlichkeitsrecht** des Mandanten kann dadurch verletzt werden, dass der Steuerberater unberechtigt eine Bilanz oder vertrauliche Informationen des Mandanten veröffentlicht.

Beispiel
Weitergabe von im Bundesanzeiger veröffentlichten Jahresabschlüssen in Seminaren für Steuerberater und Wirtschaftsprüfer, wenn der Name und die Adresse des Unternehmens nicht unkenntlich gemacht wurde.[202]

---

[201] Zur vertraglichen bzw. vertragsähnlichen Haftung gegenüber Dritten siehe unten Abschn. 2.2.2.
[202] Vgl. Gräfe/Lenzen/Schmeer, Steuerberaterhaftung, S. 335 f. mit Verweis auf BGH v. 8.2.1994, VI ZR 286/93, wistra 1994, 301.

Ein Eingriff in den **eingerichteten und ausgeübten Gewerbebetrieb** kommt kaum in Betracht, denn es fehlt an einer notwendigen Betriebsbezogenheit des Handelns des Steuerberaters. Auch hat der BGH einen fahrlässigen Eingriff in den eingerichteten und ausgeübten Gewerbebetrieb als Ausnahmefall bezeichnet.[203]

1.2.2 § 823 Abs. 2 BGB

Nach § 823 Abs. 2 BGB trifft die Verpflichtung zum Schadenersatz denjenigen, welcher schuldhaft gegen ein den Schutz eines anderen bezweckenden Gesetzes verstößt.

Ein Gesetz kann entweder den Schutz eines Dritten oder den Schutz des Mandanten bezwecken, entsprechend ergibt sich eine Schadenersatzverpflichtung gegenüber dem Dritten oder dem Mandanten.

Dritte werden z. B. durch verschiedene **Straftatbestände** geschützt. Wirkt ein Steuerberater schuldhaft an einer Straftat seines Mandanten als Mittäter, Anstifter oder Gehilfe (§§ 25–27 StGB) mit und entsteht einem Dritten dadurch ein Schaden, so ist der Steuerberater dem Dritten zum Schadenersatz verpflichtet.[204]

In Betracht kommt beispielsweise die Mitwirkung des Steuerberaters an:[205]

- Betrug (§ 263 StGB)
- Untreue (§ 266 StGB)
- Insolvenzstraftaten (§§ 283 ff. StGB)

Ebenso kann sich der Steuerberater gegenüber Dritten gemäß §§ 823 Abs. 2, 830 Abs. 2 i. V. m. §§ 15a InsO, § 27 StGB schadenersatzpflichtig machen, wenn er zu der **vorsätzlichen Insolvenzverschleppung (§ 15a Abs. 4 InsO)** durch seinen Mandanten – den Geschäftsführer der insolventen GmbH – Hilfe leistet und er Vorsatz hinsichtlich der Insolvenzverschleppung und des Hilfeleistens hatte.[206]

Dabei kann der Schaden ausufern: Den Neugläubigern haftet der Geschäftsführer oder Gehilfe auf das volle negative Interesse. Der Neugläubiger ist also so zu stellen, als wäre er nicht in Geschäftsverbindung zu der GmbH getreten. Den Altgläubigern hingegen haftet der Geschäftsführer bzw. Gehilfe nur auf den sogenannten Quotenschaden, d. h. die Differenz, die entsteht, weil der Insolvenzantrag verspätet gestellt wurde. Den Neugläubigerschaden machen die Neugläubiger direkt gegenüber ihren Schuldnern geltend, während der Quotenschaden vom Insolvenzverwalter geltend gemacht wird.[207]

---

[203] Gräfe/Lenzen/Schmeer, Steuerberaterhaftung, S. 335 mwN.

[204] Zur strafrechtlichen Haftung des Steuerberaters siehe unten § 6.

[205] Beachten muss man, dass bei Verstößen gegen diese Schutzgesetzte i. d. R. Vorsatz und damit Wissentlichkeit erforderlich ist. In diesen Fällen scheidet die Eintrittspflicht der Vermögensschadenhaftpflicht aus.

[206] Siehe hierzu Lange, DStR 2007, 954 ff.

[207] BGH vom 6.6.1994 BGHZ 126, 181.

Zur Berechnung des Insolvenzverschleppungsschadens ist folgendes neues Urteil zu beachten:[208] Der Schadenersatzanspruch einer Neugläubigerin wegen Konkursverschleppung ist nicht um die Beträge zu kürzen, die die Gläubigerin zur Begleichung ihrer Altforderungen im Zeitraum der Konkursverschleppung von der Schuldnerin erhalten hat, über deren Vermögen das Konkursverfahren mangels Masse nicht eröffnet worden ist. Eine Vorteilsausgleichung führt zu einer unbilligen, dem Zweck der Ersatzpflicht widersprechenden Entlastung der Schädiger.

► **Praxishinweis** Zur Vermeidung einer solchen Haftung wegen Beihilfe zur Insolvenzverschleppung sollte der Steuerberater immer schriftlich festhalten, dass er den Mandanten auf die Insolvenzantragspflicht hingewiesen hat. Dies kann er entweder dadurch tun, dass er den Hinweis schriftlich erteilt oder dadurch, dass er bei einem mündlichen Hinweis ein Gesprächsprotokoll anfertigt, dass er sich vom Mandanten unterschreiben lässt.

Der **Mandant** wird z. B. durch § 203 StGB (Verletzung von Privatgeheimnissen), also bei der Verletzung der Verschwiegenheitspflicht, geschützt.[209] Entsprechendes gilt für die Verletzung des Datenschutzes gem. § 28 BDSG.[210]

1.2.3 § 831 BGB

§ 831 BGB – Haftung für den Verrichtungsgehilfen – lautet

(1) Wer einen anderen zu einer Verrichtung bestellt, ist zum Ersatz des Schadens verpflichtet, den der andere in Ausführung der Verrichtung einem Dritten widerrechtlich zufügt. Die Ersatzpflicht tritt nicht ein, wenn der Geschäftsherr bei der Auswahl der bestellten Person und, sofern er Vorrichtungen oder Gerätschaften zu beschaffen oder die Ausführung der Verrichtung zu leiten hat, bei der Beschaffung oder der Leitung die im Verkehr erforderliche Sorgfalt beobachtet oder wenn der Schaden auch bei der Anwendung dieser Sorgfalt entstanden sein würde.

(2) (...)

Nach § 831 Abs. 1 S. 2 BGB hat der Steuerberater also – anders als bei der vertraglichen Haftung – die Möglichkeit, sich zu exkulpieren. Hierzu muss er darlegen und beweisen,

---

[208] BGH v. 12.3.2007, II ZR 315/05, DStR 2007, 961.

[209] Ausführlich zur Verletzung von Schutzgesetzen: Gräfe/Lenzen/Schmeer, S. 404–423; zur neueren Rspr.: Zugehör, DStR 2007, 723 (727).

[210] OLG Frankfurt, ZIP 2005, 654; Landgericht Düsseldorf, 7-O-469/09; Urteil vom 26.10.2010; LX 4003482.

dass er seinen Mitarbeiter ordnungsgemäß für die zu erledigende Aufgabe ausgewählt und überwacht hat.

An diese Exkulpation sind hohe Anforderungen zu stellen. Der Mitarbeiter ist mit seinem beruflichen Werdegang zu beschreiben. Die verrichteten Tätigkeiten sind aufzuzeigen, die Fortbildungen zu dokumentieren. Hinsichtlich der Überwachung ist mitzuteilen, wann und wie überwacht wurde und welche Ergebnisse die Stichproben ergaben. Bereits aus diesem Hintergrund sollte der Steuerberater auf eine transparente Dokumentation in der Personalakte bestehen.

1.2.4 § 826 BGB

§ 826 BGB – vorsätzliche sittenwidrige Schädigung – lautet
Wer in einer gegen die guten Sitten verstoßenden Weise einem anderen vorsätzlich Schaden zufügt, ist dem anderen zum Ersatz des Schadens verpflichtet.

Der wesentliche Unterschied des § 826 BGB zum § 823 BGB ist die Rechtsfolgenseite: Bei § 826 BGB wird auch ein allgemeiner Vermögensschaden umfasst. § 826 BGB ist ein allgemeiner deliktischer Auffangtatbestand. Erforderlich ist

1. ein Verstoß gegen die guten Sitten,
2. eine vorsätzliche Schadenszufügung,
3. das Bewusstsein der Sittenwidrigkeit,
4. ein Schaden.

Unter den Sittenverstoß fallen alle bewussten Falschangaben des Steuerberaters. Typische Fallbeispiele sind die Bewertung zu Fortführungswerten, obwohl Zerschlagungswerte anzusetzen wären, die Erfassung verjährter Forderungen, die Überbewertung von Vorräten oder halbfertigen Arbeiten in der Bilanz oder das Unterlassen von gebotenen Rückstellungen. Dabei steht ein Unterlassen einem Tun gleich, wenn das Tun einem sittlichen Gebot entspricht. Der Steuerberater muss von der Unrichtigkeit seiner Aussage überzeugt gewesen sein.

Der Eintritt eines Schadens muss vom Vorsatz des Steuerberaters umfasst sein. Dabei ist sogenannter bedingter Vorsatz[211] ausreichend, d. h. für die Haftung des Steuerberaters ist ausreichend, wenn er die Entstehung eines Schadens billigend in Kauf nimmt. Von einem solchen Eventualvorsatz kann immer dann ausgegangen werden, wenn der Steuerberater gegen grundlegende Berufspflichten bewusst verstößt.

Im Zivilrecht ist – anders als im Strafrecht – der Irrtum über eine Verbotsnorm beachtlich. Das heißt, ist der Steuerberater bei Tatbegehung in gutem Glauben, tritt eine

[211] Auch Eventualvorsatz oder dolus eventualis.

Ersatzpflicht nicht ein. Im Fall der deliktischen Haftung aber wird letztlich mit strafrechtlichen Maßstäben argumentiert. Das heißt es ist ausreichend, dass der Steuerberater die Umstände kennt, die zur Würdigung als sittenwidrig führen. Ob der Steuerberater selbst sein Verhalten als sittenwidrig einstuft, ist nicht von Bedeutung.[212]

Ein ersatzpflichtiger Schaden ist dann gegeben, wenn sich die Vermögensposition des Geschädigten aufgrund des schadensstiftenden Ereignisses verschlechtert hat. Gem. der Differenzhypothese wird die Vermögensbilanz vor und nach dem schädigenden Ereignis verglichen. Diese Differenz ist der zu ersetzende Schaden, § 249 BGB.

Insbesondere Bescheinigungen oder Testate „ins Blaue hinein", die aufgrund nachlässiger Ermittlungen erstellt wurden, fallen unter § 826 BGB.[213] In der Praxis konnten wir schon feststellen, dass Steuerberater Plausibilitätsbeurteilungen bescheinigten, die tatsächlich nicht durchgeführt wurden. Ebenso zählen hierzu „positive Forführungprognosen" gem. § 19 InsO sowie Unternehmensbewertungen oder Planungsrechnungen, die ohne fundierte Prüfung bescheinigt wurden.

Beispiel[214]

Einem vom BGH im Jahre 1986 entschiedenen Fall[215] lag folgender Sachverhalt zu Grunde:

A wollte vom Alleingesellschafter der V-GmbH Anteile im Wert von 500.000 DM kaufen. Er bat hierfür seine Hausbank um Finanzierung der Kaufsumme. Aus diesem Grund legte er der Bank den Zwischenabschluss zum 31.5.1981 vor, den der Steuerberater der V-GmbH unterschrieben hatte. Nachdem der Steuerberater bei der V-GmbH erhebliche Buchführungsmängel festgestellt hatte (in 1981 war noch gar keine Buchung, in 1980 noch nicht alle Buchungen vorgenommen worden), versah er den Zwischenabschluss mit folgendem Vermerk: „Ich erstatte diesen Bericht aufgrund der vorgelegten Bücher und Unterlagen sowie der mir erteilten Auskünfte und gegebenen Nachweise nach bestem Wissen und Gewissen."

A erwarb die Anteile an der V-GmbH und seine Hausbank räumte ihm auch den gewünschten Kredit in gleicher Höhe (500 TDM) ein. Die neu erworbenen Geschäftsanteile des A ließ sich die Bank als Sicherheit verpfänden. Wenig später wurde das Konkursverfahren über das Vermögen der V-GmbH und über das persönliche Vermögen des A eröffnet. Die Hausbank des A fiel mit der Begründung aus, der Zwischenabschluss habe einen Gewinn ausgewiesen, obwohl die Gesellschaft zum 31.5.1981 erhebliche Verluste erlitten habe.

Als Vorsatzform bei der sittenwidrigen Schädigung nach § 826 BGB genügt nach h.M. bedingter Vorsatz, d.h. dolus eventualis.[216] Von bedingtem Vorsatz geht die Rechtsprechung aus, wenn die Schädigung billigend in Kauf genommen wird. Grob

[212] Heinrichs, in Palandt, § 276, Rn. 11.
[213] D. Fischer in Zugehör et al. (2011, Rz. 2057); Meixner/Schröder Wirtschaftsprüferhaftung Rz. 220, Gräfe/Öenzen/Schmeer S. 353.
[215] BGH v. 26.11.1986, IVa ZR 86/85, DStR 1987, 377.
[216] BGH v. 30.3.1976, VI ZR 21/74, WM 1976, 498.

fahrlässige Schadenszufügungen werden von dieser Norm dagegen nicht erfasst. Unter diesen Umständen hätte die Bank dann einen Haftungsanspruch aus § 826 BGB gegen den Steuerberater, wenn dieser die positive Vorstellung besaß, der Abschluss werde möglicherweise bei Kreditverhandlungen mit einem Geldgeber verwandt und diesen zur Ausgabe eines ungesicherten Kredits veranlassen. Die schadensbegründende Fehldisposition der Bank müsste zudem vom Steuerberater für den Fall ihres Eintritts billigend in Kauf genommen worden sein.[217]

Im vorliegenden Fall ist der BGH zu dem Ergebnis gekommen, dass ein solcher bedingter Vorsatz seitens des Steuerberaters vorlag. Er hielt damit einen Anspruch der Bank gegen den Steuerberater für gegeben. Begründet hat der BGH seine Entscheidung wie folgt: Auf Grund „allgemeiner Erfahrungssätze" kann dem Steuerberater hier bedingter Vorsatz zur Last gelegt werden. Ein allgemeiner Erfahrungssatz sei es nämlich, dass Geschäfte wie der vorliegende Anteilskauf regelmäßig teilweise fremd finanziert werden.

Damit liege es auch nahe, dass der Steuerberater auf Grund seiner Berufserfahrung mit der Möglichkeit einer Kreditaufnahme des Käufers zum Zweck der Finanzierung des Kaufpreises rechnete.[218] Nur wenn der Steuerberater positive Anhaltspunkte dafür gehabt hätte, dass A den Erwerb der Anteile ausschließlich aus eigenen Mitteln erwerben möchte, wäre an dieser Stelle eine andere Beurteilung möglich gewesen.

► **Praxishinweis** Nach dem oben Gesagten wird deutlich, dass es von entscheidender Bedeutung ist – gerade in Bezug auf Bescheinigungen von Jahresabschlüssen – in jedem einzelnen Fall eine **sorgfältige** und mandantenspezifische **Wortwahl** zu treffen. Denn nach den Grundsätzen des BGH richtet sich der Haftungsumfang nach dem Wortlaut der Äußerung des Experten.
Im Übrigen sollte sich der Steuerberater eng an die Empfehlungen der BStBK und des IDW halten. Deren Stellungnahmen sind "state of the art" und können dementsprechend einen Sittenverstoß nicht begründen.

1.2.5 § 824 BGB

Nur in Ausnahmefällen kommt eine Haftung des Steuerberaters gemäß § 824 BGB (Kreditgefährdung) in Betracht. Die Norm setzt nämlich eine bewusst falsche Tatsachenbehauptung zulasten des eigenen Mandanten voraus.

[217] Schindhelm/Grothe, DStR 1989, 445.
[218] BGH v. 26.11.1986, IVa ZR 86/85, DB 1987, 828.

Beispiel

Der Steuerberater schränkt den Bestätigungsvermerk ein oder versagt ihn und begründet dies vorsätzlich der Wahrheit zuwider mit Tatsachen, die den Kredit des Mandanten gefährden können.[219]

1.2.6 Haftungsbeschränkung für die deliktische Haftung

§ 67a StBerG ist abschließend und gilt nur für vertragliche Schadenersatzansprüche. Deliktische Schadenersatzansprüche werden – wie alle anderen gesetzlichen Schadenersatzansprüche, z. B. aus §§ 60, 61 InsO – von einer vertraglichen Haftungsbeschränkung nicht erfasst.

1.2.7 BGH vom 10.11.1994, III ZR 50/94 (sog. Dachurteil)

Der Sachverständige darf Informationen des Auftraggebers auch dann bei der Erstellung seines Gutachtens berücksichtigen – und wird dies vielfach auch tun müssen –, wenn er deren Wahrheitsgehalt nicht nachprüfen kann. Er muss dann aber diesen Umstand in seinem Gutachten kenntlich machen (vgl. BGH, Urteil vom 2. November 1983 aaO NJW 1984, 356). Tut er dies, so gibt er damit regelmäßig zu erkennen, dass er für die Richtigkeit der Angaben seines Auftraggebers nicht einstehen will.

1.3 Verjährung

Ist der vertragliche oder deliktische Schadenersatzanspruch entstanden, so kann der Mandant diesen so lange geltend machen, bis er verjährt ist. Anders als im Steuerrecht ist die Verjährung keine „von Amts wegen zu berücksichtigende Tatsache“, die zum Erlöschen des Anspruchs führt. Im Zivilrecht gewährt die Verjährung lediglich eine Einrede, die vom Schuldner geltend gemacht werden muss.

Die Verjährung richtet sich für vertragliche und deliktische Schadenersatzansprüche seit dem 15.12.2004 einheitlich nach den allgemeinen Vorschriften, also §§ 194 ff BGB. Ist der Vertrag zwischen dem Steuerberater und dem Mandanten ein Werkvertrag, so gilt die Sondervorschrift des § 634a BGB.

Bis zum 14.12.2004 galt für die Verjährung von vertraglichen Schadenersatzansprüchen noch § 68 StBerG. Weil diese Vorschrift für eine Übergangszeit auf die Verjährung von „Altfällen“ noch anzuwenden ist, soll im Folgenden auch auf sie eingegangen werden.

[219] Gräfe/Lenzen/Schmeer, Steuerberaterhaftung, S. 423, 424.

1.3.1 Neue Rechtslage seit 15.12.2004

1.3.1.1 Verjährung nach den allgemeinen Vorschriften

Der Haftungsanspruch gegen den Steuerberater verjährt grundsätzlich in 3 Jahren, § 195 BGB.

Allerdings ist die „Obergrenze" von 10 bzw. 30 Jahren zu beachten, die gemäß § 199 Abs. 3 BGB gilt: Das bedeutet, dass der Anspruch ohne Rücksicht auf die Kenntnis oder grob fahrlässige Unkenntnis in 10 Jahren von seiner Entstehung an und ohne Rücksicht auf seine Entstehung und die Kenntnis oder grob fahrlässige Unkenntnis in 30 Jahren von der Begehung der Handlung, der Pflichtverletzung oder dem sonstigen, den Schaden auslösenden Ereignis an verjährt. Maßgeblich ist hier immer die jeweils früher endende Frist.

Nicht zulässig ist eine Vereinbarung, in der die Verjährungsfrist abgekürzt wird. Dies wäre eine vertragliche Begrenzung von Ersatzansprüchen, hierfür ist § 67a StBerG jedoch die abschließende Spezialvorschrift.

1.3.1.2 Verjährung nach der Sondervorschrift des § 634a BGB

Wie bereits dargestellt, kann ein Vertrag zwischen einem Steuerberater und seinem Mandanten auch ein Werkvertrag sein.[220] Hier greift dann die Sondervorschrift des § 634a Abs. 1 Nr. 3 BGB ein. Auch nach dieser Vorschrift verjährt der Anspruch auf Nacherfüllung, Selbstvornahme, Aufwendungsersatz und Schadenersatz in der regelmäßigen Verjährungsfrist von 3 Jahren. Für das Recht des Mandanten vom Vertrag zurückzutreten oder zu mindern gibt es spezielle Vorschriften in § 634a Abs. 4 und Abs. 5 BGB.

1.3.1.3 Beginn der Verjährung

Die 3-Jahres-Frist der regelmäßigen Verjährungsfrist beginnt mit dem Schluss des Jahres, in dem der Anspruch entstanden ist und der Gläubiger von den den Anspruch begründenden Umständen und der Person des Schuldners Kenntnis erlangt oder ohne grobe Fahrlässigkeit erlangen müsste, § 199 Abs. 3 Nr. 1 BGB.

Der Anspruch ist dann entstanden, wenn alle seine Voraussetzungen erfüllt sind, also letztendlich mit der Entstehung des Schadens.[221]

1.3.2 Übergangsregelung

In Art. 229 § 6 EGBGB hat der Gesetzgeber komplizierte Überleitungsvorschriften normiert.[222]

---

[220] Siehe dazu Abschn. 1.1.1.13.

[221] Siehe zum Zeitpunkt der Schadensentstehung Abschn. 1.1.7.1.4.

[222] Siehe zur Anwendbarkeit der neuen Vorschriften zur Hemmung der Verjährung auf einen Anspruch, der nach altem Recht verjährt: BGH v. 1.2.2007, IX ZR 180/04, DB 2007, 907.

Die neuen Vorschriften zur Verjährung gelten dabei zum einen für alle Steuerberatungsverträge, die nach dem 14.12.2004 abgeschlossen wurden. Zum anderen gelten die neuen Vorschriften für alle am 15.12.2004 bereits bestehenden und noch nicht verjährten Ansprüche.

1.3.3 Alte Rechtslage bis 14.12.2004

Nach der neuen Rechtslage hängt der Beginn der Verjährungsfrist also, wie dargestellt, von der Kenntnis oder dem Kennenmüssen des Gläubigers ab. Nicht so bei der Verjährung nach § 68 StBerG, der bis zum 14.12.2004 galt. Hier war es nicht erforderlich, dass der Auftraggeber die anspruchsbegründenden Tatsachen kennt oder auch nur hätte kennen können. Für die Verjährung kam es allein auf die Entstehung des Haftungsanspruchs an.[223] Dieser verjährte dann in 3 Jahren.

Es war damit theoretisch auch denkbar, dass die Verjährung bereits eingetreten ist, bevor der Mandant überhaupt von dem Schaden und seinem eventuellen Ersatzanspruch erfahren hat.

Aber im Rahmen der Verjährung war nicht nur dieser eigentliche Schadenersatzanspruch (sog. **Primäranspruch**) zu beachten, sondern insbesondere auch der sog. **Sekundäranspruch**. Anknüpfungspunkt für den Sekundäranspruch war die unterlassene Belehrung durch den Steuerberater auf eigene Beratungsfehler und damit einhergehende Regressansprüche. Ein solcher sekundärer Regressanspruch bestand also dann, wenn der Berater nicht spätestens bei Beendigung des Mandats – bei begründetem Anlass – auf seine Regresshaftung aufmerksam machte.

Schlussendlich konnte dieser Sekundäranspruch dazu führen, dass sich die „eigentliche" Verjährungsfrist um maximal 3 weitere Jahre verlängert.

Da die neue Verjährungsfrist nach den §§ 199, 195 BGB kenntnisabhängig ist, macht sie die Sekundärhaftung nach altem Recht unnötig: Die Verjährungsfrist beginnt ja sowieso erst dann zu laufen, wenn der Gläubiger Kenntnis (bzw. ohne grobe Fahrerlässigkeit Kenntnis erlangen müsste) der Person des Schuldners und der anspruchsbegründenden Tatsachen hat.

► **Praxishinweis** Zusammenfassend kann also festgestellt werden, dass nach den neuen Verjährungsvorschriften auch die subjektive Kenntnis des Mandanten von den den Anspruch begründenden Umständen erforderlich ist. Das bedeutet gleichzeitig aber auch, dass sich damit die Verjährung auf bis zu 10 bzw. 30 Jahre erstrecken kann, § 199 Abs. 3 BGB.
Um sich in einem eventuellen Schadenersatzprozess auch nach so langer Zeit noch erfolgreich verteidigen zu können, ist es von entscheidender Bedeutung, künftig Mandantenunterlagen entsprechend lang aufzubewahren.

[223] OLG Düsseldorf v. 30.3.2004, I 23 U 80/03, GI 2004, 180.

1.4 Haftungsvermeidung

Auf eine mögliche vertragliche Beschränkung der Haftung durch AAB oder Vereinbarung im Einzelfall wurde bereits eingegangen.[224]

Es gibt aber auch noch andere Möglichkeiten, um die Haftung – sowohl die vertragliche als auch die deliktische – zu vermeiden oder zu beschränken. Auf diese Möglichkeiten soll im Folgenden zusammenfassend eingegangen werden.

1.4.1 Schriftform und Klarheit des Auftrags

Der Steuerberater sollte Wert darauf legen, dass seine Pflichten seinem Mandanten gegenüber klar definiert und umgrenzt sind (s. u. 1.2.2). Aus Dokumentationsgründen schließt er Mandatsverträge daher am besten schriftlich ab.

In der Vorauflage wurde hierzu noch auf einen umfassenden Leistungskatalog hingewiesen, aus dem der Mandant durch Ankreuzen auswählen kann. In Abkehr davon halten wir es u. a. auch unter Berücksichtigung der Rechtsprechung für zweckmäßig, neben einem kurz gefassten Auftrag die zu erbringenden Leistungen in einem detaillierten Angebot zu regeln und dieses als Bestandteil in den Auftrag einzubeziehen. Gegebenenfalls ist auch eine Haftungsbeschränkung aufzunehmen. Die Praxiserfahrung zeigt, dass man mit einem standardisierten Formular, in dem der Mandant durch Ankreuzen in einem Leistungskatalog den Gegenstand der Beauftragung auswählen kann, den Besonderheiten des Einzelfalls nicht gerecht werden kann. Die Einbindung in das Angebot bietet demgegenüber den Vorteil, auch Einschränkungen aufzunehmen, die nicht Gegenstand des Auftrags sind, um den genauen Auftragsinhalt zu definieren.

[224] Siehe oben Abschn. 1.1.8.

AUFTRAG

Der

KANZLEI XY
Steuerberater & Rechtsanwälte

- Auftragnehmer -

wird von

Firma ABC

- Auftraggeber -

in der nachfolgenden Angelegenheit:

➢ .....

der Auftrag erteilt.

Auftragsnehmer ist die **KANZLEI XY**. Für den Auftrag gelten die allgemeinen Geschäftsbedingungen der **KANZLEI XY**, in der jeweilig geltenden Fassung (derzeit 04/2013). Diese hängen bei uns (Adresse) zur Einsichtnahme aus. **Die Geschäftsbedingungen werden dem Auftraggeber zusammen mit dem erteilten Auftrag ausgehändigt.** Diese Geschäftsbedingungen gelten sinngemäß für vereinbarte Tätigkeiten.

Der Mandant erklärt sich damit einverstanden, dass die erhobenen Daten elektronisch oder auf andere Weise gespeichert werden, um den Auftrag zu bearbeiten oder das Ergebnis der Bearbeitung zu sichern, § 4 BDSG.

Ferner wurde das nachfolgende vereinbart (zutreffendes bitte ankreuzen):

☐ Der Auftraggeber schuldet einen angemessenen Vorschuss in Höhe von Euro 0,00.
☒ Für die Durchführung des Auftrages wurde eine Vergütungsvereinbarung laut Angebot vom XXX getroffen.
☐ Eine individuelle Haftungsbeschränkung der Höhe nach wurde laut Anlage vereinbart.
☐ Eine persönliche Haftungsbeschränkung wurde laut Anlage vereinbart.
☐ Einzugsermächtigung für Lastschriften laut Anlage

Weitere Abreden: Mit der Unterschrift bestätigt der Auftraggeber, ein Exemplar der allgemeinen Geschäftsbedingungen erhalten zu haben.

Offenburg, «PCD/Dokument/Erstelldatum»

____________________ ____________________

Auftraggeber **KANZLEI XY**

1.4.2 Einzelne Beratungsschritte dokumentieren

Die (angebliche) Pflichtverletzung des Steuerberaters muss der geschädigte Mandant darlegen und beweisen. Sobald feststeht, dass der Steuerberater eine objektive Pflichtverletzung begangen hat, dreht sich die Beweislast um: Der Steuerberater muss nun nachweisen, dass er bezüglich der Pflichtverletzung kein Verschulden hat.

Die Darlegungs- und Beweislast für den Schaden (und die Schadenshöhe) trägt der Mandant. Der Mandant, der den Berater auf Schadenersatz in Anspruch nimmt, hat substantiiert darzulegen, aus welchen Gründen er sich für eine andere Handlungsmöglichkeit entschieden hätte und wie seine Vermögenslage dann wäre.[225]

Dagegen liegt die Darlegungs- und Beweislast für einen etwaig durch den Mandanten erlangten Vorteil beim in Anspruch genommenen Berater.[226]

Wenn Fälle vor Gericht gehen, ist eine wesentliche Hauptursache, dass keine bzw. kaum schriftliche Unterlagen vorliegen. Nicht selten ist festzustellen, dass die Berater in eigenen Angelegenheiten keine Verträge schriftlich abfassen. Es müsste aber Teil des Risikomanagements des Steuerberaters sein, wenigstens die grundlegenden Verträge mit dem Mandanten schriftlich zu fixieren. Dazu gehört insbesondere der genaue Auftragsinhalt.

Regelmäßig fehlt es an einer Dokumentation des Sachverhalts. Dies führt im Gerichtsverfahren praktisch immer dazu, dass eine Beweisaufnahme erforderlich wird. Der Umkehrschluss ist, dass in den Fällen, in denen Auftrag und Sachverhalt im Wesentlichen dokumentiert sind, später nie Streit entsteht. Solche Fälle kommen in der Rechtsprechung praktisch nicht vor.

1.4.2.1 Dokumentationserfordernis auch bei Spontanberatungen am Telefon

Auch die an den Mandant erteilten Belehrungen und Hinweise werden oft entweder nicht oder nur rudimentär dokumentiert. Dies gilt insbesondere für die Spontanberatung am Telefon. Oftmals wird von Steuerberatern am Telefon eine kurze Beratung durchgeführt, diese nicht dokumentiert und auch nicht abgerechnet. Letztlich handelt es sich um Spontanauskünfte, die vorschnell und unter Zeitdruck erbracht werden.

Hierbei fällt auch auf, dass gerade bei diesen Spontanberatungen die Anfragen nicht immer ernst genommen werden und insbesondere auch die Tragweite der Mandantenfrage nicht immer erkannt wird. Zwar sei die dahinter liegende Motivation, dem Mandanten nicht immer alles in Rechnung stellen zu wollen, löblich. Sie führt aber unter Umständen den Steuerberater in eine schwierige Beweissituation.

---

[225] BGH v. 9.12.2004, IX ZR 84/02; LX 1534225.
[226] BGH v. 11.7.1996, IX ZR 116/95; WM 1993, 2074.

1.4.2.2 Reicht ein Aktenvermerk zur Dokumentation aus?

Aus richterlicher Sicht wird der selbst erstellte Aktenvermerk durch den beratenden Steuerberater im Zweifelsfall nur eingeschränkt brauchbar sein. Es empfiehlt sich deshalb, den Aktenvermerk an den Mandanten zu übersenden. In besonders kritischen Fällen sollte der Steuerberater den Zugang des Aktenvermerks sicherstellen, z. B. durch eine Empfangsbestätigung oder durch protokollierten Einwurf per Boten oder im Extremfall durch Einschreiben mit Rückschein.

Anders sieht es aus, wenn der Aktenvermerk durch einen Mitarbeiter gefertigt wurde. Dieser kann im Gerichtsverfahren auch als Zeuge auftreten. Dennoch ist es auch hier empfehlenswert, den Aktenvermerk in jedem Fall dem Mandanten zuzustellen.

Eine weitere Problematik stellt sich wie folgt dar: Der Steuerberater behauptet im Prozess, dass keine Beratung stattgefunden hat. In diesem Fall muss der Mandant darlegen, dass überhaupt eine Beratung stattfand. Diese Problematik tritt häufig im Zusammenhang mit anderen Fragestellungen auf: Der Mandant spricht beim Steuerberater wegen einer Angelegenheit vor und stellt beiläufig die ganz andere Frage, die der Steuerberater vielleicht beantwortet und ihm gar nicht bewusst ist, was für eine Bedeutung die Frage und insbesondere seine Antwort hat. Auch aus diesem Grund sollte über Aktenvermerke entsprechend der Gesprächsinhalt dokumentiert werden.

1.4.2.3 Zeithonorare – sorgfältige Dokumentation des Zeitaufschriebs erforderlich

Hinsichtlich der Zeithonorare ist das Urteil des OLG Frankfurt vom 12.1.2011, Aktenzeichen 4 U 3/08 = AnwBl 2011, 300 zu beachten. Hierbei wird auf die Verpflichtung zur sorgfältigen Aufzeichnung des Zeitaufschriebs hingewiesen. Die Anforderungen hier sind sehr hoch, sodass insbesondere die Dokumentation der Tätigkeit, wer was wann genau gemacht hat, hinreichend klar und prüffähig sein muss.

► **Praxishinweis** Dokumentieren Sie Ihre Aufträge durch einen Vertrag. Bei kleineren Aufträgen schicken sie wenigstens eine Auftragsbestätigung.
Das gilt gleichermaßen bei der Dokumentation des Sachverhalts bzw. Ihrer Beratung.
Mit den heutigen Spracherkennungsprogrammen und den technischen Möglichkeiten (mobiles Gerät bzw. Smartphone) ist die Dokumentation problemlos möglich (Risikomanagement by Diktiergerät).

1.4.3 Praxisorganisation

Folgendes vorweg: Zu den allgemeinen Pflichten des Steuerberaters gehört auch, dass er sein Büro so ausstattet und organisiert, dass die sachgemäße Berufsausübung gewährleistet ist. Oder anders ausgedrückt: Gut geschultes und zuverlässiges Personal sind das A & O einer funktionsfähigen Steuerberatungskanzlei.

Unverzichtbar sind außerdem:

- Ein gutes und funktionierendes Fristenkontrollsystem.
- Stichprobenweise Kontrolle der Umsetzung dieses Systems.
- Festlegen von klaren Zeichnungsbefugnissen.
- Führen eines lückenlosen Postausgangsbuchs.
- Festlegen von Kanzleistandards für die Bearbeitung ständig wiederkehrender Arbeiten, wie z. B. Finanzbuchhaltung, Lohnbuchhaltung, Jahresabschlusserstellung, Erstellung von Steuererklärungen.
- Regelmäßige Überwachung und Kontrolle des Personals (Stichproben).

Sobald der Steuerberater merkt, dass er wegen Arbeitsüberlastung z. B. die Steuererklärung seines Mandanten nicht mehr rechtzeitig, d. h. in der vom Finanzamt gesetzten Frist, erledigen kann, muss er das Mandat niederlegen und den Mandanten an einen anderen Steuerberater verweisen.[227]

Denn: Die Arbeitsüberlastung ist kein Wiedereinsetzungsgrund! Andernfalls droht nämlich nicht nur der Schadenersatzprozess des Mandanten. In diesem Fall besteht auch kein Versicherungsschutz durch die Berufshaftpflichtversicherung. Begründung: Finanzielle Nachteile des Mandanten werden billigend in Kauf genommen (wegen eventuell ergehender Schätzungsbescheide) mit der Folge, dass dem Steuerberater insoweit vorsätzliches Handeln vorgeworfen wird, § 152 VVG.

1.4.3.1 Zeichnungsbefugnisse

Innerhalb einer Kanzlei sollte klar geregelt sein, wer welche Schreiben abzeichnen darf. Es sollte z. B. geregelt sein, ob es den Mitarbeitern erlaubt ist, z. B. Buchhaltungsrückfragen eigenständig mit dem Mandanten abzuklären. Bei besonderen festgelegten Abweichungen muss der Mitarbeiter sofort den Vorgang dem Berufsträger vorlegen.

1.4.3.2 Fristenkontrolle

Große Bedeutung hat insbesondere auch die korrekte Fristenkontrolle: Egal, ob Einspruchs-, Klage- oder Rechtsmittelfrist – das Einhalten der jeweiligen Frist ist oft schon die erste große Hürde für ein erfolgreiches Rechtsbehelfs- bzw. Rechtsmittelverfahren. Auch für den Fall, dass in einem Verfahren Wiedereinsetzung in den vorigen Stand (§ 110 AO) beantragt werden muss, ist es von entscheidender Bedeutung, dass der Berater ein einwandfreies Fristenkontrollsystem dokumentieren kann.

Je größer das Steuerbüro ist, desto mehr Fristen gibt es in der Regel zu überwachen. Ein gut durchdachtes und perfekt gepflegtes Fristenkontrollsystem ist daher unerlässlich.

---

[227] Vgl. Abschn. 7.1.5.4.

Im Rahmen der „persönlichen“ Fristenkontrolle müssen folgende Punkte unbedingt berücksichtigt werden:

- Kontrolle der Eingangspost,
- Qualifiziertes Personal,
- Fristenkalender,
- Eintragen der Frist in die jeweilige Handakte.

Die Fristenkontrolle obliegt grundsätzlich dem Berufsträger. Dies gilt insbesondere für schwierig zu ermittelnde oder seltene Fristen.[228] Ansonsten kann der Berufsträger die Fristenkontrolle dem sorgfältig ausgewählten und überwachten Personal überlassen.

[228] Wiedereinsetzung im Rahmen der FGO.

Muster: Fristenkontrolle
Genaue Fristenkontrolle

Bezeichnung der Sache: ______________________

Auftragnummer EO Comfort: ___________________

Art der Frist: ________________________________

Verantwortlicher Mitarbeiter: __________________

Prüfvermerke des Sachbearbeiters:

Genauer Fristablauf: Datum: Zeichen:

___

Vorlagedaten: Kürzel

1. _________________ _____

2. ______________________

3. ______________________

Erledigungsbestätigung des Sachbearbeiters:

Art der Erledigung: Datum Zeichen:

___

Bemerkungen:

Priorität:

Arbeitsaufwendig:

Sonstiges:

1.4.3.3 Postausgangsbuch

Ausgehende Post sollte durch ein Postausgangsbuch erfasst werden. Damit ist der Steuerberater in der Lage, bei Postverzögerungen Wiedereinsetzung zu beantragen. Instruktiv ist insoweit ein Orientierungssatz aus einer Entscheidung des OLG Düsseldorf:[229]

> Der Nachweis einer unverschuldeten Fristversäumnis kann, wenn es um Verzögerungen oder den Verlust von Briefsendungen geht, die einen bestimmenden Schriftsatz enthalten, in der Regel nur gelingen, wenn der Steuerberater ein Postausgangsbuch oder einen Fristenkalender mit Absendevermerk führt.

1.4.3.4 Überwachung und Kontrolle des Personals

Auch die beste Kanzleiorganisation führt nicht dauerhaft zum gewünschten Erfolg, wenn sie nicht regelmäßig kontrolliert und überwacht wird. Nur wenn der Steuerberater gegebenenfalls nachweisen kann, dass er sein Personal wenigstens stichprobenweise überwacht, wird ihm im Fall einer Fristversäumnis aufgrund eines Büroversehens Wiedereinsetzung in den vorigen Stand gewährt. Die Überwachung und Kontrolle sollte in der Personalakte festgehalten werden.

[229] OLG Düsseldorf v. 6.5.1993, 13 U 86/91; GI 1994, 16.

Haftung für vereinbare Tätigkeit

2

Die vereinbaren Tätigkeiten gewinnen zunehmend an Bedeutung. Dies hat mehrere Ursachen. Zum einen wird der „Honorarkuchen“, der im Bereich der Vorbehaltsaufgaben zu verteilen ist, nicht größer, die Zahl der Steuerberater steigt aber stetig an.[1] Außerdem dringen andere Berufe in die Steuerberatung, vorwiegend Rechtsanwälte. Zuletzt greifen durch die Lockerung der berufsrechtlichen Vorschriften Wettbewerber wie z. B. Bilanzbuchhalter, freie Kontierer oder Banken in die Mandatsgewinnung ein.

Die Steuerberater sind aber die geeigneten Unternehmensberater ihrer Mandanten.[2] Dies liegt zum einen in der detaillierten Kenntnis des Mandantenbetriebs, ferner unterliegen sie einem restriktiven Berufszugang, der gleichzeitig das hohe Niveau des Berufsstands gewährleistet.

Im Rahmen der vereinbaren Tätigkeiten können Branchenschwerpunkte oder Spezialgebiete herausgearbeitet werden, die im Vergleich zu den Standardaufträgen höhere Honorare bescheren.

Es darf aber nicht übersehen werden, dass die vereinbaren Tätigkeiten ein außerordentlich hohes Gefahrenpotential aufweisen. Dies soll ein einführendes Beispiel verdeutlichen:

Beispiel

Der Steuerberater S berät einen Existenzgründer E von Beginn an. E hat von seinem ehemaligen „Chef“ den Betrieb in der Rechtsform der GmbH & Co. KG käuflich erworben. Zur Finanzierung des Kaufpreises von 1,0 Mio. € hat E sein schuldenfreies Einfamilienhaus im Wert von 400 T € als Sicherheit zur Verfügung gestellt. Steuerbe-

[1] Zum 1.1.2014 zählte die Bundessteuerberaterkammer 80.945 Steuerberater und 2505 Steuerbevollmächtigte sowie 8.858 Steuerberatungsgesellschaften, 1995 waren es erst 57.616 Mitglieder (Berufsstatistik der Bundessteuerberaterkammer, veröffentlicht unter www.bstbk.de).

[2] Vgl. hierzu Bundessteuerberaterkammer Steuerberater Partner für die betriebswirtschaftliche Beratung http://www.bstbk.de/export/sites/standard/de/ressourcen/Dokumente/04_presse/publikationen/02_steuerrecht_rechnungslegung/12_BStBK_BWL_Faltblatt_final_2012.pdf (Abruf am 25.10.2014).

C. Nickert et al., *Die Haftung des Steuerberaters*, DOI 10.1007/978-3-658-07629-0_2

rater S hat im Existenzgründungsbericht die Tragfähigkeit des Vorhabens bescheinigt. Der Kaufpreis wurde über die Hausbank finanziert. Eine Unternehmensbewertung nach den „Regeln der Kunst“ wurde nicht erstellt. Vielmehr hat sich der Steuerberater allein auf eine „Plausibilisierung“ nach dem Multiplikatorenverfahren verlassen, ohne E über weitere Bewertungsverfahren aufzuklären. Die künftigen Umsätze wurden aus der Extrapolation der Vergangenheitsdaten gewonnen.

Die Existenzgründung scheitert aufgrund von Risiken, welche bei einer zukunftsbezogenen Unternehmensbewertung nach den DCF oder Ertragswertverfahren hätten erkannt werden können.

E hat nach Existenzgründung das betriebliche Rechnungswesen nebst Controlling für die GmbH & Co KG übernommen. Trotz Umsätzen von 6,0 Mio. € pro Jahr konnte das Vorhaben nicht erfolgreich abgeschlossen werden. Nach 3 Jahren muss E Insolvenz beantragen. Der Insolvenzverwalter beweist, dass die GmbH & Co. KG seit 4 Monaten überschuldet war und verlangt von E die Rückzahlung von sämtlichen nach Insolvenzreife getätigten Zahlungen von 2,0 Mio. €, §§ 177 a, 130 a Abs. 3 HGB. E will sich bei seinem Steuerberater schadlos halten, da er ihn nicht über die bestehende Insolvenzreife belehrt hat.

Die Risiken in einem derart – nicht unüblichen – Fall kumulieren sich schnell auf Beträge, die von der gesetzlichen Mindesthaftpflichtsumme von 250.000 €[3] um ein Vielfaches überschritten werden. Anderseits darf nicht verkannt werden, dass in diesem Bereich Möglichkeiten bestehen, bei den Mandanten erheblichen Nutzen zu stiften. Daraus leiten sich Geschäftsfelder und Umsatzpotenziale ab.

► **Praxishinweis** Die wirtschaftlich großen Gefahren der Steuerberatung lauern also nicht im Bereich der Vorbehaltsaufgaben, sondern eher im Bereich der vereinbaren Tätigkeiten.
Auch hier gilt das bereits oben gesagte: Eine ordentliche Honorarvereinbarung mit einem auskömmlichen Honorar ermöglicht es Ihnen, Ihrer Verantwortung gerecht zu werden und sich in angemessenem Umfang Zeit für die Fallbearbeitung nehmen zu können. Sie ist also der erste und vermutlich wichtigste Bestandteil einer Haftungsvermeidungsstrategie.

[3] § 67 StBerG, § 52 Abs. 1 DVStB.

2.1 Vorbehaltsaufgaben und mit dem Beruf des Steuerberaters vereinbare Tätigkeit

2.1.1 Vorbehaltsaufgaben

Ein Steuerberater ist zunächst auf dem Gebiet der „klassischen" Steuerberatung tätig.

§ 33 StBerG (Inhalt der Tätigkeit) definiert die Aufgaben der „klassischen" Steuerberatung:

> Steuerberater, Steuerbevollmächtigte und Steuerberatungsgesellschaften haben die Aufgabe, im Rahmen ihres Auftrags ihre Auftraggeber in Steuersachen zu beraten, sie zu vertreten und ihnen bei der Bearbeitung ihrer Steuerangelegenheiten und bei der Erfüllung ihrer steuerlichen Pflichten Hilfe zu leisten. Dazu gehören auch die Hilfeleistungen in Steuerstrafsachen und in Bußgeldsachen wegen einer Steuerordnungswidrigkeit sowie die Hilfeleistung bei der Erfüllung von Buchführungspflichten, die auf Grund von Steuergesetzen bestehen, insbesondere die Aufstellung von Steuerbilanzen und deren steuerrechtliche Beurteilung.

Diese Aufgaben werden **Vorbehaltsaufgaben** genannt.

2.1.2 vereinbare Tätigkeit

Neben diesen Vorbehaltsaufgaben hat der Steuerberater aber auch die Möglichkeit, auf anderen Gebieten tätig zu werden. Grenzen werden ihm dabei durch das Berufsrecht gesetzt.

> **§ 57 Abs. 2 S. 1 StBerG (Allgemeine Berufspflichten) lautet**
> Steuerberater und Steuerbevollmächtigte haben sich jeder Tätigkeit zu enthalten, die mit ihrem Beruf oder mit dem Ansehen des Berufs nicht vereinbar ist.

§ 57 Abs. 3 StBerG präzisiert, welche Tätigkeiten mit dem Beruf des Steuerberaters insbesondere vereinbar sind. Wegen der zunehmenden Bedeutung in der Praxis soll an dieser Stelle besonders eingegangen werden auf

§ 57 Abs. 3 Nr. 2 und Nr. 3 StBerG
Mit dem Beruf des Steuerberaters oder eines Steuerbevollmächtigten sind insbesondere vereinbar

1. (...)
2. eine freiberufliche Tätigkeit, die die Wahrnehmung fremder Interessen einschließlich der Beratung zum Gegenstand hat;
3. eine wirtschaftsberatende, gutachtliche oder treuhänderische Tätigkeit sowie die Erteilung von Bescheinigungen über die Beachtung steuerrechtlicher Vorschriften in Vermögensübersichten und Erfolgsrechnungen;

4.–6. (...)

Weitere Regelungen zu vereinbaren und nicht vereinbaren Tätigkeiten finden sich in § 15 BOStB. In diesen Vorschriften ist u. a. noch detaillierter aufgeführt, welche Tätigkeiten mit dem Beruf des Steuerberaters insbesondere vereinbar sind.

Beispiele für vereinbare Tätigkeiten sind

- Unternehmensberatung,
- Treuhandtätigkeit, insbes. Testamentsvollstrecker, Insolvenzverwaltung, Zwangsverwalter, Halten von Geschäftsanteilen, Hausverwaltung, Verwalten fremden Vermögens,
- Beirats- und Aufsichtsratstätigkeit,
- Schiedsgutachtertätigkeit und
- Mediation.

2.2 Besonderheiten der Haftung für vereinbare Tätigkeiten

Die Frage, woraus sich eine Haftung des Beraters ergeben kann und wie sie sich vermeiden lässt, stellt sich bei den vereinbaren Tätigkeiten nicht weniger als bei den Vorbehaltsaufgaben.

Auch hier gilt: Der Vertrag zwischen dem Steuerberater und dem Mandanten ist in der Regel ein Dienstvertrag. Verletzt der Steuerberater schuldhaft die Pflichten, die sich für ihn aus diesem Dienstvertrag ergeben und ist dies kausal für einen entstandenen Schaden, so macht er sich nach § 280 Abs. 1 S. 1 BGB schadenersatzpflichtig.

Wie sich jedoch schon aus dem einführenden Beispiel ergibt, gibt es bei den vereinbaren Tätigkeiten einige Besonderheiten zu beachten, die das Haftungsrisiko noch erhöhen. Diese Besonderheiten sollen im Folgenden dargestellt werden.

Auch ist ein besonderes Augenmerk auf die Vermögensschadenhaftpflichtversicherung zu legen. Es sollte im Vorfeld abgeklärt werden, ob die vereinbaren Tätigkeiten vom Versicherungsschutz umfasst sind. Dies ist immer dann problematisch, wenn eigene wirtschaftliche Entscheidungen vom Steuerberater getroffen werden.

2.2.1 Haftung gegenüber Mandant

Grundsätzlich richtet sich die Haftung nach dem zugrundeliegenden Auftragsverhältnis. Regelmäßig ist die Dienstleistung des Steuerberaters ein Dienstvertrag bzw. Geschäftsbesorgungsvertrag mit Dienstleistungscharakter. Ausnahmsweise liegt aber ein Werkvertrag vor, wenn ein Erfolg geschuldet wird. Davon wird insbesondere bei Gutachten[4] und bei Mittelverwendungskontrollen[5] ausgegangen. Unter Gutachten fallen insbesondere Unternehmensbewertungsgutachten, Sanierungsgutachten, Businesspläne, Existenzgründungsgutachten etc. Die Unterscheidung ist wichtig für Gewährleistungsrechte und Honoraransprüche. Beim Dienstleistungsvertrag entsteht der Honoraranspruch mit dem Tätigwerden, während beim Werkvertrag der Erfolg geschuldet ist. Bei mangelhafter Auftragsausführung entsteht beim Dienstvertrag grundsätzlich kein Gewährleistungsanspruch. Vielmehr kann der Mandant gegebenenfalls Schadenersatz verlangen. Demgegenüber kann der Mandant beim Werkvertrag Nachbesserung, Minderung des Honorars und/oder Schadenersatz verlangen, §§ 633, 634, 472 BGB.

Da der Berater bei den vereinbaren Tätigkeiten meistens keine gesetzlich normierten Leistungen erbringt,[6] ist es von herausragender Bedeutung, den nicht normierten Auftragsumfang festzulegen. Dabei sind die Vertragsparteien grundsätzlich frei in der Vertragsausgestaltung. Es sollte geregelt sein

- wer,
- bis wann,
- was (wie sieht das Ergebnis aus),
- wie (z. B. auf Basis welcher Standards),
- auf welcher Informationsbasis (ungeprüft, plausibilisiert, beurteilt oder sonstige Regelung),
- zu welchem Honorar,

zu erledigen hat. Sofern die Beratungsleistung nicht vollständig erbracht wird, weil z. B. die Leistung in einem Team von Beratern erbracht wird, sollte geregelt werden, welche Beratung vom Auftrag ausgeklammert ist und wer diese zu erbringen hat. Ferner sollte bereits im Ausgangsvertrag eine Grundsatzregelung enthalten sein, wie mit Auftragsänderungen im laufenden Projekt umgegangen wird.

[4] Gräfe/Lenzen/Schmeer; Steuerberaterhaftung 5. Aufl. 2014 Rz. 131, S. 90.
[5] Gräfe/Lenzen/Schmeer; Steuerberaterhaftung 5. Aufl. 2014 Rz. 138, S. 91.
[6] Außer bei den gesetzlich definierten Treuhandtätigkeiten wie z. B. Insolvenzverwalter, Zwangsverwalter, Testamentsvollstrecker.

Sofern dies beachtet wird, muss sich der Steuerberater nicht mit der Frage auseinandersetzen, ob die vereinbare Tätigkeit eine bloße Gefälligkeit und damit unentgeltlich erfolgt. Davon kann z. B. auszugehen sein, wenn der Steuerberater im „privaten Umfeld" außerhalb seiner Kanzlei um einen Rat gefragt wird. Entscheidend wird der Grund der erfragten Auskunft, deren wirtschaftliche Bedeutung für den Empfänger sowie die übrigen Gesamtumstände sein.

Der Steuerberater muss, wie bereits aufgezeigt, seinen Mandanten umfassend steuerlich beraten und den sichersten Weg zum erstrebten steuerlichen Ziel aufzeigen. Übertragen auf die vereinbaren Tätigkeiten muss der Berater den Mandanten umfassend gemäß dem Auftrag beraten und ihm den sichersten Weg zum angestrebten Ziel aufzeigen. Stößt der Steuerberater bei dieser Beratung auf Schwierigkeiten tatsächlicher oder rechtlicher Art, deren Lösung keine mit der Steuerberatung vereinbare Tätigkeit mehr darstellen würde, so muss er seinem Mandanten Warnhinweise geben und die Einschaltung eines Rechtsanwaltes oder eines anderen geeigneten Fachmannes[7] empfehlen. Unterlässt er diese Empfehlung und bleibt untätig, verletzt er eine Pflicht aus dem Vertrag zwischen ihm und dem Mandanten und kann sich bei der Entstehung eines Schadens u. U. schadenersatzpflichtig machen.[8]

2.2.2 Haftung gegenüber Dritten, insbesondere Banken

Häufig erheben auch Dritte, die nicht selbst Auftraggeber des Steuerberaters sind, Ansprüche. Bereits seit einigen Jahren ist in der Rechtsprechung des BGH eine Tendenz zu beobachten, die die Haftung über den Vertragspartner hinaus auf weitere Personen ausdehnt. Allerdings ohne, dass diese weiteren Personen für ihre „Einbeziehung" in den Kreis der möglichen Anspruchsteller irgendeine Gegenleistung (Honorar) erbringen müssen!

Die Haftung aus unerlaubter Handlung gegenüber Dritten wurde bereits in Abschn. 1.2 behandelt. Weil sich eine Haftung gegenüber Dritten häufig im Bereich der vereinbaren Tätigkeiten ergibt, erfolgt an dieser Stelle die Darstellung der übrigen Anspruchsgrundlagen einer solchen Haftung, auch soweit sie sich aus der Tätigkeit im Rahmen der Vorbehaltsaufgaben ergibt.

2.2.2.1 Auskunftsvertrag[9]

Wer mit Sachkunde schuldhaft eine falsche Antwort erteilt, haftet dem Empfänger der Auskunft schon dann nach Vertragsgrundsätzen auf Schadenersatz, wenn die Auskunft erkennbar für diesen von erheblicher Bedeutung war und er sie zur Grundlage wesentlicher Entschlüsse oder Maßnahmen gemacht hat.[10]

[7] So zuletzt für die Insolvenzreifeprüfung: BGH 6.2.2014 – IX ZR 53/13; DstR 2014, 975.
[8] BGH v. 12.2.2004, IX ZR 246/02, NJW-RR 2004, 1358; BGH v. 23.9.2004, IX ZR 148/03, DStR 2004, 1979 jeweils zur Beratung in sozialversicherungsrechtlichen Fragen.
[9] Zur neueren Rspr. zum Auskunftsvertrag: Zugehör, DStR 2007, 723 (725).
[10] St. Rspr. des BGH, u. a. BGH v. 12.7.1966, VI ZR 1/65, WM 1966, 1148.

Die Rechtsprechung hat hier den „stillschweigend" abgeschlossenen Auskunftsvertrag geschaffen. Danach können auch solche Personen, die keine primären Leistungsansprüche aus dem konkreten – nicht mit ihnen abgeschlossenen – Vertrag haben, in den Schutzbereich dieses Vertrags einbezogen sein mit der Folge, dass der Berater bei der Erbringung seiner Leistung gegenüber seinem Mandanten auch diesen Personen gegenüber zur Beachtung der erforderlichen Sorgfalt verpflichtet ist.[11] Diese Figur der Rechtsprechung hat im neuen § 311 Abs. 3 BGB eine gesetzliche Grundlage gefunden.

Beispiel

Die Hausbank des Mandanten verlangt vom Steuerberater die Erläuterung der wirtschaftlichen Lage des Mandanten anhand Jahresabschluss und unterjähriger BWA. Hierzu lädt die Bank den Steuerberater und den Mandanten zum Gespräch. Grund des Gesprächs ist die anstehende Entscheidung über neu beantragte Kredite, was dem Steuerberater bekannt ist. Die Bank wünscht die Einschätzung der Situation durch den Steuerberater.

Sofern der Steuerberater hier falsche Angaben macht, droht die Haftung direkt gegenüber der Bank bereits für einfache Fahrlässigkeit. Dies kann der Steuerberater ausschließen, sofern er der Bank klar zu erkennen gibt, nicht für seine „Zahlen" und Ausführungen haften zu wollen. Alternativ könnte er in der Terminsbestätigung angeben, dass er den Termin ausschließlich in der Rolle als Berater seines Mandanten wahrnimmt.[12]

2.2.2.2 Vertrag mit Schutzwirkung für Dritte[13]

Die Rechtsprechung des BGH weist dem Geschäftsbesorgungsvertrag zwischen Mandant und Steuerberater regelmäßig Schutzwirkung für Dritte zu. Häufigster „Nutznießer" dieser Rechtsprechung sind im Hinblick auf § 18 KWG die kreditgebenden Banken. In Betracht kommt ein solcher Vertrag mit Schutzwirkung für Dritte insbesondere bei der Erstellung von Vermögensübersichten, Jahresabschlüssen, Bescheinigungen, Testaten und Gutachten.

Die **Voraussetzungen** für das Vorliegen eines solchen Vertrags mit Schutzwirkung eines Dritten sehen wie folgt aus:

- Die Äußerung des Beraters ist (auch) für Dritte bestimmt. Diese Dritten bilden einen deutlich abgrenzbaren Personenkreis. Dieser Umstand ist für den Berater erkennbar.
- Der Berater tritt als eigenständiger Experte und mit besonderer Sachkunde auf.
- Der Dritte (im Regelfall: die Bank) vertraut auf die Äußerung und macht sie zur Grundlage wesentlicher Entscheidungen. Auch dieser Umstand ist für den Berater erkennbar.

[11] Siehe hierzu Schindhelm/Grothe, DStR 1989, 445 (446).

[12] Damit drückt der Steuerberater aus, dass er keinen Rechtsbindungswillen zum Abschluss eines Auskunftsvertrags mit der Bank hat.

[13] Zur neueren Rspr. zum Vertrag mit Schutzwirkung zugunsten Dritter: Zugehör, DStR 2007, 723 (723–725).

Der Steuerberater kann gegenüber dem Dritten Einwendungen aus dem Schuldverhältnis zwischen ihm und dem Mandanten geltend machen, § 334 BGB ist entsprechend anwendbar.[14] So kann sich der Steuerberater gegenüber dem Dritten auf die Verjährung des Haftungsanspruchs berufen.[15]

An dieser Stelle soll auf einen Aufsatz von Heimann[16] hingewiesen werden. Heimann weist zutreffend auf ein Urteil des BGH[17] hin. Dort hatte ein Bausachverständiger den Zustand eines Objekts als positiv beurteilt. Das Dach hingegen war mängelbehaftet. Der Verkäufer hatte arglistig verhindert, dass der Bausachverständige den Dachstuhl betritt.

In diesem Fall hat der BGH den Sachverständigen verurteilt. Zwar gehen die Rechte des Dritten nicht weiter als die des eigentlichen Vertragspartners. Dieser hätte aufgrund seiner eigenen Täuschung keine Ansprüche stellen können. Der Sachverständige hätte aber, um eine Verurteilung zu vermeiden, kenntlich machen müssen, dass er für den Umfang des Gutachtens nicht voll einstehen will oder besser: Er hätte gar das Gutachten nicht abgeben sollen. Heimann überträgt diesen Fall nun auf die Leistung des Steuerberaters und zeigt, dass auch dieser haftet, wenn er **ungeprüfte Informationen des Mandanten übernimmt, selbst wenn er dabei getäuscht wird**.

► **Praxishinweis** Wenn der Steuerberater also über einzelne Tatsachen keine eigenen Kenntnisse hat oder wenn er einzelne Bereiche nicht überprüfen kann, muss er dies im Bericht/Gutachten klar kenntlich machen und darauf hinweisen, dass er für diese Übernahme von Fremdinformationen nicht einstehen will.
Ein solcher Hinweis in einem Gutachten (Überschuldungsstatus) könnte wie folgt ausgestaltet werden:
**Eine verlässliche Aussage über den Wert des selbst geschaffenen Patents kann nicht getroffen werden. Der Auftraggeber hat dem Gutachter folgende Informationen und Unterlagen zur Verfügung gestellt: ....
Die Unterlagen konnten aber aus folgenden Gründen nicht oder nur rudimentär überprüft werden: .... Aus diesem Grund kann die Werthaltigkeit des Patents nicht mit der erforderlichen Gewissheit ermittelt werden. Es war daher mit einem Wert von ..... € anzusetzen/oder: Der Auftraggeber geht von einem Wert von ...... € aus. Dieser Wert wird für das Gutachten ungeprüft übernommen, weshalb für diesen Wert eine Haftung des Gutachters nicht übernommen werden kann. Die Verantwortlichkeit hierfür liegt vereinbarungsgemäß alleine beim Auftraggeber.**

[14] Grüneberg, in: Palandt, § 328, Rn. 20.
[15] Zur Frage, ob eine vertragliche Haftungsbegrenzung dem Dritten gegenüber wirksam ist, vgl. oben Abschn. 1.1.8.
[16] Stbg 2004, 332.
[17] BGH v. 10.11.1994, III ZR 50/94, NJW 1995, 392.

2.2.2.3 Prospekthaftung[18]

Die Prospekthaftung spielt eine Rolle im Bereich der Vermögensberatung. Die Pflichten eines Steuerberaters, der auf diesem Gebiet tätig wird, gegenüber seinem Mandanten, der die Vermögensberatung wünscht, gehen weit.[19]

Besonders hingewiesen werden soll an dieser Stelle nur darauf, dass für einen Steuerberater im Bereich der Vermögensberatung eine besondere Haftung gegenüber Dritten entstehen kann: Nämlich eine Haftung gegenüber den Kapitalanlegern dann, wenn der Steuerberater mitwirkt an der Erstellung eines Prospektes, der für die Anwerbung dieser Kapitalanleger gedacht ist. Es handelt sich dabei um die **Prospekthaftung im engeren Sinn**.[20]

Durch die **Prospekthaftung** im engeren Sinn soll das Vertrauen von Kapitalanlegern auf die Richtigkeit und Vollständigkeit eines Werbeprospekts geschützt werden. Prospektverantwortliche können Personen sein, die aufgrund ihrer besonderen beruflichen und wirtschaftlichen Stellung oder ihrer berufsmäßigen Sachkunde eine „Garantenstellung" einnehmen und durch ihre erkennbare Mitwirkung an dem Prospekt nach außen hin einen besonderen zusätzlichen Vertrauenstatbestand schaffen, indem sie mit ihrer Zustimmung als Fachleute im Prospekt angeführt werden und darin Erklärungen abgeben.[21]

Solche Prospektverantwortliche haften dem Anleger gegenüber, mit dem sie in keinem Vertragsverhältnis stehen, für die Richtigkeit und Vollständigkeit der Prospektangaben insoweit, als diese sich auf sie beziehen und ihnen zuzurechnen sind.[22]

Ein Steuerberater, der an einem Prospekt mitwirkt und dadurch dazu beiträgt, dass das Vertrauen des Anlegers in die im Prospekt gemachten Angaben, die sich auf ihn beziehen, wächst, kann also dem Anleger gegenüber haften.

Dabei gilt: Die Prospektverantwortlichen haben dem Anlageinteressenten ein zutreffendes Bild der angebotenen Kapitalbeteiligung einschließlich der Nachteile und Risiken zu vermitteln. Dazu gehört, dass sämtliche Umstände, die für die Entschließung des Interessenten bedeutsam sind, richtig und vollständig dargestellt werden; ändern sich diese Umstände nach Herausgabe des Prospekts, so haben die Prospektverantwortlichen dies durch Berichtigung des Prospekts oder entsprechende Hinweise mitzuteilen.[23]

---

[18] Zur detaillierteren neueren Rechtsprechung zur Prospekthaftung im engeren Sinn: Zugehör, DStR 2007, 723 (726, 727).

[19] Vgl. hierzu ausführlich – auch zur Haftung des Steuerberaters im Besonderen – Kühne, in: Steuerberater Handbuch neue Beratungsfelder, C. Vermögensberatung/Vermögensverwaltung V.; zur Subventionsberatung im Rahmen der Vermögensberatung s. u. V. 5.

[20] Zur Prospekthaftung im weiteren Sinn, die nicht zur Haftung gegenüber Dritten gehört: BGH v. 7.7.2003, II ZR 18/01, DStR 2003, 1584; BGH v. 12.2.2004, III ZR 359/02, NJW 2004, 1732, 1733.

[21] BGH v. 7.9.2000, VII ZR 443/99, BGHZ 145, 121.

[22] BGH v. 15.12.2005, III ZR 424/04, NJW-RR 2006, 611 (für Wirtschaftsprüfer).

[23] BGH v. 1.3.2004, II ZR 88/02, DStR 2004, 967.

2.2.2.4 Treuhandvertrag[24]

Inhalt eines Treuhandvertrags kann es sein, die Vermögensinteressen eines Dritten zu wahren. Es handelt sich dann um einen Vertrag zugunsten Dritter gemäß §§ 328 ff. BGB, bei dem der Dritte unmittelbar das Recht erwirbt, die Leistung – die Wahrung der Vermögensinteressen – zu fordern, § 328 Abs. 1 BGB. Hieraus kann sich dann gegenüber dem Dritten eine Haftung ergeben.

Verletzt der Steuerberater Pflichten aus dem Treuhandvertrag, so dürfte regelmäßig der objektive Tatbestand der Untreue gegeben sein. Wenn die Verletzung auch nur bedingt vorsätzlich erfolgt, macht sich der Steuerberater auch gem. § 823 Abs. 2 i. V. n. § 266 StGB schadenersatzpflichtig. In diese Konstellation entfällt der Versicherungsschutz, § 103 VVG.

Bei Treuhandverträgen ist auch abzuklären, ob die Leistungen vom Versicherungsschutz der Vermögensschadenhaftpflicht abgedeckt sind. Dies ist insbesondere dann fraglich, wenn der Treuhänder eigene wirtschaftliche Entscheidungen trifft.

2.2.2.5 Eigenhaftung als Verhandlungsgehilfe[25]

Hilft ein Steuerberater einem Mandanten, einen Vertrag anzubahnen, so kann auf der Grundlage des § 311 Abs. 3 BGB eine Haftung entstehen.

2.2.3 Haftungsvermeidung/-beschränkung

Eine Tätigkeit auf dem Gebiet der vereinbaren Tätigkeiten stellt besondere Anforderungen an die Haftungsvermeidung und -beschränkung, die wegen des hohen Haftungsrisikos unbedingt berücksichtigt werden sollten:

2.2.3.1 Schriftform und Klarheit des Auftrags und die Dokumentation einzelner Beratungsschritte

Besonders im weiten Bereich der vereinbaren Tätigkeiten, in dem einzelne Auftragsinhalte in der Regel durch nichts festgelegt sind, ist es wichtig, den genauen Auftragsinhalt zu dokumentieren. Denn erst wenn eindeutig ist, was der Auftrag ist, ist auch eindeutig, welche Pflichten sich aus dem Auftrag ergeben.

Im Folgenden beispielhaft ein Muster für einen Beratungsvertrag über betriebswirtschaftliche Beratung und ein Muster für einen Vertrag über eine Unternehmensbewertung:

[24] Zur neueren Rspr. zum Treuhandvertrag: Zugehör, DStR 2007, 723 (725, 726).

[25] Zur neueren Rspr. zur Eigenhaftung als Verhandlungsgehilfe: Zugehör, DStR 2007, 723 (726).

Muster:

Beratungsvertrag über betriebswirtschaftliche Beratung

Zwischen

____

vertreten durch: _________________

- im Folgenden Auftraggeber genannt -

und

KANZLEI ....
- im Folgenden Auftragnehmer genannt -

wird folgender Beratungsvertrag geschlossen:

§ 1 Gegenstand und Umfang des Auftrags

Der Auftragnehmer führt für den Auftraggeber die im Folgenden beschriebenen Arbeiten als
(Zutreffendes bitte ankreuzen.)

o Dienstvertrag

o Werkvertrag

aus. Auftragnehmer ist nur der Inhaber der KANZLEI ....

Mit diesem Vertrag überträgt der Auftraggeber dem Auftragnehmer die Besorgung der folgenden Angelegenheiten:

Tätigkeit	gewünscht	nicht gewünscht
Unternehmensplanung	☐	☐
Unternehmensverkauf	☐	☐
Kosten- Leistungsrechnung	☐	☐
Unternehmensnachfolge	☐	☐
Risikofrüherkennungssystem	☐	☐
Sanierungsplanerstellung	☐	☐
Krisenberatung	☐	☐
Insolvenzplanerstellung	☐	☐
Überschuldungsprüfung	☐	☐
Controlling	☐	☐
	☐	☐

Hinsichtlich der vom Auftragnehmer zu erbringenden Leistungen wir auf die anliegende Leistungsbeschreibung hingewiesen, die wesentlicher Bestandteil dieses Vertrags wird.

Der Auftraggeber hat einen Anspruch auf einen schriftlichen Bericht in **2-facher Ausfertigung.**

Für die Übernahme weiterer hier nicht aufgeführter Tätigkeiten werden gesonderte Vereinbarungen getroffen.

§ 2 Mitwirkung des Auftraggebers

(1)

Der Auftraggeber hat dem Auftragnehmer sämtliche zur Erfüllung des Auftrages notwendigen Informationen und Unterlagen rechtzeitig zur Verfügung zu stellen, so dass dem Auftragnehmer eine angemessene Bearbeitungszeit zur Verfügung steht. Er hat notwendige Erklärungen rechtzeitig abzugeben.

(2)

Der Auftraggeber verpflichtet sich, Arbeitsergebnisse des Auftragnehmers nur mit dessen schriftlicher Einwilligung weiterzugeben. Das gilt nicht, wenn und soweit derartige Arbeitsergebnisse üblicherweise an Dritte weitergegeben werden. Bei der Weitergabe der Arbeitsergebnisse an einen Dritten ist der Dritte auf die vereinbarten Haftungsbegrenzungen schriftlich hinzuweisen.

§ 3 Mitwirkung Dritter

Der Auftragnehmer ist berechtigt, bei der Ausführung der ihm übertragenen Angelegenheiten geeignete angestellte Berufsträger, Mitarbeiter, fachkundige Dritte, sowie datenverarbeitende Unternehmen einzusetzen. Die eigene Verantwortlichkeit des Auftragnehmers bleibt hiervon unberührt.

§ 4 Verschwiegenheitspflicht, Mitteilung gem. § 4 BDSG, E-Mail-Verkehr

(1)

Der Auftragnehmer ist nach Maßgabe der Gesetze verpflichtet, über alle Angelegenheiten der Auftraggeberin, die ihm bei oder anlässlich der Erledigung des Auftrags zur Kenntnis gelangen, Stillschweigen zu bewahren, es sei denn, dass ihn die Auftraggeberin schriftlich von dieser Verpflichtung entbindet.

(2)

Die Verschwiegenheitspflicht besteht nicht, soweit die Offenlegung von Angelegenheiten zur Wahrung berechtigter Interessen des Auftragnehmers unbedingt erforderlich ist. Der Auftragnehmer ist auch von der Verschwiegenheitspflicht entbunden, soweit er nach den Versicherungsbedingungen der Berufshaftpflicht zur Information und Mitwirkung verpflichtet ist.

(3)

Die gesetzlichen Auskunfts- und Aussageverweigerungsrechte nach § 102 AO, § 53 StPO, § 383 ZPO bleiben von den vorstehenden Regelungen unberührt.

(4)

Diese Verschwiegenheitspflicht des Auftragnehmers besteht auch nach Beendigung des Vertragsverhältnisses fort. Berichte, Gutachten und sonstige schriftliche Äußerungen, die aufgrund oder anlässlich seines Auftrags gefertigt wurden, darf der Auftragnehmer Dritten, außer in dem in § 4 Abs. 2 Satz 2 geschilderten Fall, nur mit Einwilligung der Auftraggeberin aushändigen.

(5)

Im gleichen Umfang wie für den Auftragnehmer selbst besteht die Verschwiegenheitspflicht auch für die angestellten Berufsträger, Mitarbeiter und Hilfskräfte.

(6)

Zieht der Auftragnehmer fachkundige Dritte und/oder datenverarbeitende Unternehmen hinzu, hat er dafür Sorge zu tragen, dass diese ebenfalls Verschwiegenheit bewahren.

(7)

Für den Fall, dass sich der Berater zur Sicherung und Fortentwicklung der Qualität seiner Kanzlei einem Zertifizierungsverfahren (z.B. nach DIN EN ISO 9001:2000) unterziehen will, erteilt der Auftraggeber schon heute seine Zustimmung, dass Dritte über die von ihm vorhandenen Daten Kenntnis erhalten, soweit dies erforderlich ist. Das Gleiche gilt auch für die Praxisveräußerung bezüglich des Praxiserwerbers, für die Beschäftigung freier Mitarbeiter, soweit diese gesetzlich zur Verschwiegenheit verpflichtet sind, sowie für die Gründung einer Sozietät oder einer Kapitalgesellschaft seitens des Beraters.

(8)

Der Auftraggeber erklärt sich damit einverstanden, dass die erhobenen Daten elektronisch oder auf andere Weise gespeichert werden, um den Auftrag zu bearbeiten oder das Ergebnis der Bearbeitung zu sichern, §4 a BDSG. *(Aufgrund der gesetzlichen Regelung ist erforderlich, dass die Einwilligung und Belehrung über die Speicherung von Daten optisch hervorgehoben werden muss.)*

(9)

Die dem Vertrag beigefügte Befreiungserklärung für Korrespondenz per E-Mail wird Bestandteil dieses Vertrages, sofern sie von Auftraggeber unterschrieben wurde.

§ 5 Haftung

(1)

Der Auftragnehmer hat eine Berufshaftpflichtversicherung mit einer Deckungssumme von 1.000.000 Euro pro Einzelfall abgeschlossen. Er verpflichtet sich, die Versicherung in dieser Höhe so lange aufrechtzuerhalten, wie das Vertragsverhältnis mit der Auftraggeberin besteht.

(2)

Der Auftragnehmer haftet dem Auftraggeber für die von ihm und seinen Mitarbeitern verursachten Schäden. Die Haftungsobergrenze wird jedoch entsprechend dieser Vereinbarung für einfache Fahrlässigkeit auf

1.000.000,00 € (in Worten: eine Million Euro)

festgelegt.

§ 6 Sondervereinbarungen zur Haftung

....

§ 7 Honorar

(1)(Zutreffendes bitte ankreuzen.)

Die Gebühren berechnen sich nach folgenden Stundensätzen:

für Berufsträger (Rechtsanwälte/Steuerberater): .... €

für qualifizierte Mitarbeiter .... €

für Hilfskräfte .... €

Die Gebühren werden fest mit .... € vereinbart (Fixhonorar).

Der Auftragnehmer erhält im Fall einer erfolgreichen Tätigkeit ein Honorar in Höhe von ... % der durch die Tätigkeit erzielten Gewinne, maximal ..... €.

Erfolgreich war die Tätigkeit, wenn folgende Bedingungen eingetreten sind:

....
....
....

Der Auftragnehmer erhält im Fall einer erfolgreichen Tätigkeit ein Honorar in Höhe von .....€ .

Erfolgreich war die Tätigkeit, wenn folgende Bedingungen eingetreten sind:

....
....
....

Die Gebühren werden wie folgt festgesetzt:

....
....
....

Ergänzend wird Folgendes vereinbart:

....
....
....

(2)

Der Auftragnehmer ist berechtigt, einen oder mehrere angemessene Vorschüsse zu verlangen. Über den Vorschuss ist nach Erledigung des Auftrags abzurechnen. Soweit ein Vorschuss berechnet wurde, dieser jedoch nicht bezahlt wurde, ist der Auftragnehmer berechtigt, seine Tätigkeit ruhen zu lassen. Er ist bis zur Bezahlung des Vorschusses nicht verpflichtet, für den Auftraggeber tätig zu werden.

(3)

Von dieser Vereinbarung ausgenommen sind Vorbehaltsaufgaben nach dem RDG und StBerG, die nach den entsprechenden gesetzlichen Gebühren abgerechnet werden (StBVV, RVG).

§ 8 Auslagenersatz, Umsatzsteuer

(1)

Zusätzlich zu den Gebühren übernimmt der Auftraggeber den Ersatz von Auslagen wie folgt:

a) Übernachtungskosten in der nachgewiesenen Höhe.

b) Tage- bzw. Abwesenheitsgeld bei einer Abwesenheit von der Kanzlei von

mehr als 4 Stunden: .... €

mehr als 8 Stunden: .... €

c) Fahrtkosten:

Personenkraftwagen je Kilometer .... €

Zugfahrt 1. Klasse

Flugzeug Business-Klasse

Taxi für Kurzstrecken

ggf. notwendige sonstige Verkehrsmittel in nachgewiesener Höhe.

d) Nebenkosten für Telefon, Telefax, Porto, Kopien u. ä. nach pauschaler Schätzung des Auftragsnehmers ....% des Honorars nach § 7.

e) Für über 2 Berichtsexemplare hinausgehende Exemplare:

je Exemplar fest: ....€

zusätzlich je Seite: .... €

(2)

Außerdem trägt der Auftraggeber anfallende Umsatzsteuer auf das Honorar und die Auslagen in der gesetzlichen Höhe.

§ 9 Fälligkeit

(1)

Die Zahlungen sind innerhalb einer Woche nach Rechnungseingang beim Auftraggeber fällig. Vorschüsse sind hingegen sofort fällig.

(2)

Sämtliche Beträge sind auf folgendes Konto zu überweisen:

....

§ 10 Vertragsdauer

Das Vertragsverhältnis beginnt am ___________.

o Der Vertrag läuft auf unbestimmte Zeit.

o Der Vertrag endet ___________________

Der Vertrag ist jederzeit und beidseitig sofort kündbar. Die Kündigung muss schriftlich erklärt werden. Im Falle der Kündigung hat der Berater Anspruch auf eine angemessene Vergütung. Diese wird im Verhältnis der Leistungserbringung wenigstens aber im Verhältnis der angeforderten Vorschüsse als angemessen vereinbart.

§ 11 Abtretung von Honoraransprüchen

Der Auftragnehmer kann Honoraransprüche an andere Steuerberater oder Rechtsanwälte abtreten.

An andere Personen, die nicht als Steuerberater oder Rechtsanwälte zugelassen sind, kann der Auftragnehmer Honoraransprüche abtreten, wenn die Forderung rechtskräftig festgestellt ist, ein erster Vollstreckungsversuch fruchtlos verlaufen ist und der Auftraggeber dem Auftragnehmer die ausdrückliche schriftliche Einwilligung erteilt hat.

§ 12 Zurückbehaltungsrecht des Auftragnehmers an den Handakten

Der Auftragnehmer kann dem Auftraggeber die Herausgabe der Handakten verweigern, bis er wegen des Honorars befriedigt ist, sofern nicht die Vorenthaltung der Handakten oder einzelner Schriftstücke nach den Umständen, insbesondere wegen verhältnismäßiger Geringfügigkeit der geschuldeten Beträge, gegen Treu und Glauben verstoßen würde.

§ 13 Vollmacht

Der Auftraggeber wird dem Auftragnehmer für das Tätigwerden gegenüber Dritten gesonderte Vollmachten erteilen.

§ 14 Schriftform

Mündliche Nebenabreden bestehen nicht. Änderungen oder Ergänzungen dieses Vertrags bedürfen der Schriftform.

§ 15 Wirksamkeit

Sollten einzelne Bestimmungen dieses Beratungsvertrags unwirksam sein oder werden, wird dadurch die Wirksamkeit der übrigen Vereinbarungen nicht berührt. Die Vertragspartner verpflichten sich, die unwirksamen Bestimmungen durch Regelungen zu ersetzen, die dem ursprünglich verfolgten Zweck so nahe wie möglich kommen und deren Wirksamkeit keine Bedenken entgegenstehen.

Ort, den

____

Unterschrift der Auftraggeberin

____

Unterschrift des Auftragnehmers

Befreiungserklärung für Korrespondenz per E-Mail

Ich bin damit einverstanden, mit der KANZLEI .... auch per E-Mail zu kommunizieren.

Mir ist bekannt, dass das Internet durch seine technische Beschaffenheit keine vollständige Sicherheit in Bezug auf die Geheimhaltung der übermittelten Daten und Informationen vor dem Zugriff durch unbefugte Dritte bietet.

Ich entbinde daher bis auf Widerruf die KANZLEI .... hinsichtlich der Kommunikation über das Internet von ihrer beruflichen Verpflichtung zur Verschwiegenheit.

Meine E-Mail Adresse lautet:

____

_____________ , den ___________ ....

Unterschrift

Muster:

Beratungsvertrag über betriebswirtschaftliche Beratung (produktbezogen)

Zwischen

____

vertreten durch: __________________

– im Folgenden **Auftraggeber** genannt –

und

KANZLEI ....
– im Folgenden **Auftragnehmer** genannt –

wird folgender Beratungsvertrag geschlossen:

§ 1 Gegenstand und Umfang des Auftrags

Der Auftragnehmer führt für den Auftraggeber die im Folgenden beschriebenen Arbeiten als
(Zutreffendes bitte ankreuzen.)

o Dienstvertrag (Tätigkeit ist geschuldet)

o Werkvertrag (Erfolg ist geschuldet)

aus.

Die KANZLEI .... erbringt Beratungsleistungen auch im Bereich der Unternehmensbewertung. Hierzu hat sie 3 verschiedene Standartprodukte aufgelegt. Durch die Standardisierung können diese Produkte effizienter und damit kostengünstiger für die Mandanten erledigt werden. Dies schließt nicht aus, dass im Einzelfall Sonderaufträge erteilt werden können.

Die Produkte haben dabei folgenden Inhalt:

Produkt 1	- .... - .... - ....
Produkt 2	- .... - .... - ....
Produkt 3	- .... - .... - ....

Mit diesem Vertrag überträgt der Auftraggeber dem Auftragnehmer die Besorgung der folgenden Angelegenheiten:

Tätigkeit	gewünscht	nicht gewünscht
Unternehmensbewertung		
Produkt 1	☐	☐
Podukt 2	☐	☐
Produkt 3	☐	☐
____________________	☐	☐

Der Auftraggeber hat einen Anspruch auf einen schriftlichen Bericht in 2-facher Ausfertigung.

Für die Übernahme weiterer hier nicht aufgeführter Tätigkeiten werden gesonderte Vereinbarungen getroffen.

§ 2 Mitwirkung des Auftraggebers

(1)

Der Auftraggeber hat dem Auftragnehmer sämtliche zur Erfüllung des Auftrages notwendigen Informationen und Unterlagen rechtzeitig zur Verfügung zu stellen, so dass dem Auftragnehmer eine angemessene Bearbeitungszeit zur Verfügung steht. Er hat notwendige Erklärungen, insbesondere Vollständigkeitserklärungen, rechtzeitig abzugeben.

(2)

Der Auftraggeber verpflichtet sich, Arbeitsergebnisse des Auftragnehmers nur mit dessen schriftlicher Einwilligung weiterzugeben. Das gilt nicht, wenn und soweit derartige Arbeitsergebnisse üblicherweise an Dritte weitergegeben werden. Bei der Weitergabe der Arbeitsergebnisse an einen Dritten ist der Dritte auf die vereinbarten Haftungsbegrenzungen schriftlich hinzuweisen.

§ 3 Mitwirkung Dritter

Der Auftragnehmer ist berechtigt, bei der Ausführung der ihm übertragenen Angelegenheiten geeignete angestellte Berufsträger, Mitarbeiter, fachkundige Dritte, sowie datenverarbeitende Unternehmen einzusetzen. Die eigene Verantwortlichkeit des Auftragnehmers bleibt hiervon unberührt.

§ 4 Verschwiegenheitspflicht, Mitteilung gem. § 4 BDSG, E-Mail-Verkehr

(1)

Der Auftragnehmer ist nach Maßgabe der Gesetze verpflichtet, über alle Angelegenheiten der Auftraggeberin, die ihm bei oder anlässlich der Erledigung des Auftrags zur Kenntnis gelangen, Stillschweigen zu bewahren, es sei denn, dass ihn die Auftraggeberin schriftlich von dieser Verpflichtung entbindet.

(2)

Die Verschwiegenheitspflicht besteht nicht, soweit die Offenlegung von Angelegenheiten zur Wahrung berechtigter Interessen des Auftragnehmers unbedingt erforderlich ist. Der Auftragnehmer ist auch von der Verschwiegenheitspflicht entbunden, soweit er nach den Versicherungsbedingungen der Berufshaftpflicht zur Information und Mitwirkung verpflichtet ist.

(3)

Die gesetzlichen Auskunfts- und Aussageverweigerungsrechte nach § 102 AO, § 53 StPO, § 383 ZPO bleiben von den vorstehenden Regelungen unberührt.

(4)

Diese Verschwiegenheitspflicht des Auftragnehmers besteht auch nach Beendigung des Vertragsverhältnisses fort. Berichte, Gutachten und sonstige schriftliche Äußerungen, die aufgrund oder anlässlich seines Auftrags gefertigt wurden, darf der Auftragnehmer Dritten, außer in dem in § 4 Abs. 2 Satz 2 geschilderten Fall, nur mit Einwilligung der Auftraggeberin aushändigen.

(5)

Im gleichen Umfang wie für den Auftragnehmer selbst besteht die Verschwiegenheitspflicht auch für die angestellten Berufsträger, Mitarbeiter und Hilfskräfte.

(6)

Zieht der Auftragnehmer fachkundige Dritte und/oder datenverarbeitende Unternehmen hinzu, hat er dafür Sorge zu tragen, dass diese ebenfalls Verschwiegenheit bewahren.

(7)

Für den Fall, dass sich der Berater zur Sicherung und Fortentwicklung der Qualität seiner Kanzlei einem Zertifizierungsverfahren (z.B. nach DIN EN ISO 9001:2000) unterziehen will, erteilt der Auftraggeber schon heute seine Zustimmung, dass Dritte über die von ihm vorhandenen Daten Kenntnis erhalten, soweit dies erforderlich ist. Das Gleiche gilt auch für die Praxisveräußerung bezüglich des Praxiserwerbers, für die Beschäftigung freier Mitarbeiter, soweit diese gesetzlich zur Verschwiegenheit verpflichtet sind, sowie für die Gründung einer Sozietät oder einer Kapitalgesellschaft seitens des Beraters.

(8)

Der Auftraggeber erklärt sich damit einverstanden, dass die erhobenen Daten elektronisch oder auf andere Weise gespeichert werden, um den Auftrag zu bearbeiten oder das Ergebnis der Bearbeitung zu sichern, § 4 a BDSG. *(Aufgrund der gesetzlichen Regelung ist erforderlich, dass die Einwilligung und Belehrung über die Speicherung von Daten optisch hervorgehoben werden muss.)*

(9)

Die dem Vertrag beigefügte Befreiungserklärung für Korrespondenz per E-Mail wird Bestandteil dieses Vertrages, sofern sie von Auftraggeber unterschrieben wurde.

§ 5 Haftung

(1)

Der Auftragnehmer hat eine Berufshaftpflichtversicherung mit einer Deckungssumme von 1.000.000 Euro pro Einzelfall abgeschlossen. Er verpflichtet sich, die Versicherung in dieser Höhe so lange aufrechtzuerhalten, wie das Vertragsverhältnis mit der Auftraggeberin besteht.

(2)

Der Auftragnehmer haftet dem Auftraggeber für die von ihm und seinen Mitarbeitern verursachten Schäden. Die Haftungsobergrenze wird jedoch entsprechend dieser Vereinbarung für einfache Fahrlässigkeit auf

1.000.000,00 € (in Worten: eine Million Euro)

festgelegt.

§ 6 Sondervereinbarungen zur Haftung

....

§ 7 Honorar

(1) (Zutreffendes bitte ankreuzen.)

Produkt 1	- Pauschalhonorar in Höhe von ________ €, wenn .... - sonst: Pauschalhonorar in Höhe von 1.000 €
Produkt 2	- Stundensätze für: - Berufsträger (RA, StB): ....,- € - Dipl. Betriebswirt (BA, FH, etc.): ....,- € - Steuerfachangestellte: ....,- € - Sonstige Hilfskräfte: ....,- €
Produkt 3	- Stundensätze für: - Berufsträger (RA, StB): ....,- € - Dipl. Betriebswirt (BA, FH, etc.): ....,- € - Steuerfachangestellte: ....,- € - Sonstige Hilfskräfte: ....,- €

Ergänzend wird folgendes vereinbart:

Sofern bei den Produkten 2 und 3 ein Gebührenvolumen von .... € überschritten wird, zeigt Auftragnehmer dem Auftraggeber dies an und versucht, den Umfang für die Restarbeiten abzuschätzen. Der Auftraggeber ist berechtigt, jederzeit den Abbruch des Auftrags zu verlangen, vgl. § 10. Dann ist die bereits geleistete Tätigkeit abzurechnen.

(2)

Der Auftragnehmer ist berechtigt, einen oder mehrere angemessene Vorschüsse zu verlangen. Über den Vorschuss ist nach Erledigung des Auftrags abzurechnen. Soweit ein Vorschuss berechnet wurde, dieser jedoch nicht bezahlt wurde, ist der Auftragnehmer berechtigt, seine Tätigkeit ruhen zu lassen. Er ist bis zur Bezahlung des Vorschusses nicht verpflichtet, für den Auftraggeber tätig zu werden.

(3)

Von dieser Vereinbarung ausgenommen sind Vorbehaltsaufgaben nach dem RDG und StBerG, die nach den entsprechenden gesetzlichen Gebühren abgerechnet werden (StBVV, RVG).

§ 8 Auslagenersatz, Umsatzsteuer

(1)

Zusätzlich zu den Gebühren übernimmt der Auftraggeber den Ersatz von Auslagen wie folgt:

a) Übernachtungskosten in der nachgewiesenen Höhe.

b) Tage- bzw. Abwesenheitsgeld bei einer Abwesenheit von der Kanzlei von

mehr als 4 Stunden: 15 €

mehr als 8 Stunden: 30 €

c) Fahrtkosten:

- Personenkraftwagen je Kilometer 0,60 €,
- Zugfahrt 1. Klasse,
- Flugzeug Business-Klasse,
- Taxi für Kurzstrecken oder
- ggf. notwendige sonstige Verkehrsmittel in nachgewiesener Höhe.

d) Nebenkosten für Telefon, Telefax, Porto, Kopien u. ä.

- 5 % des Honorars nach § 7.

e) Für über 2 Berichtsexemplare hinausgehende Exemplare:

- je Exemplar fest: 5 € (U-Wert basis) sonst
- je Exemplar fest: 15 €

(2)

Außerdem trägt der Auftraggeber anfallende Umsatzsteuer auf das Honorar und die Auslagen in der gesetzlichen Höhe.

§ 9 Fälligkeit

(1)

Die Zahlungen sind innerhalb einer Woche nach Rechnungseingang beim Auftraggeber fällig. Vorschüsse sind hingegen sofort fällig.

(2)

Sämtliche Beträge sind auf folgendes Konto zu überweisen:

§ 10 Vertragsdauer

Das Vertragsverhältnis beginnt am ___________. Der Vertrag endet mit Fertigstellung und Übergabe des schriftlichen Gutachtens.

Der Vertrag ist jederzeit und beidseitig sofort kündbar. Die Kündigung muss schriftlich erklärt werden. Im Falle der Kündigung hat der Berater Anspruch auf eine angemessene Vergütung. Diese wird im Verhältnis der Leistungserbringung wenigstens aber im Verhältnis der angeforderten Vorschüsse als angemessen vereinbart.

§ 11 Abtretung von Honoraransprüchen

Der Auftragnehmer kann Honoraransprüche an andere Steuerberater oder Rechtsanwälte abtreten.

An andere Personen, die nicht als Steuerberater oder Rechtsanwälte zugelassen sind, kann der Auftragnehmer Honoraransprüche abtreten, wenn die Forderung rechtskräftig festgestellt ist und ein erster Vollstreckungsversuch fruchtlos verlaufen ist oder der Auftraggeber dem Auftragnehmer die ausdrückliche schriftliche Einwilligung erteilt hat.

§ 12 Zurückbehaltungsrecht des Auftragnehmers an den Handakten

Der Auftragnehmer kann dem Auftraggeber die Herausgabe der Handakten verweigern, bis er wegen des Honorars befriedigt ist, sofern nicht die Vorenthaltung der Handakten oder einzelner Schriftstücke nach den Umständen, insbesondere wegen verhältnismäßiger Geringfügigkeit der geschuldeten Beträge, gegen Treu und Glauben verstoßen würde.

§ 13 Vollmacht

Der Auftraggeber wird dem Auftragnehmer für das Tätigwerden gegenüber Dritten gesonderte Vollmachten erteilen.

§ 14 Schriftform

Mündliche Nebenabreden bestehen nicht. Änderungen oder Ergänzungen dieses Vertrags bedürfen der Schriftform.

§ 15 Wirksamkeit

Sollten einzelne Bestimmungen dieses Beratungsvertrags unwirksam sein oder werden, wird dadurch die Wirksamkeit der übrigen Vereinbarungen nicht berührt. Die Vertragspartner verpflichten sich, die unwirksamen Bestimmungen durch Regelungen zu ersetzen, die dem ursprünglich verfolgten Zweck so nahe wie möglich kommen und deren Wirksamkeit keine Bedenken entgegenstehen.

Ort, den

____

Unterschrift der Auftraggeberin

____

Unterschrift des Auftragnehmers

Befreiungserklärung für Korrespondenz per E-Mail

Ich bin damit einverstanden, mit der KANZLEI .... auch per E-Mail zu kommunizieren.

Mir ist bekannt, dass das Internet durch seine technische Beschaffenheit keine vollständige Sicherheit in Bezug auf die Geheimhaltung der übermittelten Daten und Informationen vor dem Zugriff durch unbefugte Dritte bietet.

Ich entbinde daher bis auf Widerruf die KANZLEI .... hinsichtlich der Kommunikation über das Internet von ihrer beruflichen Verpflichtung zur Verschwiegenheit.

Meine E-Mail Adresse lautet:

____

_____________, den _____________ ....

Unterschrift

2.2.3.2 Haftungsbeschränkung in AAB

Bei der Haftungsbeschränkung in AAB sind die hierzu bereits gemachten Ausführungen zu berücksichtigten. Es ergeben sich jedoch 2 Besonderheiten:

a) § 67a StBerG ist nicht auf vereinbare Tätigkeiten anzuwenden, bei denen die Haftung eine gesetzliche Grundlage hat. Dies ergibt sich zum einen aus dem Wortlaut des § 67a StBerG: „Der Anspruch des Auftraggebers aus dem zwischen ihm und dem Steuerberater oder Steuerbevollmächtigten bestehenden Vertragsverhältnis (...)", zum anderen ergibt es sich daraus, dass die gesetzlichen Haftungsgrundlagen nicht beschränkbar sind.

Die Haftung hat eine gesetzliche Grundlage z. B. bei einer unerlaubten Handlung gem. §§ 823 ff BGB, bei einer Tätigkeit als Insolvenzverwalter (§§ 60, 61 InsO) oder als Testamentsvollstrecker (§ 2219 BGB).

► **Praxishinweis** Hier empfiehlt sich der Abschluss einer sog. Einzelobjektversicherung. Die Kosten einer solchen Versicherung werden üblicherweise vom Auftraggeber getragen. Dies muss aber vertraglich geregelt werden.

b) Ganz besonders ist zu beachten, dass – wie bereits erwähnt – eine Haftungsbeschränkung in AAB auf eine Haftungssumme von mindestens 1,0 Mio. € nur dann wirksam ist, wenn die Haftungssumme auch tatsächlich zur Verfügung steht, die konkrete Tätigkeit des Steuerberaters also vom Versicherungsschutz mitumfasst ist. Hierauf ist bei vereinbaren Tätigkeiten, die nicht alle vom Versicherungsschutz mitumfasst sind, besonders zu achten.

Welche Tätigkeiten vom Versicherungsschutz mitumfasst sind, richtet sich nach den gesetzlichen Vorgaben der §§ 51 ff DVStB und nach dem einzelnen Versicherungsvertrag.

► **Praxishinweis** Bei Unsicherheiten sollte der Steuerberater unbedingt mit seiner Haftpflichtversicherung abklären, ob die konkrete Tätigkeit vom Versicherungsschutz mitumfasst ist und ggf. eine Deckungserweiterung vereinbaren.

2.2.4 Verjährung

§ 68 StBerG galt aufgrund seines weiten Wortlautes (Anspruch aus dem „bestehenden Vertragsverhältnis") auch für Haftpflichtansprüche aus einer vereinbaren vertraglichen Tätigkeit. Prospekthaftungsansprüche fielen jedoch nicht unter den Anwendungsbereich des § 68 StBerG.[26] Das Gleiche galt für vereinbare Tätigkeiten, die nicht auf Vertrag beruhen, sondern eine gesetzliche Grundlage haben.

[26] BGH v. 1.6.1994, VIII ZR 36/93, BGHZ 126, 166.

Nach dem neuen Verjährungsrecht richtet sich die Verjährung von Haftpflichtansprüchen aus Vorbehaltsaufgaben und vereinbarter Tätigkeit einheitlich nach dem allgemeinen Verjährungsrecht,[27] sofern es keine speziellere gesetzliche Grundlage gibt. Eine solche speziellere gesetzliche Vorschrift ist z. B. § 62 S. 2 InsO, der eine Obergrenze für die Verjährung festlegt.

2.2.5 Besondere Haftungsrisiken bei einzelnen vereinbaren Tätigkeiten

Die oben genannten Grundsätze gelten für alle vereinbaren Tätigkeiten. Im Folgenden werden noch einmal besondere Haftungsrisiken einzelner vereinbarer Tätigkeiten dargestellt:

2.2.5.1 Ratingberatung, Kreditwürdigkeitsaussagen

Auch bei der Beratung in Bezug auf das Bankenrating muss der Steuerberater von einer umfassenden Beratungspflicht ausgehen. Dazu soll auch die Unterrichtung des Mandanten durch den steuerlichen Berater über sein Unternehmen und dessen betreffende Entwicklung gehören. Der Mandant habe einen Anspruch auf eine fortlaufende, aktuelle und umfassende Information – auch ungefragt.[28]

Diese Auffassung, ohne einen Auftrag des Mandanten zur Ratingberatung verpflichtet zu sein, ist überzogen. In der Entscheidung des BGH zur Hinweispflicht betreffend Insolvenzgründen[29] hat der BGH zutreffend ausgeführt:

> Anders als bei einem ausdrücklichen Auftrag zur Prüfung der Insolvenzreife eines Unternehmens (vgl. BGH, Urteil vom 14. Juni 2012 – IX ZR 145/11 , BGHZ 193, 297 Rn. 9 ff) besteht eine solche Pflicht bei einem allgemeinen steuerrechtlichen Mandat nicht. Sie würde die Verantwortlichkeit des Beraters, sich mit den steuerrechtlichen Angelegenheiten zu befassen, erheblich erweitern. Der Berater müsste dann trotz der Beschränkung seiner Hauptpflichten auf die steuerrechtliche Beratung (vgl. § 33 StBerG und BGH, Urteil vom 14. Juni 2012, aaO Rn. 10 f) auch die allgemeine wirtschaftsrechtliche Beratung, zu der die Prüfung des Vorliegens von Insolvenzgründen zu zählen ist, im Blick haben und der Gesellschaft neben steuerrechtlichen Ratschlägen ohne besonderen Auftrag auch insolvenz- und gesellschaftsrechtliche Hinweise erteilen. Allein aus dem Auftrag zur Führung der Finanzbuchhaltung kann keine derart weitreichende wirtschaftliche Beratungspflicht angenommen werden. Grenze der Pflichten des Steuerberaters muss immer der erteilte Auftrag bleiben. Soweit allerdings ein solcher erteilt wurde, muss von obigen Pflichten ausgegangen werden.

Daher gehen wir davon aus, dass ein Auftrag zur Ratingberatung gesondert erteilt werden muss und nicht „automatisch" mit dem Dauerberatungsmandat einhergeht.

Auch bei der Beurteilung der Kreditwürdigkeit muss der Berater seine Auswertungen nach betriebswirtschaftlichen Grundsätzen erstellen und sich an maßgebliche betriebs-

---

[27] Vgl. Abschn. 1.3.

[28] So Bornmann, in: Steuerberater Handbuch neue Beratungsfelder, C. Ratingberatung V. Rn. 345 f.

[29] BGH v. 7.3.2012 – IX ZR 64/12, DStR 2013, 1151.

wirtschaftliche Standards halten. Insbesondere muss eine erstellte BWA vollständig und zutreffend sein. So hat das OLG Oldenburg[30] explizit entschieden:

> Zwar gibt eine BWA nur einen vorläufigen Stand der Buchführung wieder, der durch verschiedene Abschlussbuchungen erst zu einem Jahresabschluss entwickelt werden muss. Gleichwohl bilden die Ergebnisse der BWA unter der Annahme der vollständigen Erfassung aller Geschäftsvorfälle aber eine entscheidende Grundlage für die weitere finanzielle Planung und Entwicklung einer Gesellschaft.

Besonders problematisch werden in diesen Fällen die Dritthaftungsproblematiken. Oft verlangen nämlich die Banken zur Herbeiführung einer Kreditentscheidung die Plausibilisierung des Jahresabschlusses vom Steuerberater.[31] Aus dem Auftrag zur Plausibilisierung bzw. aus der Anforderung durch die Bank ist für den Steuerberater klar erkennbar, dass der Abschluss nebst Bericht der Bankeninformation dient. Damit ist die Einbeziehung der Bank in den Schutzbereich des Steuerberatervertrags offenkundig. Der Mandant wird zum **„VW-Mandant“.**[32]

> **Praxishinweis** Der sicherste Weg, um einer solchen Haftung vorzubeugen ist der, mit der Bank einen separaten Beratungsvertrag abzuschließen und in diesem eine Haftungsbeschränkung zu vereinbaren oder mitzuteilen, dass alle Äußerungen, gleich ob schriftlich oder mündlich allein in der Funktion als Berater des Mandanten und unter Einbeziehung der AAB getätigt werden.[33]

Beispiel

Der Steuerberater leitet einen mangelhaften Monatsreport an die Bank weiter. Aufgrund dieses Monatsreports trifft die Bank eine Entscheidung über die Prolongation des gewährten Kredits, die sie bei Vorlage eines mangelfreien Monatsreports so nicht getroffen hätte. Entsteht der Bank hierdurch ein Schaden, so haftet der Steuerberater. Diesem immensen Haftungsrisiko kann der Steuerberater entgehen, wenn er in einem Vertrag mit der Bank die Haftung wie oben beschrieben beschränkt hat.

Die Beratung im Hinblick auf ein zukünftiges Rating ist grundsätzlich vom **Versicherungsschutz** umfasst, es gibt allerdings einige bedeutsame Einschränkungen:

Plausibilitätsbeurteilungen sind nur dann vom Versicherungsschutz mitumfasst, wenn die Prüfungshandlungen und Bescheinigungen so erfolgt sind, wie es in der „Verlautbarung der Bundessteuerberaterkammer zu den Grundsätzen für die Erstellung von Jahresabschlüssen durch Steuerberater“ festgelegt ist.

---

[30] OLG Oldenburg v. 8.11.2012 – 14 U 8/12 (rechtskräftig durch Beschluss des BGH vom 20.3.2014 – IX ZR 293/12).

[31] BStBK v. 12./13.4.2010, LX 5232670; Zu finden unter www.bstbk.de. Diese Verlautbarung der Bundessteuerberaterkammer hat dabei auch die vom Institut der Wirtschaftsprüfer (IdW) erstellten Grundsätze für die Erstellung von Jahresabschlüssen durch Wirtschaftsprüfer (IDW S 7, vormals HFA 4/96) berücksichtigt.

[32] viel Haftung für wenig Honorar, Palandt/Grüneberg § 328 BGB Rz. 35.

[33] s. o. Rn. 87.

Geht die Beratung über die Bewertung nach üblichen betriebswirtschaftlichen Grundsätzen hinaus, so besteht kein Versicherungsschutz mehr.[34]

2.2.5.2 Subventionsberatung

Im Rahmen der Vermögensberatung oder Finanzierungsberatung kann sich die Notwendigkeit einer Subventionsberatung ergeben.

Die Subventionsberatung ist dem Steuerberater erst seit einiger Zeit möglich, da noch nicht lange anerkannt ist, dass es sich dabei nicht um unzulässige Rechtsberatung handelt.[35]

Hinsichtlich der Anforderungen an die **Rechtskenntnis** des Steuerberaters ist im Rahmen der Subventionsberatung folgendes BGH-Urteil zu beachten:[36]

In dem betreffenden Fall beriet der Beklagte, ein Rechtsanwalt und Wirtschaftsprüfer, die Klägerin, die eine Fensterfabrik betrieb, steuerlich. Der Beklagte unterließ es, der Klägerin zu raten, steuerfreie Rücklagen gemäß § 3 Abs. 1 des Zonenrandförderungsgesetzes (ZRFG) zu bilden. Gemäß den im Zonenranderlass 1978 enthaltenen Ermessensrichtlinien hätte die Klägerin keinen Anspruch auf Anerkennung steuerfreier Rücklagen gehabt. Das zuständige Finanzamt entschied jedoch in ständiger Praxis entgegen den Ermessensrichtlinien und gab entsprechenden Anträgen statt. Die Klägerin verlangte daraufhin vom Beklagten Schadenersatz, weil der unterlassene Rat des Beklagten zur Folge gehabt hätte, dass die Einkommen- und Gewerbesteuer zu hoch festgesetzt worden sei und dadurch Zinsverluste entstanden seien.

Der BGH entschied, dass eine Pflichtverletzung des Beklagten vorlag. Zu seinen Pflichten gehöre es auch, den Steuerpflichtigen auf eine ständige für diesen günstige Verwaltungspraxis – die der Beratende kennt oder kennen muss – der Finanzbehörden hinzuweisen, auch wenn die Verwaltungspraxis objektiv rechtswidrig ist. Denn nur wenn der Steuerpflichtige umfassend informiert ist, kann er abwägen, ob er sich für oder gegen den Antrag entscheidet.

Die Anforderungen an das Kennenmüssen einer ständigen Verwaltungspraxis legte der BGH wie folgt fest:

- Der Steuerberater muss sich dann bei der Verwaltung nach einer ständigen Verwaltungspraxis erkundigen, wenn die Verwaltung einen Ermessensspielraum hat.
- Wäre die Ausübung des Ermessens in eine bestimmte Richtung rechtswidrig, so muss sich der Steuerberater nicht bei der Verwaltung erkundigen, ob diese eine solche rechtswidrige Verwaltungspraxis betreibt.
- Der Steuerberater muss eine rechtswidrige Verwaltungspraxis ausnahmsweise nur dann kennen, wenn entsprechende Anweisungen veröffentlicht worden sind oder die Verwaltungspraxis in der Öffentlichkeit oder im Fachkreis der Steuerberater erörtert wird.

---

[34] Zu allem Hartmann/Heimann, in: Steuerberater Handbuch neue Beratungsfelder, B. V. 4. i).

[35] BGH v. 24.2.2005, I ZR 128/02, NJW 2005, 2458.

[36] BGH v. 28.9.1995, IX ZR 158/94, NJW 1995, 3248.

Dem Mandanten ist jedoch dann kein **Schaden** entstanden, wenn er etwas nicht erhalten hat, was er nach der materiellen Rechtslage ohnehin nicht verlangen kann.[37] Im oben genannten BGH-Urteil lag jedoch kein Verstoß gegen zwingende Rechtsnormen, sondern nur gegen Ermessensrichtlinien vor. Ein Verstoß des Finanzamtes gegen diese Ermessensrichtlinien führt zwar im staatlichen Innenverhältnis zur Rechtswidrigkeit der Entscheidung, diese wirkt sich im Außenverhältnis dem Steuerpflichtigen gegenüber aber nicht aus. Es war folglich nicht so, dass der Mandant nach der materiellen Rechtslage ohnehin keinen Anspruch auf die Anerkennung der steuerfreien Rücklagen gehabt hätte. Ihm ist daher durch die mangelhafte Beratung durch den Steuerberater ein Schaden entstanden.

2.2.5.3 Insolvenzverwaltung

Wird der Steuerberater als Insolvenzverwalter tätig, so muss er beachten, dass neben die insolvenzrechtliche Haftung (§§ 60, 61 InsO) auch die **steuerrechtliche Haftung** tritt. Der Insolvenzverwalter hat als Vermögensverwalter (§ 34 Abs. 3 AO) die steuerlichen Pflichten des Insolvenzschuldners zu erfüllen (§ 34 Abs. 1 AO). Eine Haftung kann sich aus § 69 AO ergeben. Zu beachten ist hier, dass insbesondere in den Fällen der Betriebsfortführung die Anwendung der sogenannten Business Judgement Rule des § 93 Abs. 1 Satz 2 AktG streitig ist.[38]

2.2.5.4 Sanierungsberatung

Zur zivil- und strafrechtlichen Haftung des Steuerberaters in der Krise bzw. Insolvenz des Mandanten s. o. Abschn. 1.1.2 und 6.3.

Zunächst einmal die beiden guten Nachrichten: Die Krisen- bzw. Sanierungsberatung verstößt nicht gegen das RDG, wie in der Gesetzesänderung durch das ESUG und die Aufnahme des Steuerberaters als Bescheinigungsersteller in § 270 b Abs. 1 Satz 3 InsO klar zum Ausdruck kommt.[39] Der Steuerberater ist ferner nicht dazu verpflichtet, den Mandanten ungefragt auf die Krise hinzuweisen. Für die Sanierungsberatung bedarf es eines gesonderten Auftrags des Mandanten.

Sofern allerdings der Steuerberater mit der Sanierungsberatung beauftragt ist, obliegt ihm die Pflicht, Insolvenzgründe zu prüfen und gegebenenfalls Gestaltungshinweise zu erteilen.[40] Kommt er dieser Pflicht nicht nach und unterlässt er es, den Mandanten auf die Insolvenzantragspflicht hinzuweisen, macht er sich schadenersatzpflichtig. Dabei kommt sowohl ein Schadenersatzanspruch der Gesellschaft als auch des Geschäftsführers in Betracht.[41] Wird der Geschäftsführer z. B. gem. § 64 Satz 1 GmbHG auf Zahlungen nach

[37] BGH v. 6.7.2006, IX ZR 88/02; DStR 2006, 2231.

[38] Frege/Undritz InsVZ 2009, 1 ff (6 f); Berger/Frege ZIP 2008, 204 ff; Erker ZInsO 2012, 199.

[39] Sofern sich aus dem Sanierungskonzept aber losgelöste Rechtsdienstleistungen ergeben, wie z. B. eine Vertragsgestaltung, muss das RDG beachtet werden. Insoweit ist die Kooperation mit einem Rechtsanwalt dringend anzuraten.

[40] Vgl. hierzu IDW ES 11; Nickert/Lamberti Überschuldungs- und Zahlungsunfähigkeitsprüfung im Insolvenzrecht, 2. Aufl. 2011.

[41] D. Fischer DB 2013, 2070 ff m. w. N.

Insolvenzreife in Anspruch genommen, nachdem der Steuerberater bei erteiltem Prüfauftrag fehlerhaft die Insolvenzreife verneinte, könnte sich dieser beim Steuerberater schadlos halten, denn das Mandatsverhältnis mit der GmbH hat auch Schutzwirkung zugunsten des GmbH-Geschäftsführer.[42]

2.2.5.5 Unternehmensnachfolgeberatung

Bei der Unternehmensnachfolgeberatung ist besonders zu beachten, dass die Grenze zur **unerlaubten Rechtsberatung**[43] nicht überschritten wird, z. B. wenn erb- oder gesellschaftsrechtliche Fragen geklärt werden müssen. Ferner sind neben den laufenden ertragsteuerlichen Konsequenzen regelmäßig anlassbezogene Steuern, wie z. B. Erb- oder Schenkungssteuer und/oder Grunderwerbsteuer zu beachten.

Beispiel

Der Steuerberater darf nicht, um eine Unternehmensnachfolge vorzubereiten, einen Gesellschaftsvertrag für eine GmbH entwerfen, in der Vorgänger und Nachfolger Gesellschafter werden.

[42] BGH v. 14.6.2012 – IX ZR 145/11; DStR 2012, 1825.

[43] Zur unerlaubten Rechtsberatung s. u. § 3.

3 Unerlaubte Rechtsberatung

3.1 Vorbehaltsaufgaben des Rechtsanwalts – unzulässige Rechtsberatung

Das am 1.7.2008 in Kraft getretene Rechtsdienstleistungsgesetz (RDG) hat das Rechtsberatungsgesetzt (RBerG) abgelöst.[1] Bisher war Steuerberatern die Erbringung von Rechtsberatungen verboten. Mit der Einführung des RDG hat der Gesetzgeber im RDG entsprechende Regelungen zu erlaubten Nebentätigkeiten normiert, die auch für Steuerberater anzuwenden sind. Im RDG ist in § 2 Abs. 3 geregelt, was keine Rechtsdienstleistungen sind und somit jedermann, d. h. auch der Steuerberater erbringen darf. § 5 Abs. 2 RDG normiert die erlaubten Nebenleistungen. Eine rechtssicher Aussage, welche Rechtsdienstleistungen als erlaubte Nebenleistungen dem Steuerberater erlaubt sind, ist nicht möglich. Denn problematisch ist insbesondere die Frage, ob eine Nebenleistung zum Berufs-/Tätigkeitsbild i.S. von § 5 Abs. 1 S. 1 RDG gehört.[2] Es ist daher zu empfehlen, in Zweifelsfällen Rücksprache mit der Steuerberaterkammer und dem jeweiligen Berufshaftpflichtversicherer zu nehmen.

Das zur Ordnung der Rechtsdienstleistung ergangene RDG ist ein Verbotsgesetz i.S. von § 134 BGB. Dementsprechend sind alle Verträge mit Steuerberatern und Wirtschaftsprüfern (die nicht zugleich Rechtsanwalt oder Rechtsbeistand sind) nichtig, wenn sie auf eine vom RDG (oder RBerG a. F.) nicht zugelassene Tätigkeit zielen.[3]

Das neue Recht bringt keine Änderungen der Risiken gegenüber dem RBerG. Die unerlaubte Erbringung von Rechtsdienstleistungen durch Steuerberater kann nach wie vor unangenehme Folgen haben.

---

[1] Hässler/Hengsberger, Katalog von Rechtsdienstleistungen für Steuerberater, BB 2009, 135.

[2] Gräfe/Lenzen/Schmeer, Steuerberaterhaftung, Rn. 99.

[3] BGH v. 17.2.2000, IX ZR 50/98; NJW 2000, 1560.

C. Nickert et al., *Die Haftung des Steuerberaters*, DOI 10.1007/978-3-658-07629-0_3

3.2 Kein Versicherungsschutz

Verletzt der Steuerberater durch unerlaubte Rechtsberatung bewusst das Rechtsdienstleistungsgesetz, so entfällt sein berufsrechtlicher Versicherungsschutz.[4] Der zugrunde liegende Beratungsvertrag ist nichtig. Hierbei umfasst die Nichtigkeit regelmäßig den gesamten Vertrag, d. h. auch die an sich zulässigen Tätigkeiten.[5]

3.3 Kein Anspruch auf Honorar und keine Haftungsbeschränkung

Ein Vertrag des Steuerberaters mit seinem Mandanten über unzulässige Rechtsberatung führt – wie bereits erwähnt – dazu, dass der Vertrag nichtig ist. Die logische Folge: Ein nichtiger Vertrag begründet nach ständiger Rechtsprechung keine Honoraransprüche. Der Mandat kann sogar bereits geleistete Honorarzahlungen zurückfordern.

Ggf. kommt hier allerdings ein bereicherungsrechtlicher Anspruch i. S. d. §§ 812 ff BGB in Betracht.[6]

Dem Mandanten wiederum kann jedoch – soweit ein Schaden entstanden ist – ein Anspruch auf Schadenersatz zustehen, mit dem er aufrechnen kann. Wurde vertraglich eine Haftungsbeschränkung vereinbart, so wird diese ebenfalls von der Nichtigkeit erfasst, der Steuerberater haftet damit in unbeschränkter Höhe, u. U. ohne dass er Versicherungsschutz hat.

3.4 Wettbewerbsverstoß

Die unerlaubte Rechtsdienstleistung kann des Weiteren einen Wettbewerbsverstoß darstellen. Die Rechtsanwaltskammern oder auch Einzelanwälte können gegenüber dem Steuerberater i. d. R. mit einer Abmahnung tätig werden. Auch Unterlassungsklagen sind denkbar. Nicht zu vergessen sind die möglichen strafrechtlichen Folgen aus der Verletzungshandlung.

3.5 Bußgeld

Gemäß § 20 RDG können Verstöße gegen das Rechtsdienstleistungsgesetz als Ordnungswidrigkeiten mit einem Bußgeld von bis zu 50.000 € geahndet werden.

[4] Siehe hierzu Abschn. 7.1.5.4.2.

[5] Hund in: DStR 2008, 1208.

[6] BGH v. 26.1.2006, IX ZR 225/04, DStRE 2006, 885.

Haftung in Sozietäten

4

4.1 GbR

Gemäß § 56 Abs. 1 StBerG können mehrere Steuerberater eine GbR gründen.

4.1.1 Haftung der Sozietät und der Sozien

Der Begriff „Sozietät" ist gesetzlich nicht definiert. Unter Sozietät versteht man den beruflichen Zusammenschluss von jeweils mehreren Steuerberatern, Rechtsanwälten oder Wirtschaftsprüfern usw. zu einer Gesellschaft bürgerlichen Rechts (GbR). Von den Sozien wird nicht nur ein gemeinsames Büro unterhalten, sondern der Beruf wird im Namen und Interesse sowie Rechnung aller Sozien gemeinschaftlich ausgeübt. Eine Sozietät ist als Gesellschaft bürgerlichen Rechts partei- und rechtsfähig.[1] Ein **Vertrag** kommt **zwischen der Sozietät und dem Mandanten** zustande, **außer** es wird ausdrücklich vereinbart, dass nur einer der Sozien Vertragspartner sein soll. Die Sozietät haftet mit dem Gesellschaftsvermögen gegenüber dem Mandanten. Diese haftungsrechtliche Konsequenz tritt auch ein, wenn die Bearbeitung eines Auftrags durch einen bestimmten Berufsträger erfolgen soll. Denn der Auftrag wird der rechtsfähigen Sozietät erteilt.[2]

Bei einer gemischten Sozietät, z. B. einer Sozietät von Rechtsanwälten und Steuerberatern, erfolgte eine einschränkende Auslegung dahingehend, dass der Vertrag nach dem Willen der Vertragspartner im Zweifel nur mit denjenigen Vertragspartnern zustande kam, denen es berufsrechtlich erlaubt ist, die vertraglich vereinbarte Leistung zu erbringen. Ein Steuerberater haftete damit nicht bei Fehlern des Rechtsanwaltes, mit dem er sich in einer Sozietät befindet, wenn der Rechtanwalt reine Rechtsberatung – die dem Steuerbe-

[1] St. Rspr. seit BGH v. 29.1.2001, II ZR 331/00, BGHZ 146, 341.

[2] Gräfe/Lenzen/Schmeer, Steuerberaterhaftung, Rn. 39.

C. Nickert et al., *Die Haftung des Steuerberaters*, DOI 10.1007/978-3-658-07629-0_4

rater berufsrechtlich nicht erlaubt ist – leistet.[3] Der BGH hat mit Urteil vom 9.12.2010 Rechtsdienstleistungsverträge mit gemischten Beratersozietäten anerkannt.[4] Nach den Ausführungen des BGH gewinne der Mandant die rechtsfähige Sozietät als zusätzlichen Haftungsschuldner. Zudem sei der Anwaltsauftrag für die Sozietät im Interesse des Auftraggebers, wenn eine persönliche Haftung aller, d. h. auch des Steuerberaters entsprechend § 128 HGB bei anwaltlichen Berufsfehlern anzunehmen sei. Nach Auffassung des BGH sei nur zu prüfen, ob der Anwalt bei der Mandatsannahme ein Vertretergeschäft für die Sozietät und kein Eigengeschäft abgeschlossen hat. Somit haften die einer gemischten Sozietät angehörenden Steuerberater auch für einen Regressanspruch wegen Verletzung anwaltlicher Pflichten persönlich. Der BGH hat mit Urteil vom 10.5.2012[5] – bezogen auf eine Sozietät, der neben Rechtsanwälten auch Steuerberater angehörten – klargestellt, dass er seine Rechtsprechung zu gemischten Sozietäten aufgegeben hat.

Wird ein Vertrag mit einem Einzelanwalt abgeschlossen und gründet dieser später eine Sozietät, so kommt ein Vertrag nur mit dem Einzelanwalt zustande, die Sozietät oder der spätere Sozius werden im Zweifel nicht Vertragspartei.[6]

Kommt der Vertrag mit der Sozietät zustande, haftet – wie bereits erwähnt – die **Sozietät** mit ihrem Gesellschaftsvermögen. Soweit angenommen wurde, die Regelung des § 8 Abs. 2 PartGG könne auf Sozietäten in der Rechtsform der GbR übertragen werden, hat dies der BGH ausdrücklich abgelehnt.[7] Pflichtverletzungen ihrer Organe werden ihr über § 31 BGB zugerechnet. Die Zurechnung von Pflichtverletzung von Erfüllungsgehilfen erfolgt über § 278 BGB.

Daneben haftet jeder **Sozius** auch persönlich für die vertragsgerechte Erfüllung des Mandatsvertrags, §§ 128, 129 HGB analog.[8]

Anders kann es allerdings dann aussehen, wenn nach **§ 67a Abs. 2 StBerG** im Einzelfall die Haftung einzelner Sozien mit ausdrücklicher Zustimmung des Mandanten auf den mit der Fallbearbeitung befassten Sozius beschränkt wird.[9]

4.1.2 Haftung neu eintretender Sozien; ausländischer Sozius

Die Rechtsprechung entschied, dass Sozien, die neu eintreten, gemäß § 130 HGB i. V. m. §§ 128, 129 HGB auch für Altverbindlichkeiten haften. Aus Gründen des Vertrauensschutzes gilt dies jedoch nur für die Sozien, die nach dieser Entscheidung eingetreten sind oder

[3] BGH v. 16.12.1999, IX ZR 117/99, DStR 2000, 599; aA OLG München, 19 U 5139/04, Stgb 2006, 177.
[4] BGH v. 9.12.2010, IX ZR 44/10; NJW 2011, 2301.
[5] BGH v. 10.5.2012, IX ZR 125/10; NJW 2012, 2435.
[6] BGH v. 22.1.2004, IX ZR 65/01, BGHZ 157, 361; ebenso für Steuerberatersozietät: OLG Düsseldorf v. 20.12.2001, 23 U 49/01, ZIP 2002, 616.
[7] BGH v. 10.5.2012, IX ZR 125/10; NJW 2012, 2435.
[8] BGH v. 10.5.2012, IX ZR 125/10; BGHZ 193, 193.
[9] Siehe dazu 4.1.1.

noch eintreten werden.[10] Sozien, die vor der Entscheidung eingetreten sind, haften nur dann, wenn sie die Verbindlichkeiten bei ihrem Eintritt kannten oder kennen mussten.[11]

Offen gelassen wurde von der Rechtsprechung jedoch bisher, ob dies auch für Verbindlichkeiten gilt, die aus einem Haftungsfall stammen. Diese Verbindlichkeiten könnten ausgenommen sein, weil sie – wie § 8 Abs. 2 PartGG – zeigt, eine Sonderstellung einnehmen.[12] Im Ergebnis wird die Haftung in diesen Fällen daher zu verneinen sein.[13]

Der BGH hat bis jetzt nur entschieden, dass ein Rechtsanwalt, der sich mit einem anderen Rechtsanwalt, der bisher alleine tätig war, zu einer Sozietät zusammenschließt, nicht für die bisherigen Verbindlichkeiten aus einem Haftungsfall des Einzelanwaltes haftet. Denn mit der Sozietät ist kein Vertrag zustande gekommen und § 28 HGB ist nicht entsprechend anwendbar.

Ein neu eintretender Steuerberater sollte sich vor der rückwirkenden Berufshaftung schützen. Dies kann durch eine Haftungskonzentration auf die alten Sozien geschehen, was allerdings die Zustimmung der Mandanten voraussetzt. Die mögliche Haftungsfreistellung der Altgesellschafter würde allerdings nur im Innenverhältnis schützen. Des Weiteren kommt ein rückwirkender Versicherungsschutz für neu eintretende Sozien in Betracht. Aus haftungsrechtlichen Gesichtspunkten wäre auch die Partnerschaftsgesellschaft eine Alternative.[14]

Der ausländische Sozius ist in die gesamtschuldnerische Haftung der deutschen Sozien eingebunden. Die Zulässigkeit des Zusammenschlusses ausländischer Berufsangehöriger ist in § 56 Abs. 3 StBerG geregelt. Für eine internationale Sozietät gilt nichts anderes. Zur Haftungsbegrenzung auf die Inländische Sozietät muss eine ausschließlich im Inland tätige Sozietät gegründet werden.[15]

4.1.3 Haftung der Scheinsozien[16]

Ein Scheinsozius haftet genauso wie ein „echter" Sozius nach den oben genannten Grundsätzen.[17] Denn nach den Grundsätzen der Duldungs- und Anscheinsvollmacht ist der Scheinsozius wie ein echter Sozius zu behandeln.[18] Dies gilt nur dann nicht, wenn der Scheinsozius beweist, dass der Auftraggeber ein Einzelmandat erteilt hat oder wenn die Vertragshaftung auf den Sachbearbeiter konzentriert wurde (§ 67a Abs. 2 StBerG).[19]

Eine Haftung als Scheinsozius kommt in **2 Konstellationen** in Betracht:

---

[10] BGH v. 7.4.2003, II ZR 56/02, BGHZ 154, 370.
[11] BGH v. 12.12.2005, II ZR 283/03, DStR 2006, 106.
[12] BGH v. 7.4.2003, II ZR 56/02, BGHZ 154, 370.
[13] Gräfe/Lenzen/Schmeer, Steuerberaterhaftung, Rn. 43.
[14] Gräfe/Lenzen/Schmeer, Steuerberaterhaftung, Rn. 44.
[15] Gräfe/Lenzen/Schmeer, Steuerberaterhaftung, Rn. 44.
[16] Zur Haftung des Scheingesellschafters ausführlich Roth, DB 2007, 615 ff.
[17] BGH v. 3.5.2007, IX ZR 218/05, DB 2007, 1746.
[18] BGH v. 24.1.1978, VI ZR 264/76, BGHZ 70, 247.
[19] BGH v. 8.7.1999, IX ZR 338/97; NJW 1999, 3040.

- Es wird der Rechtsschein erweckt, jemand sei Sozius einer tatsächlich bestehenden Gesellschaft.
- Es wird der Rechtsschein erweckt, es bestehe eine Sozietät, die es tatsächlich nicht gibt (Scheingesellschaft) und jemand sei Sozius dieser Gesellschaft.

Der Rechtsschein kann unter folgenden **Voraussetzungen** entstehen:

- Es muss der Schein erweckt werden, dass eine Gesellschafterstellung oder eine Gesellschaft bestehe (sog. Scheintatbestand).

Beispiel

Es werden gemeinsame Briefbögen oder Stempel verwandt, ohne dass ersichtlich ist, dass es sich nur um eine Bürogemeinschaft und nicht um eine Sozietät handelt oder dass einer der genannten Steuerberater Angestellter ist.[20]

▶ **Praxishinweis** Erscheint ein angestellter Steuerberater auf einem Briefpapier, so sollte der klarstellende Zusatz hinzu, dass es sich um einen angestellten Berufsträger nach § 58 StBerG handelt und der angestellte Berufsträger sollte am besten separat in einer optisch von den Sozien abgesetzten Form auf dem Briefpapier erscheinen.
Problematisch ist die Aufnahme eines Kooperationspartners in den Briefkopf. Je nach Gestaltung kann auch dieser Scheinsozius sein. Auch dieser sollte deshalb nur separat und optisch abgesetzt auf dem Briefpapier erscheinen.

Die Voraussetzungen der Scheinsozienhaftung können wie folgt zusammengefasst werden:

- Der Scheintatbestand muss dem Scheinsozius zurechenbar sein.
  Der Scheintatbestand muss dabei nicht von dem Scheinsozius selbst gesetzt worden sein. Es genügt, wenn der Scheinsozius von dem Scheintatbestand weiß oder bei Anwendung der erforderlichen Sorgfalt hätte wissen können und nichts dagegen unternimmt.
- Der Anspruchsteller muss gutgläubig sein.
  Dafür, dass der Mandant nicht gutgläubig war, trägt der Steuerberater in entsprechender Anwendung des § 292 ZPO die Beweislast.
- Der Scheintatbestand muss für den Vertragsschluss des Anspruchstellers ursächlich gewesen sein.
  Auch hierfür trägt der Steuerberater in entsprechender Anwendung des § 292 ZPO die Beweislast.

[20] BGH v. 17.10.1989, XI ZR 158/88, NJW 1990, 827.

4.2 Partnerschaftsgesellschaft

Die Gründung einer Partnerschaftsgesellschaft ist gemäß § 56 Abs. 2 StBerG möglich. In ihr können sich Angehörige freier Berufe zusammenschließen. Gemäß § 49 Abs. 1 StBerG kann die Partnerschaftsgesellschaft auch als Steuerberatungsgesellschaft anerkannt werden.

Bei der Partnerschaftsgesellschaft handelt es sich um eine Personengesellschaft. Die Gesellschafter haften grundsätzlich ebenso wie bei der GbR für die Verbindlichkeiten der Partnerschaft, §§ 129, 130 HGB sind entsprechend anzuwenden, § 8 Abs. 1 PartGG.

Bei der Partnerschaft kann die Haftung aber anders als in der GbR auch auf einen einzelnen Partner konzentriert werden, indem nur dieser mit der Bearbeitung des Auftrags befasst ist, § 8 Abs. 2 PartGG (sog. Handelndenhaftung). Die Risiken der an der Auftragserledigung nicht beteiligten Partner werden damit eingeschränkt.[21]

Wird ein Auftrag nicht von einem Partner, sondern einem Mitarbeiter als Erfüllungsgehilfen bearbeitet, haftet der Partner, der nach der internen Zuständigkeitsregelung den Auftrag hätte erledigen müssen.[22] Wird ein Auftrag allerdings vom nicht zuständigen Partner bearbeitet, haftet dieser. Der nach der internen Zuständigkeitsverteilung nicht hinzugezogene Partner ist mit der Bearbeitung nicht „befasst" i.S. von § 8 Abs. 2 PartGG.[23]

► **Praxishinweis** Es sollte ein „Geschäftsverteilungsplan" erstellt werden, in dem festgelegt ist, welcher Partner welche Aufträge bearbeitet.

Ein „Geschäftsverteilungsplan" ist auch vorteilhaft, wenn kein Berufsträger, sondern nur Mitarbeiter mit der Bearbeitung des Auftrags befasst sind. Existiert dann nämlich kein „Geschäftsverteilungsplan", so haften nach § 8 Abs. 1 PartGG alle Partner.[24]

Scheinsozien haften wie tatsächliche Gesellschafter nach den oben genannten Grundsätzen.[25] Als Besonderheit ist hierbei zu berücksichtigen, dass eine Rechtsscheinhaftung auch durch die Eintragung in das Partnerschaftsregister (§ 4 PartGG) und die Bekanntmachung der Eintragung entstehen kann.

4.3 Andere Gesellschaftsformen

Steuerberater können sich zur Haftungsbeschränkung auch in anderen Gesellschaftsformen zusammenschließen wie in einer GmbH oder einer KG. Hierzu ist eine Anerkennung durch die Steuerberaterkammer notwendig. Die möglichen Gesellschaftsformen und die Voraussetzungen einer Anerkennung sind in den §§ 49 ff. StBerG geregelt. Ein solcher

[21] BGH v. 19.11.2009, IX ZR 12/09; NJW 2010, 1360.

[22] OLG Hamm v. 14.2.2010, 28 U 151/09; DStR 2010, 207.

[23] OLG Hamm v. 14.2.2010, 28 U 151/09; DStR 2010, 2007.

[24] Roth, DB 2007, 616 (619) m. w. N.

[25] Vgl. Abschn. 4.1.3; OLG München v. 18.1.2001, 29 U 2952/00, DB 2001, 809.

Zusammenschluss empfiehlt sich insbesondere dann, wenn eine „Geschäftsverteilung", wie sie bei der Partnerschaft sinnvoll ist, nicht eingehalten werden kann, weil Mandate gemeinschaftlich bearbeitet werden.

4.4 Deliktische Haftung

Der Gesellschaft wird deliktisches Verhalten ihrer Organe nach § 31 BGB zugerechnet. Eine Haftung für Verrichtungsgehilfen ist nach § 831 BGB möglich. Über diese Haftung der Gesellschaft für deliktisches Verhalten kommt es gemäß §§ 128, 129 HGB analog auch zu einer Haftung der Gesellschafter.

Zum Gesamtüberblick folgende

Checkliste: Haftung des Steuerberaters für die Fehler Dritter

Haftung für Mitarbeiter

Der Steuerberater haftet für die Fehler seiner Erfüllungsgehilfen, § 278 BGB.

Erfüllungsgehilfe des Steuerberaters ist jede Person, die mit dem Willen des Steuerberaters bei einer diesem aus dem Steuerberatungsvertrag obliegenden Verpflichtung als dessen Hilfsperson tätig wird. Dabei ist es für die rechtliche Einordnung als Erfüllungsgehilfe gleichgültig, ob ein Mitarbeiter Angestellter oder freier Mitarbeiter ist.

Das Tun oder Unterlassen des Mitarbeiters muss in innerem Zusammenhang mit der Erfüllung des Steuerberatervertrages stehen.

Haftung für hinzugezogene Berufsträger

Für angestellte Berufsträger oder freie Mitarbeiter, die Berufsträger sind, haftet der Steuerberater wie für seine Mitarbeiter.

In der Sozietät haftet der Steuerberater wie folgt:

GbR:	Jeder Sozius haftet für die Verbindlichkeiten der Gesellschaft, §§ 128, 129 HGB analog; ein Scheinsozius haftet wie ein „echter" Sozius; Besonderheiten gibt es bei der Haftung des neu eintretenden Sozius.
Partnerschaftsgesellschaft:	Haftungsbeschränkung möglich, § 8 Abs. 2 PartGG
andere Gesellschaftsformen:	Je nach Gesellschaftsform; Beispiel: Bei der GmbH ist die Haftung grundsätzlich auf das Gesellschaftsvermögen beschränkt.

Anspruchsteller

5

5.1 Mandant, Gesellschafter, Insolvenzverwalter

In erster Linie ist im Zusammenhang mit der Haftung des Steuerberaters der eigene Mandant der Anspruchsteller.

Darüber hinaus kommen auch die Erben oder der Insolvenzverwalter als „Quasi-Rechtsnachfolger“ in Betracht.

► **Praxishinweis** Zu beachten ist dabei, dass die Rechtsprechung davon ausgeht, dass der Mandant den Rat des Beraters befolgt hätte. Der Berater muss also darlegen und beweisen, dass der Mandant auch bei richtigem Rat diesen nicht befolgt hätte.

5.2 Gesellschafter, Schwestergesellschaft, Tochtergesellschaft

Als Geschädigte kommen aber auch Gesellschafter in Betracht.

Beispiel

In der Krise der GmbH wird die Betriebsaufspaltung nicht beendet. Im Insolvenzeröffnungsverfahren über das Vermögen der GmbH zieht der vorläufige Insolvenzverwalter die Forderungen ein und führt die USt nicht ab, die das EU zu entrichten hat.

Aufgrund einer Fristversäumnis (Einspruch gegen Feststellungsbescheid) müssen die Gesellschafter einer KG mehr ESt entrichten. Der Steuerberater der KG haftet für diese Mehrsteuern.

C. Nickert et al., *Die Haftung des Steuerberaters*, DOI 10.1007/978-3-658-07629-0_5

5.3 Dritte, v. a. Banken, Unternehmenskäufer

Besonders kritisch sind die Fälle der Dritthaftung. Hauptsächlich sind hier die Banken zu nennen, die ihre Kreditentscheidung von den Bilanzen abhängig machen. Ebenso machen Unternehmenskäufer ihre Entscheidung von den vorgelegten Bilanzen abhängig.

Über die Schutzwirkung zugunsten Dritter können beispielsweise auch Geschäftsführer ihren Schaden aus einer steuerlichen Inhaftungnahme ersetzt verlangen, wenn sie in den Schutzbereich des Beratervertrages einbezogen wurden.[1]

5.4 Finanzamt

Das Finanzamt kommt insbesondere im Rahmen der Haftung nach § 71 AO als Anspruchsteller gegenüber dem steuerlichen Berater in Betracht. Auch hier muss in der Praxis festgestellt werden, dass die Fälle der Beraterhaftung deutlich zunehmen. Damit werden Krisenmandate doppelt gefährlich, weil das Finanzamt überprüft, ob es den Steuerberater in Haftung nehmen kann, wenn es beim Mandanten ausfällt.

[1] Vgl. Abschn. 1.1.8.6.1.

Steuer- bzw. strafrechtliche Haftung

6

Die Haftung des Beraters droht nicht „nur" im Bereich des zivilrechtlichen Schadenersatzes. Vielmehr kann auch das Steuerrecht eine Haftung des Steuerberaters begründen (§ 71 AO). Und schließlich nimmt auch die strafrechtliche Haftung (Beihilfe zur Steuerhinterziehung) immer mehr an Bedeutung zu.

Dabei ist zu berücksichtigen, dass der Steuerberater sogar **Täter** der Steuerhinterziehung sein kann, wenn er erkennt, dass die Buchführung des Mandanten fehlerhaft ist und er diese Werte dennoch für die Bilanz zugrunde legt.[1]

Allerdings dürfte dies ebenso wie die Anstiftung zu einer Steuerhinterziehung die absolute Ausnahme darstellen.

6.1 Beihilfe zur Steuerhinterziehung

6.1.1 § 27 StGB, § 370 AO

Sehr schnell aber ist der Steuerberater im Bereich der Beihilfe zur Steuerhinterziehung.

§ 27 Abs. 1 StGB lautet:

Als Gehilfe wird bestraft, wer vorsätzlich einem anderen zu dessen vorsätzlich begangener rechtswidriger Tat Hilfe geleistet hat.

Beihilfe ist dabei anzunehmen, wenn der Gehilfe dem Steuerhinterzieher bei dessen vorsätzlicher Haupttat Hilfe leistet, d. h. die Tat erleichtert, unterstützt oder fördert.

Im Rahmen der Beihilfe wird also praktisch jede Hilfeleistung, die einem anderen gegenüber zu dessen vorsätzlich begangener Straftat erbracht wird, bestraft. So z. B., wenn ein Steuerpflichtiger vorsätzlich Steuern hinterzieht und sein Steuerberater ihm dabei „hilft". Wie aber muss diese Hilfe nun aussehen, damit eine Verurteilung wegen Beihilfe in Betracht kommt?

[1] Kummer, in: Wabnitz, Handbuch des Wirtschafts- und Steuerrecht, § 18, Rn. 54.

C. Nickert et al., *Die Haftung des Steuerberaters*, DOI 10.1007/978-3-658-07629-0_6

Der Tatbeitrag ist für die Beihilfe **unabdingbar erforderlich**. Das bloße „Dabeisein" und das einfache Wissen von der Tat sind nicht ausreichend. Dieser Tatbeitrag kann aber auch durch **psychische Unterstützung** des Täters geleistet werden. Dies kann durch äußerlich neutrale Handlungen geschehen.[2]

Der Steuerberater „hilft" seinem Mandanten bei dessen Steuerhinterziehung beispielsweise dadurch, dass er die Einkünfte nur als beschränkt steuerpflichtig erklärt, weil sein Mandant angeblich im Ausland wohne.

Eine Korrektur hat der BGH[3] dort vorgenommen, wo von berufstypisch neutralen Handlungen ausgegangen werden kann. Die Abgrenzung erfolgt nach der Entscheidung des BGH vom 21.8.2014 nach folgenden Kriterien:

> Zielt das Handeln des Haupttäters ausschließlich darauf ab, eine strafbare Handlung zu begehen, und weiß dies der Hilfeleistende, so ist sein Tatbeitrag als Beihilfehandlung zu werten. In diesem Fall verliert sein Tun stets den „Alltagscharakter"; es ist als „Solidarisierung" mit dem Täter zu deuten und dann auch nicht mehr als sozialadäquat anzusehen (sog. deliktischer Sinnbezug, vgl. hierzu BGH, Urteil vom 22.1.2014 – 5 StR 468/12; Schünemann in LK-StGB, 12. Aufl., § 27 Rn. 17 f.). Weiß der Hilfeleistende dagegen nicht, wie der von ihm geleistete Beitrag vom Haupttäter verwendet wird, hält er es lediglich für möglich, dass sein Tun zur Begehung einer Straftat genutzt wird, so ist sein Handeln regelmäßig noch nicht als strafbare Beihilfehandlung zu beurteilen, es sei denn, das von ihm erkannte Risiko strafbaren Verhaltens des von ihm Unterstützten war derart hoch, dass er sich mit seiner Hilfeleistung die Förderung eines erkennbar tatgeneigten Täters angelegen sein ließ (BGH, Beschluss vom 20.9.1999 – 5 StR 729/98, BGHR StGB § 27 Abs. 1 Hilfeleisten 20; BGH, Urteil vom 1.8.2000 – 5 StR 624/99, BGHSt 46, 107, 112 ff.; Schünemann in LK-StGB, 12. Aufl., § 27 Rn. 19).

So hat das OLG Köln in einem Klageerzwingungsverfahren festgestellt:[4]

> Wird einem Steuerberater Beihilfe zu der Insolvenzverschleppung durch einen GmbH-Geschäftsführer deshalb vorgeworfen, weil er nach Eintritt der Insolvenzreife der Gesellschaft seine steuerberatende Tätigkeit (durch Buchführungsarbeiten, Abgabe von Steuererklärungen etc.) fortgeführt hat, ist für die Feststellung eines Beihilfevorsatzes zu beachten, dass nur dann, wenn das Handeln des Haupttäters ausschließlich darauf abzielt, eine strafbare Handlung zu begehen, und der Hilfeleistende dies weiß, sein Tatbeitrag als Beihilfehandlung zu werten ist. Für die Steuerberatertätigkeiten gilt dieser Grundsatz wie allgemein für berufstypische „neutrale" Handlungen.

Problematisch und haftungsträchtig wird die Fortsetzung der Tätigkeit, wenn der Steuerberater über diese rein deklaratorischen Tätigkeiten hinaus beratend tätig wird.

---

[2] Gräfe/Lenzen/Schmeer, Steuerberaterhaftung 5. Aufl. 2014 Rz. 1436.

[3] BGH, Urteil vom 1.8.2000 – 5 StR 624/99, BGHSt 46, 107, 112; Urteil vom 21.8.2014 – 1 StR 13/14, NStZ-RR 2014, 316; Gräfe/Lenzen/Schmeer, Steuerberaterhaftung 5. Aufl. 2014 Rz. 1450.

[4] OLG Köln Beschluss vom 3.12.2010 – 1 Ws 146/00, DstR 2011, 1195 (Orientierungssatz aus Juris).

6.1.2 Buchen der Vorsteuer aus „falscher" Rechnung

Ein anschauliches Beispiel aus der Alltagspraxis ist das Buchen von Eingangsrechnung mit Vorsteuerschlüssel, soweit die Rechnung nicht den Vorschriften entspricht. In diesem Fall machen sich der Steuerberater und dessen Mitarbeiter strafbar, wenn die Vorsteuer beim Finanzamt „gezogen" wird. Dies gilt selbst dann, wenn später eine richtige Rechnung nachgereicht wird, denn auch die Verkürzung auf Zeit ist Steuerhinterziehung.

6.2 § 71 AO

6.2.1 Anspruchsvoraussetzungen

§ 71 AO lautet
Wer eine Steuerhinterziehung oder eine Steuerhehlerei begeht oder an einer solchen Tat teilnimmt, haftet für die verkürzten Steuern und die zu Unrecht gewährten Steuervorteile sowie für die Zinsen nach § 235.

Es haftet also der Täter bzw. der Teilnehmer bestimmter Steuerstraftaten für die durch die Tat verkürzten Steuern und die Hinterziehungszinsen. Der BFH weist der Norm des § 71 AO Schadenersatz-Charakter zu. Das bedeutet, dass die Haftung nach § 71 AO keine zusätzliche Strafsanktion für steuerunehrliches Verhalten ist, sondern es soll hiermit allein der durch die Hinterziehungshandlung verursachte Vermögensschaden des Fiskus ausgeglichen werden.

Als Täter oder Teilnehmer einer Steuerhinterziehung, und damit als haftende Person, kommen auch solche Personen in Betracht, die bei der Erledigung der Steuersachen des Steuerschuldners oder bei deren Vorbereitung tätig sind. Zu diesen Personen gehören auch die mit der Buchhaltung und den Steuern befassten Angestellten sowie die steuerlichen Berater.[5]

§ 71 AO ist eine steuerliche Haftungsbestimmung. Daher ist es **nicht** erforderlich, dass der Haftungsschuldner wegen des Delikts (Steuerhinterziehung oder Steuerhehlerei) bestraft worden ist. Vielmehr entscheidet über das Vorliegen der objektiven und subjektiven Voraussetzungen der Straftat die für den Erlass des Haftungsbescheids zuständige Finanzbehörde. Sie ermittelt auch – von Amts wegen (§ 88 Abs. 1 AO) – die Voraussetzungen der Haftungsinanspruchnahme einschließlich der Begehung der Steuerstraftat.[6]

► **Praxishinweis** Es handelt sich hier also um ein steuerliches Verfahren mit der Folge, dass für die Ermittlung die steuerlichen und nicht die strafrechtlichen Re-

[5] Schwarz in Praxis-Kommentar AO, § 71, Rz. 5.
[6] Schwarz in Praxis-Kommentar AO, § 71, Rz. 6.

geln und Grundsätze gelten. Für die Feststellung der Straftat gilt damit auch nicht der Grundsatz „in dubio pro reo". Allerdings hat auch hier das Finanzamt die Darlegungs- und Beweislast für die Steuerstraftat.

In den Fällen, in denen bereits ein Strafurteil gegen den Haftungsschuldner ergangen ist, ist die Finanzbehörde hingegen nicht an die dort getroffenen rechtlichen und tatsächlichen Feststellungen gebunden. Gleiches gilt für die Entscheidungen der Bußgeld- und Strafsachenstelle des Finanzamts: Auch diese Entscheidungen binden die zuständige Stelle des Finanzamts weder hinsichtlich der tatsächlichen noch hinsichtlich der rechtlichen Feststellungen.

Andererseits ist die Behörde jedoch nicht gehindert, sich die im Strafurteil enthaltenen und ihr auch zutreffend erscheinenden tatsächlichen Feststellungen, Beweiswürdigungen und rechtlichen Beurteilungen zu eigen zu machen,[7] es sei denn, es werden schwerwiegende Gründe gegen die Verurteilung vorgebracht.

Geltend gemacht wird die Haftung durch die Finanzbehörde in Form eines Haftungsbescheids nach § 191 AO, den die Finanzbehörde zu begründen hat.

▶ **Praxishinweis** Zum Ermessen ist hier Folgendes zu sagen: Wenn von mehreren Haftungsschuldnern einer aufgrund einer Steuerhinterziehung haftet, so kann dieser vorrangig in Anspruch genommen werden.[8] In der Regel ist seine Inanspruchnahme dann auch nicht ermessensfehlerhaft.
Das bedeutet, dass bei der Inanspruchnahme nach § 71 AO im Gegensatz zum sonstigen Auswahlermessen bei der Haftung keine Ausführungen zur Ausübung des Ermessens erforderlich sind.[9]

Wie weit die Rechtsprechung zur Beihilfehaftung reicht, zeigt das Urteil des BGH:[10]

1. Strafbare Beihilfe ist die vorsätzliche Hilfeleistung zu einer vorsätzlich begangenen Straftat eines anderen (§ 27 Abs. 1 StGB). Als Hilfeleistung im Sinne des § 27 StGB ist dabei grundsätzlich jede Handlung anzusehen, welche die Herbeiführung des Taterfolges des Haupttäters objektiv fördert (BGHSt 42, 135, 136), ohne dass sie für den Erfolg selbst ursächlich sein muss (st. Rspr.; vgl. nur BGHSt 8, 390; weitere Nachweise bei Roxin in LK 11. Aufl. § 27 Rdn. 1). Gehilfenvorsatz liegt vor, wenn der Gehilfe die Haupttat in ihren wesentlichen Merkmalen kennt und in dem Bewusstsein handelt, durch sein Verhalten das Vorhaben des Haupttäters zu fördern (BGHR StGB § 27 Abs. 1 – Vorsatz 2); Einzelheiten der Haupttat braucht er nicht zu kennen (BGHR a. a. O. – Vorsatz 7).

[7] BFH, Urteil v. 12.1.1988 – VII R 74/84, BFH/NV 1988, 692.
[8] BFH, Urteil v. 24.10.1979 – VII 7/77 – BStBl 1980 II, 58.
[9] BFH, Urteil v. 12.4.1983 – VII R 3/80 – DStR 1983, 454.
[10] BGH vom 1.8.2000 DStR 2001, 96 (Hervorhebung vom Verfasser).

Ob der Gehilfe den Erfolg der Haupttat wünscht oder ihn lieber vermeiden würde, ist nicht entscheidend. Es reicht, dass die Hilfe an sich geeignet ist, die fremde Haupttat zu fördern oder zu erleichtern, und der Hilfeleistende dies weiß. Unter dieser Voraussetzung ist der Vorsatz selbst dann nicht in Frage gestellt, wenn der Gehilfe beim Täter ausdrücklich erklärt, er missbillige die Haupttat (BGHR a. a. O. – Vorsatz 5 m. w. N.).

2. Auf der Grundlage dieser Erwägungen stellt nicht jede Mitwirkung eines Bankangestellten an einem Kapitaltransfer ins Ausland zugunsten von Bankkunden, die ihre Kapitalerträge gegenüber dem Finanzamt verheimlichen, eine strafbare Beihilfehandlung dar. Die Kriterien für eine Abgrenzung erlaubter Mitwirkung von strafbarer Beihilfe werden in Literatur und Rechtsprechung kontrovers diskutiert (zum Meinungsstand vgl. auch die Nachweise bei LG Bochum NJW 2000, 1430; Burhoff PStR 2000, 154, 155; Joecks WM 1998 Sonderbeilage Nr. 1 S. 13 f.; Löwe-Krahl, Steuerhinterziehung bei Bankgeschäften 2. Aufl. S. 18; Wohlers NStZ 2000, 169 sowie die Monographien von Wohlleben, Beihilfe durch äußerliche neutrale Handlungen, 1996, und Rogat, Die Zurechnung bei der Beihilfe, 1997).

   a) Einerseits wird – mit unterschiedlichen Begründungen – die Ansicht vertreten, eine Mitwirkung von Bankangestellten beim (anonymen) Kapitaltransfer erfülle generell nicht die Voraussetzungen einer strafbaren Beihilfe: Eine strafbare Beihilfe sei bereits deshalb nicht gegeben, weil ein Bezug zwischen dem Kapitaltransfer und der zu einem späteren Zeitpunkt vom Bankkunden eingereichten Steuererklärung nicht erkennbar sei; es obliege allein der Entscheidung des Kunden, was er in die Steuererklärung aufnehme (Kaligin WM 1996, 2267, 2268 ff.). Zudem fehle es hinsichtlich der beabsichtigten Steuerhinterziehung bereits an dem für die Annahme einer Beihilfe erforderlichen „Angewiesensein" der Bankkunden auf die mitwirkende Hilfe irgendwelcher Banktätigkeiten. Der Strafgrund betreffe ausschließlich deren eigenes Verhältnis zu den zuständigen Finanzbehörden (Harzer/Vogt StraFo 2000, 39, 44 f.).

   b) Die Mehrheit der Veröffentlichungen zu dieser Frage hält zwar Mitwirkungshandlungen von Bankangestellten beim Kapitaltransfer nicht generell für straflos, benennt aber die Strafbarkeit einschränkende wertende Kriterien, um die ansonsten als zu weitgehend empfundene Beihilfestrafbarkeit zu begrenzen. Zumeist wird hierbei die objektive Zurechnung von Hilfeleistungen zur Tatbestandsverwirklichung des Haupttäters ausgeschlossen.

      aa) Teilweise wird vertreten, dass eine Beihilfestrafbarkeit dann ausscheide, wenn es sich bei den Handlungen des Bankanstellten um „neutrales" oder „berufstypisches" Verhalten handele (z. B. Meyer-Arndt wistra 1989, 281, 287; Philipowski, Steuerstrafrechtliche Probleme bei

Bankgeschäften, in: Kohlmann (Hrsg.), Strafverfolgung und Strafverteidigung im Steuerstrafrecht, 1983, 131, 142) oder sich der Handelnde noch im Rahmen seiner „professionellen Adäquanz“ bewege (Hassemer wistra 1995, 41, 43 ff., 81 ff.). „Professionelle Adäquanz“ beschreibe dabei normales, sozial akzeptiertes und regelgeleitetes berufliches Handeln (Hassemer a. a. O. S. 85). Danach soll derjenige Bankangestellte bereits objektiv keinen Straftatbestand erfüllen, der sich an die für seine Tätigkeit geltenden Normen und Regeln halte, z. B. nicht gegen den Grundsatz der Kontenwahrheit (§ 154 AO) verstoße (vgl. auch Kniffka wistra 1987, 309, 310; Carl/Klos wistra 1990, 41, 46; Otto StV 1994, 409, 410). Der strafrechtlich relevante Bereich werde erst dann erreicht, wenn die für Banken geltenden Regeln verletzt würden, um rechtswidrige Ziele zu erreichen. Solange sich für das Handeln des Bankangestellten nicht nur deliktische, sondern neutrale Gründe finden ließen, liege ein strafloses berufsübliches Verhalten des Bankangestellten vor (Hassemer a. a. O. S. 82; ähnlich Ransiek wistra 1997, 41, 46 und Joecks a. a. O. S. 14). Für einen Geldtransfer ins Ausland gäbe es vernünftige legale Gründe (vgl. Hassemer a. a. O. S. 42).

bb) Eine andere Ansicht lehnt zwar das Abstellen auf „professionelle Adäquanz“ ab, weil es zu einer Privilegierung des Berufstätigen führe, nimmt aber dennoch bei „berufstypischen“ Handlungen nur dann eine Strafbarkeit an, wenn der Berufstätige seine Berufsausübung den deliktischen Plänen des Kunden anpasse. Dies soll insbesondere dann der Fall sein, wenn er seine beruflichen Handlungen im Hinblick auf die Straftat des Bankkunden modifiziere, z. B. durch Bereitstellung einer bankinternen Organisation, die ohne deliktischen Sinnbezug nicht mehr erklärt werden könne (Löwe-Krahl wistra 1995, 201, 206). Auch soll dann kein sozialtypisches Verhalten mehr vorliegen, wenn der Steuerumgehungswille des Kunden evident sei (Carl/Klos wistra 1994, 211, 213).

cc) Zu einem ähnlichen Ergebnis kommt die Ansicht, die eine Strafbarkeit von Bankangestellten nur bei Vorliegen einer „besonderen Sachlage“ annimmt. Diese könne darin liegen, dass ein Bankangestellter ein bei seinem Arbeitgeber vorhandenes technisches Abwicklungssystem für einen anonymen Kapitaltransfer zugunsten von Kunden einsetze, das mit dem Ziel eingerichtet worden sei, die Identität der Kunden zu verschleiern (LG Bochum NJW 2000, 1430).

dd) Davon abweichend stellt eine weitere Ansicht darauf ab, die Handlung eines Bankangestellten könne nur dann tatbestandsmäßig eine strafrechtlich relevante Beihilfehandlung sein, wenn sie selbst die

Durchsetzung des Steueranspruchs gefährde oder erschwere. Der Bankangestellte habe nämlich keine Garantenstellung für die Einhaltung der steuerlichen Verpflichtungen des Kunden (Otto StV 1994, 409, 410; vgl. auch Kohlmann, Steuerstrafrecht 7. Aufl. § 370 Rdn. 17.8. S. 56/4).

c) Der Bundesgerichtshof hat zur Beihilfestrafbarkeit von Bankangestellten beim Kapitaltransfer ins Ausland bisher noch nicht Stellung genommen. Er hat jedoch im Rahmen einer Entscheidung zur Beihilfe zum Betrug folgende allgemein für berufstypische „neutrale" Handlungen geltenden Grundsätze aufgestellt (vgl. BGHR StGB § 27 Abs. 1 – Hilfeleisten 20): **Zielt das Handeln des Haupttäters ausschließlich darauf ab, eine strafbare Handlung zu begehen, und weiß dies der Hilfeleistende, so ist sein Tatbeitrag als Beihilfehandlung zu werten** (vgl. BGHR StGB § 27 Abs. 1 – Hilfeleisten 3, 20). In diesem Fall verliert sein Tun stets den „Alltagscharakter"; es ist als **„Solidarisierung" mit dem Täter** zu deuten (Roxin in LK 11. Aufl. § 27 Rdn. 19) und dann auch nicht mehr als sozialadäquat anzusehen (vgl. Löwe-Krahl wistra 1995, 201, 203). Weiß der Hilfeleistende dagegen nicht, wie der von ihm geleistete Beitrag vom Haupttäter verwendet wird, hält er es lediglich für möglich, dass sein Tun zur Begehung einer Straftat genutzt wird, so ist sein Handeln regelmäßig noch nicht als strafbare Beihilfehandlung zu beurteilen, es sei denn, das von ihm erkannte Risiko strafbaren Verhaltens des von ihm Unterstützten war derart hoch, dass er sich mit seiner Hilfeleistung „die Förderung eines erkennbar tatgeneigten Täters angelegen sein" ließ (BGHR StGB § 266 Abs. 1 – Beihilfe 3; BGHR StGB § 27 Abs. 1 – Hilfeleisten 20; Roxin in LK a. a. O.). Diese Grundsätze sind auch auf den Straftatbestand der Steuerhinterziehung und auf das berufliche Verhalten von Bankangestellten anzuwenden.

Eine generelle Straflosigkeit von „neutralen", „berufstypischen" oder „professionell adäquaten" Handlungen kommt dagegen nicht in Betracht. Weder Alltagshandlungen noch berufstypische Handlungen sind in jedem Fall neutral. Fast jede Handlung kann in einen strafbaren Kontext gestellt werden (vgl. Roxin, Festschrift für Koichi Miyazawa 1995 S. 501, 515). Die genannten Begriffe sind daher für sich allein nicht geeignet, strafbare Beihilfe von erlaubtem Handeln eindeutig abzugrenzen.

3. Auf der Grundlage der Rechtsprechung des Bundesgerichthofs stellt das Verfahren des Angeklagten strafbare Beihilfe zur Steuerhinterziehung dar. …

6.2.2 Beweislast bei § 71 AO

Es ist Aufgabe der Finanzbehörde, die Voraussetzungen der Haftungsinanspruchnahme einschließlich der Begehung der Steuerstraftat von Amts wegen zu ermitteln (§ 88 Abs. 1). Die Finanzbehörde trägt damit die Feststellungs- und Beweislast. Allerdings kann sie eine rechtskräftige Verurteilung übernehmen, wenn nicht substantiierte Einwendungen erhoben werden.[11]

6.2.3 Vorsorge

Kein Mandant der Welt ist es wert, für ihn die Grenze des Rechts zu überschreiten. Dies muss dem Mandant in aller Klarheit gesagt werden. Entsprechend sind auch die Mitarbeiter anzuweisen. Dies sollte aber nicht in eine generelle Skepsis dem Mandanten gegenüber umschlagen. Der Steuerberater ist auch nicht verlängerter Arm der Finanz- oder sogar Strafverfolgungsbehörden.

Soweit aber ein Mandant von seinem Steuerberater die Förderung steuerunehrlichen Verhaltens verlangt, muss das abgelehnt werden und gegebenenfalls das Mandat niedergelegt werden.

Problematisch sind Fälle, in denen der Steuerberater eine von der Finanzverwaltung oder Rechtsprechung abweichende Auffassung vertritt und diese zur Grundlage der Steuererklärungen macht. Nach Belehrung des Mandanten über das bestehende Risiko sollte die abweichende Auffassung in einer Anlage zur Erklärung oder im Bilanzbericht dargestellt werden.

So hat der BGH[12] entschieden, dass „*der Mandant im Stande sein muss, nach den erteilten Hinweisen seine Interessen und die erheblichen Steuerrisiken selbst abzuwägen. Kann ein solches Risiko möglicherweise die Entscheidung eines vernünftigen Auftraggebers beeinflussen, so darf es von dem verantwortlichen Berater nicht verschwiegen werden.*“

► **Praxishinweis** Steuerhinterziehung ist immer nur die Angabe eines unrichtigen oder unvollständigen Sachverhalts bzw. das Unterlassen einer mitteilungspflichtigen Tatsache. Für eine noch so falsche Beurteilung einer Rechtslage ist der Steuerberater daher dann nicht mehr verantwortlich, wenn dem Finanzamt der ganze Sachverhalt bekannt war.

[11] Schwarz AO § 71 Rz. 6 f.

[12] BGH vom 20.10.2005 – IX ZR 127/04; DB 2006, 400.

6.3 Sonderfall: Krise bzw. Insolvenz des Mandanten

Bei insolvenzbedrohten Mandanten liegt die strafrechtliche Problematik für den Berater insbesondere darin, inwieweit ein Mitmachen oder ein Tipp an den Mandanten zu eigener Strafbarkeit führt. Jede Beratungstätigkeit in der Krise des Unternehmens ist für den Steuerberater eine Gratwanderung. Dabei überschreitet der Berater die Grenze zur Strafbarkeit dann, wenn sich im Einzelfall der Rat oder der Tipp als Beihilfe oder Anstiftung zu einer vorsätzlichen Straftat des Mandanten darstellt.[13]

Ein Schuldner wird deliktsanfälliger je mehr er sich in „Insolvenznähe" befindet. Gleichzeitig wächst aber auch der Beratungsbedarf des Mandanten, wenn sein Unternehmen in der Krise ist. Die Sanierungsberatung ist daher immer eine Gratwanderung zwischen Sanierungserfolg, Haftungsgefahren und strafrechtlicher Verantwortung.

Gerade bei langjährigen Dauermandanten bleibt dem Berater die wirtschaftliche Krise und die Zahlungsunfähigkeit nicht verborgen. Und wegen des engen Vertrauensverhältnisses besteht besonders bei Dauermandanten die große Gefahr, dass sich der Berater in bedenkliche Handlungen verstricken lässt, um dem langjährigen Mandanten in der existenzbedrohenden Situation zu helfen. Oftmals nicht zuletzt im eigenen Interesse, der Sicherung des Mandatsverhältnisses und des damit verbundenen Honoraraufkommens bzw. der rückständigen Honorare (s. hierzu auch Pelz 2004, Rz. 563).

6.3.1 Kreditbetrug

Gerade der Kreditbetrug (§ 265b StGB) spielt in der Praxis – vor allem in der Form einer Vorlage „frisierter Bilanzen" als Unterlagen für einen Kreditantrag – eine große Rolle. Es darf an dieser Stelle auch nicht übersehen werde, dass bereits die Stundung einer Geldforderung ein Kredit ist.[14]

Das bedeutet, dass derjenige Berater, der für ein Unternehmen von Gläubigern ein Moratorium erbittet mit dem Hinweis, in absehbarer Zeit könne der Schuldner zahlen, Gefahr läuft, sich (zumindest der Beihilfe) zum Kreditbetrug strafbar zu machen, wenn bereits Zahlungsunfähigkeit vorliegt. Legt also ein Steuerberater eine für den Kreditnehmer erstellte falsche Bilanz der Bank vor, so ist er Täter und nicht Teilnehmer.[15]

[13] Vgl. z. B. LG Lübeck Urteil vom 30.9.2011 – 1 Ns 28/11, ZInsO 2012, 1481.
[14] Schönke/Schröder/Lenckner, § 265b StGB, Rz. 50.
[15] Braun/Uhlenbruck, Unternehmensinsolvenz, 1. Aufl., S. 745.

6.3.2 Bankrott

Beim Bankrott handelt es sich um die Kernvorschrift des Insolvenzstrafrechts:

§ 283 StGB Bankrott

(1) Mit Freiheitsstrafe bis zu fünf Jahren oder mit Geldstrafe wird bestraft, wer bei Überschuldung oder bei drohender oder eingetretener Zahlungsunfähigkeit

1. Bestandteile seines Vermögens, die im Falle der Eröffnung des Insolvenzverfahrens zur Insolvenzmasse gehören, beiseiteschafft oder verheimlicht oder in einer den Anforderungen einer ordnungsgemäßen Wirtschaft widersprechenden Weise zerstört, beschädigt oder unbrauchbar macht,
2. in einer den Anforderungen einer ordnungsgemäßen Wirtschaft widersprechenden Weise Verlust- oder Spekulationsgeschäfte oder Differenzgeschäfte mit Waren oder Wertpapieren eingeht oder durch unwirtschaftliche Ausgaben, Spiel oder Wette übermäßige Beträge verbraucht oder schuldig wird,
3. Waren oder Wertpapiere auf Kredit beschafft und sie oder die aus diesen Waren hergestellten Sachen erheblich unter ihrem Wert in einer den Anforderungen einer ordnungsgemäßen Wirtschaft widersprechenden Weise veräußert oder sonst abgibt,
4. Rechte anderer vortäuscht oder erdichtete Rechte anerkennt,
5. Handelsbücher, zu deren Führung er gesetzlich verpflichtet ist, zu führen unterlässt oder so führt oder verändert, dass die Übersicht über seinen Vermögensstand erschwert wird,
6. Handelsbücher oder sonstige Unterlagen, zu deren Aufbewahrung ein Kaufmann nach Handelsrecht verpflichtet ist, vor Ablauf der für Buchführungspflichtige bestehenden Aufbewahrungsfristen beiseiteschafft, verheimlicht, zerstört oder beschädigt und dadurch die Übersicht über seinen Vermögensstand erschwert,
7. entgegen dem Handelsrecht
   a) Bilanzen so aufstellt, dass die Übersicht über seinen Vermögensstand erschwert wird, oder
   b) es unterlässt, die Bilanz seines Vermögens oder das Inventar in der vorgeschriebenen Zeit aufzustellen, oder
8. in einer anderen, den Anforderungen einer ordnungsgemäßen Wirtschaft grob widersprechenden Weise seinen Vermögensstand verringert oder seine wirklichen geschäftlichen Verhältnisse verheimlicht oder verschleiert.

(2) Ebenso wird bestraft, wer durch eine der in Absatz 1 bezeichneten Handlungen seine Überschuldung oder Zahlungsunfähigkeit herbeiführt.

(3) Der Versuch ist strafbar.

(4) Wer in den Fällen
1. des Absatzes 1 die Überschuldung oder die drohende oder eingetretene Zahlungsunfähigkeit fahrlässig nicht kennt oder
2. des Absatzes 2 die Überschuldung oder Zahlungsunfähigkeit leichtfertig verursacht, wird mit Freiheitsstrafe bis zu zwei Jahren oder mit Geldstrafe bestraft.

(5) Wer in den Fällen
1. des Absatzes 1 Nr. 2, 5 oder 7 fahrlässig handelt und die Überschuldung oder die drohende oder eingetretene Zahlungsunfähigkeit wenigstens fahrlässig nicht kennt oder
2. des Absatzes 2 in Verbindung mit Absatz 1 Nr. 2, 5 oder 7 fahrlässig handelt und die Überschuldung oder Zahlungsunfähigkeit wenigstens leichtfertig verursacht, wird mit Freiheitsstrafe bis zu zwei Jahren oder mit Geldstrafe bestraft.

(6) Die Tat ist nur dann strafbar, wenn der Täter seine Zahlungen eingestellt hat oder über sein Vermögen das Insolvenzverfahren eröffnet oder der Eröffnungsantrag mangels Masse abgewiesen worden ist.

Diese Vorschrift muss bei Sanierungsüberlegungen stets beachtet werden. Mit dieser Vorschrift kommen Mandanten insbesondere dann in Konflikt, wenn sie vor Torschluss einzelne **Vermögensgegenstände zum Buchwert** auf eine andere Gesellschaft übertragen, § 283 Abs. 1 Nr. 8 StGB, die wahren Werte aber tatsächlich über den Buchwerten liegen. Wer als Steuerberater hierzu rät, macht sich der Anstiftung zum Bankrott strafbar!

- Nr. 1: Beiseiteschaffen ist auch
  - das Einziehen von Forderungen auf Konten, die auf fremden Namen lauten. Damit ist also dem Ehegattenkontenmodell eine klare Absage erteilt, wonach der Unternehmer, gegen den bereits Vollstreckungen laufen, das Konto auf seinen Ehegatten umschreibt, um die eingehenden Gelder dem Vollstreckungszugriff zu entziehen.
  - Das Zahlen von privaten Schulden von Geschäftskonten, wenn das Unternehmen wenigstens teilrechtsfähig ist (GbR, oHG, KG etc.).
- Nr. 2: unwirtschaftliche Ausgaben
  - Weiterführung eines unrentablen Betriebsteils,
  - aussichtslose Investitionen,
  - offensichtlich aussichtslose Sanierungsbemühungen,
  - unangemessene Lebenskosten,
  - überhöhtes Geschäftsführergehalt.

Das Verhalten der Mitarbeiter wird zugerechnet, wenn es auf den Inhaber zugerechnet werden kann.

Hier ist der Steuerberater gefragt, wenn er derartige Vorgänge in der Finanzbuchführung feststellt; wenigstens muss er einen **deutlichen Warnhinweis** zu erteilen.

- Nr. 8: Verringern des Vermögens
  - Hierzu zählt auch das Weiterleiten von bereits **erteilten** Aufträgen an eine Schwestergesellschaft.
- Nr. 5: Buchführung
  - Buchungsrückstände von 4–6 Wochen sind noch hinzunehmen.[16] Darüber hinaus sind die Buchführungsrückstände strafrechtlich relevant.
- Nr. 6: Unterdrücken von Handelsbüchern
  - Die Norm gilt auch für Inventare, Kontenblätter, Buchhaltungsbelege, Datenträger, Handelsbriefe usw.
  - Das Zerstören oder Vernichten innerhalb der handelsrechtlichen Aufbewahrungspflicht ist strafbar.
- Nr. 7 a
  - Wenn ein Bilanzansatz dem Grunde oder der Höhe nach nicht mehr vertretbar ist (Bsp: Aktivierung von „echten" Leasinggütern).
  - Verschleierung von Privatentnahmen (Achtung bei § 264 c HGB).
  - Ausweis von Vermögensgegenständen unter einer falschen Bilanzposition.
  - Vorspiegelung einer Bargründung!
  - Saldierung Aktiva mit Passiva.
  - Unterlassen von Rückstellungen (kommt regelmäßig vor!).
- Nr. 7 b: nicht rechtzeitige Bilanzierung
  - Die Aufstellungsfristen ergeben sich aus dem Gesetz.
  - In der Krise werden diese i. d. R. auf 10–12 Wochen verkürzt.
  - Auch für EU und PersG gilt eine Frist von max. 6 Monaten, § 243 Abs. 3 HGB. Der Steuerberater muss seine krisenbehafteten Mandanten vorziehen.[17]

Da die §§ 283 ff StGB Schutzgesetze im Sinn des § 823 Abs. 2 BGB sind, droht dem Steuerberater hier die persönliche Haftung gem. § 830 Abs. 2 BGB, wenn er dem Mandanten Beihilfe leistet oder ihn sogar zur Tat anstiftet. In diesem Fall ist die Vermögensschadenhaftpflicht auch nicht eintrittspflichtig, § 103 VVG und die Haftungsabschirmung einer Rechtsform (GmbH, GmbH & Co. KG, PartG mbB) greift aufgrund der Handelndenhaftung nicht. Zum Schluss ist zu berücksichtigen, dass mit Auftragserteilung in der Krise die Bilanzerstellung auf den Steuerberater delegiert wird. Insbesondere auch die BStBK geht davon aus, dass bei verspäteter Bilanzerstellung der Steuerberater sogar als Täter gem. § 14 StGB in die strafrechtliche Verantwortung eintritt.[18]

---

[16] Pelz Strafrecht in Krise und Insolvenz Rz. 307.

[17] Bittmann § 28 Rz. 6, BVerfGE 48, 48.

[18] BStBK Empfehlungen der Bundessteuerberaterkammer zu den neuen handelsrechtlichen Rechnungslegungsfristen und Risiken bei verspäteter Erstellung (Stellungnahme vom 1.12.1987) LX 0083006.

Der Straftatbestand ist gerade deshalb so gefährlich, weil er so einfach nachzuweisen ist. Die Staatsanwaltschaft überprüft nur noch das Erstellungsdatum und kann unmittelbar hieraus ihre Schlüsse ziehen. Entlastung bietet hier ein Urteil des BayOLG,[19] nach welchem die Strafbarkeit entfällt, wenn die Bilanz zwar verspätet aber noch vor der Entscheidung des Insolvenzgerichts über die Verfahrenseröffnung erstellt wird und somit dem Gutachter bzw. dem Insolvenzgericht als Entscheidungsgrundlage noch zur Verfügung steht.

► **Praxishinweis** Tipp:
Auch hier liefert Ihnen die Rechtsprechung Akquisebeihilfe. Sie sollten Ihren Mandanten darauf hinweisen in der Krise, natürlich gegen Vorschuss, die handelsrechtlichen Jahresabschlüsse fristgerecht zu erstellen.
Achtung:
Sofern der Jahresabschluss nicht fristgerecht vorgelegt wird, kann dies über § 290 Abs. 1 Nr. 1 InsO zur Versagung der Restschuldbefreiung führen. Das Schadensvolumen ist damit immens!

Gerade in Bezug auf Mandate mit schlechter Zahlungsmoral bietet es sich an, die Sachbearbeitung von der Zahlung eines angemessenen Vorschusses abhängig zu machen. Der Berater ist nicht verpflichtet, unentgeltliche Leistungen zu erbringen. Allerdings sollte der Mandant klar und unmissverständlich darauf aufmerksam gemacht werden, dass die erbetene Leistung nicht erbracht wird. Gegebenenfalls ist sogar die Niederlegung des Mandats angezeigt.

Musterschreiben Vorschuss

Sehr geehrter Herr ....,

Sie hatten mich beauftragt, Ihren Jahresabschluss per 31.12.2014 zu erstellen. Auf meine Vorschussanforderung vom 15.2.2014 ist bis heute keine Zahlung eingegangen.

Wir können und werden aber mit den Arbeiten erst nach Zahlungseingang beginnen. Die gesetzliche Frist zur Erstellung des Jahresabschluss beträgt 6 Monate nach Bilanzstichtag. In der Krise wird diese Frist auf 10 – 12 Wochen verkürzt. Bitte beachten Sie, dass wir für die Erstellung des Abschlusses ca. 2 Wochen benötigen.

Aus diesen Gründen muss ich nochmals dringend um Zahlung des Vorschusses anhalten. Eine Kopie meiner Vorschussanforderung habe ich in der Anlage beigefügt.

Mit freundlichen Grüßen.

Soweit man berücksichtigt, dass den Mandanten bei Verurteilung wegen einer Bankrottstraftat die Restschuldbefreiung versagt werden kann, § 290 abs. 1 Nr. 1 InsO, erstreckt sich das Haftungsrisiko auf den gesamten Bestand der Verbindlichkeiten des Mandanten, stark vereinfacht in der Krise auf die Bilanzsumme.

[19] BayOLG Urteil vom 8.8.2002 – 5 St RR 202/02, DStRE 2002, 1543.

6.3.3 Gläubiger-, Schuldnerbegünstigung

Gefährlich sind Ratschläge des Steuerberaters, mit konkreten Gestaltungsempfehlungen für den Mandanten in der Krise. Einerseits dienen diese Vorschläge dazu, einzelne Gläubiger zu privilegieren. Anderseits dienen sie dazu, „Vermögen zu sichern". In beiden Fällen kommt eine Strafbarkeit und eine Haftung gem. §§ 823 Abs. 2, 830 Abs. 2 BGB in Betracht. Dies gilt auch dann, wenn sich der Steuerberater in der Krise seines Mandanten auf eine derartige Weise seinen Honoraranspruch sichert.

6.3.3.1 Gläubigerbegünstigung

§ 283c Gläubigerbegünstigung

(1) Wer in Kenntnis seiner Zahlungsunfähigkeit einem Gläubiger eine Sicherheit oder Befriedigung gewährt, die dieser nicht oder nicht in der Art oder nicht zu der Zeit zu beanspruchen hat, und ihn dadurch absichtlich oder wissentlich vor den übrigen Gläubigern begünstigt, wird mit Freiheitsstrafe bis zu zwei Jahren oder mit Geldstrafe bestraft.
(2) Der Versuch ist strafbar.
(3) § 283 Abs. 6 gilt entsprechend.

So darf der Schuldner dem Gläubiger keine Sache verkaufen, damit dieser die Aufrechnung erklären kann. Es reicht für die Strafbarkeit aus, dass der Schuldner die Aufrechnungslage als unvermeidliche Folge erkennt.

Beispiel:

Der Steuerberater ist Gläubiger eines Einzelunternehmers und rät diesem, er solle ihm eine Handelsware verkaufen, damit er mit seiner offenen Forderung gegen die Kaufpreisforderung die Aufrechnung erklären kann. In diesem Fall macht sich der Schuldner der Gläubigerbegünstigung strafbar. Der Steuerberater ist als Anstifter strafbar.

6.3.3.2 Schuldnerbegünstigung

§ 283d Schuldnerbegünstigung

(1) Mit Freiheitsstrafe bis zu fünf Jahren oder mit Geldstrafe wird bestraft, wer in Kenntnis der einem anderen drohenden Zahlungsunfähigkeit oder

nach Zahlungseinstellung, in einem Insolvenzverfahren oder in einem Verfahren zur Herbeiführung der Entscheidung über die Eröffnung des Insolvenzverfahrens eines anderen
Bestandteile des Vermögens eines anderen, die im Falle der Eröffnung des Insolvenzverfahrens zur Insolvenzmasse gehören, mit dessen Einwilligung oder zu dessen Gunsten beiseite schafft oder verheimlicht oder in einer den Anforderungen einer ordnungsgemäßen Wirtschaft widersprechenden Weise zerstört, beschädigt oder unbrauchbar macht.
(2) Der Versuch ist strafbar.
(3) In besonders schweren Fällen ist die Strafe Freiheitsstrafe von sechs Monaten bis zu zehn Jahren. Ein besonders schwerer Fall liegt in der Regel vor, wenn der Täter
aus Gewinnsucht handelt oder
wissentlich viele Personen in die Gefahr des Verlustes ihrer dem anderen anvertrauten Vermögenswerte oder in wirtschaftliche Not bringt.
(4) Die Tat ist nur dann strafbar, wenn der andere seine Zahlungen eingestellt hat oder über sein Vermögen das Insolvenzverfahren eröffnet oder der Eröffnungsantrag mangels Masse abgewiesen worden ist.

Der Ehegatte darf auch kein Bargeld aus der Kasse an sich nehmen, um nach der sicher kommenden Insolvenz den Unterhalt der Familie zu bestreiten. Oder: Ein Gläubiger entfernt Bestandteile aus dem schuldnerischen Unternehmen. Voraussetzung ist aber immer, dem Schuldner einen Vorteil verschaffen oder erhalten zu wollen. Dies ist auch dann anzunehmen, wenn nahestehenden Personen Vorteile eingeräumt werden sollen.

6.3.4 § 266a StGB

§ 266a Vorenthalten und Veruntreuen von Arbeitsentgelt

(1) Wer als Arbeitgeber der Einzugsstelle Beiträge des Arbeitnehmers zur Sozialversicherung einschließlich der Arbeitsförderung, unabhängig davon, ob Arbeitsentgelt gezahlt wird, vorenthält, wird mit Freiheitsstrafe bis zu fünf Jahren oder mit Geldstrafe bestraft.
(2) Ebenso wird bestraft, wer als Arbeitgeber
1. der für den Einzug der Beiträge zuständigen Stelle über sozialversicherungsrechtlich erhebliche Tatsachen unrichtige oder unvollständige Angaben macht oder

2. die für den Einzug der Beiträge zuständige Stelle pflichtwidrig über sozialversicherungsrechtlich erhebliche Tatsachen in Unkenntnis lässt

   und dadurch dieser Stelle vom Arbeitgeber zu tragende Beiträge zur Sozialversicherung einschließlich der Arbeitsförderung, unabhängig davon, ob Arbeitsentgelt gezahlt wird, vorenthält.

(3) 1 Wer als Arbeitgeber sonst Teile des Arbeitsentgelts, die er für den Arbeitnehmer an einen anderen zu zahlen hat, dem Arbeitnehmer einbehält, sie jedoch an den anderen nicht zahlt und es unterlässt, den Arbeitnehmer spätestens im Zeitpunkt der Fälligkeit oder unverzüglich danach über das Unterlassen der Zahlung an den anderen zu unterrichten, wird mit Freiheitsstrafe bis zu fünf Jahren oder mit Geldstrafe bestraft. 2 Satz 1 gilt nicht für Teile des Arbeitsentgelts, die als Lohnsteuer einbehalten werden.

(4) 1 In besonders schweren Fällen der Absätze 1 und 2 ist die Strafe Freiheitsstrafe von sechs Monaten bis zu zehn Jahren. 2 Ein besonders schwerer Fall liegt in der Regel vor, wenn der Täter

1. aus grobem Eigennutz in großem Ausmaß Beiträge vorenthält,
2. unter Verwendung nachgemachter oder verfälschter Belege fortgesetzt Beiträge vorenthält oder
3. die Mithilfe eines Amtsträgers ausnutzt, der seine Befugnisse oder seine Stellung missbraucht.

(5) Dem Arbeitgeber stehen der Auftraggeber eines Heimarbeiters, Hausgewerbetreibenden oder einer Person, die im Sinne des Heimarbeitsgesetzes diesen gleichgestellt ist, sowie der Zwischenmeister gleich.

(6) 1 In den Fällen der Absätze 1 und 2 kann das Gericht von einer Bestrafung nach dieser Vorschrift absehen, wenn der Arbeitgeber spätestens im Zeitpunkt der Fälligkeit oder unverzüglich danach der Einzugsstelle schriftlich

1. die Höhe der vorenthaltenen Beiträge mitteilt und
2. darlegt, warum die fristgemäße Zahlung nicht möglich ist, obwohl er sich darum ernsthaft bemüht hat.

Liegen die Voraussetzungen des Satzes 1 vor und werden die Beiträge dann nachträglich innerhalb der von der Einzugsstelle bestimmten angemessenen Frist entrichtet, wird der Täter insoweit nicht bestraft. 3 In den Fällen des Absatzes 3 gelten die Sätze 1 und 2 entsprechend.

§ 266a StGB ist eine gefährliche Norm in der Krise des Unternehmens. Soweit der Arbeitgeber die Arbeitnehmeranteile nicht abführt, begeht er eine strafbare Handlung und macht sich zudem nach Zivilrecht schadenersatzpflichtig, § 823 Abs. 2 BGB. In der Insolvenz des Einzelunternehmens oder der persönlich haftenden Gesellschafter ist diese Forderung von der Restschuldbefreiung ausgenommen. In Rechtsformen mit Haftungsabgrenzung ermöglicht § 266a StGB einen Haftungsdurchgriff der Sozialversicherungsträger, der ebenfalls nicht von der Restschuldbefreiung ausgenommen ist.

§ 266 a StGB ist ein echtes Unterlassungsdelikt. Folglich muss nach ständiger Rechtsprechung des BGH die Zahlung der Arbeitnehmeranteile zumutbar und möglich gewesen sein,[20] da die Rechtsordnung vom Bürger etwas Unmögliches nicht verlangen kann.[21] Anderseits ist die Schuld gegenüber den Sozialversicherungsträgern nicht davon abhängig, dass die Netto-Löhne an die Arbeitnehmer bezahlt werden. Verschärft hat sich die Thematik durch tarifvertragliche Entwicklungen und den Mindestlohn. Denn auf dieser Basis müssen die Arbeitnehmeranteile abgeführt werden, auch wenn tatsächlich ein geringerer Lohn ausbezahlt wird (sogenannte Phantomlohn-Problematik).

Der Grundsatz der generellen Strafbarkeit bei Nichtentrichten wurde durch den 6. Zivilsenat und 5. Strafsenat des BGH durchbrochen:[22]

> Nach § 266a Abs. 1 StGB macht sich auch strafbar, wer zwar zum Fälligkeitszeitpunkt nicht leistungsfähig war, es aber bei Anzeichen von Liquiditätsproblemen unterlassen hat, Sicherungsvorkehrungen für die Zahlung der Arbeitnehmerbeiträge zu treffen, und dabei billigend in Kauf genommen hat, dass diese später nicht mehr erbracht werden können. Das Vorenthalten von Arbeitnehmerbeiträgen setzt nicht voraus, dass an die Arbeitnehmer tatsächlich Lohn abgeführt wurde (BGH vom 8.5.2002 – 5 StR 16/02, BGH GmbHR 2002, 1026).

Technisch verlagert die Rechtsprechung die relevante Handlung vor, sog. omissio libera in causa. Der Arbeitgeber ist verpflichtet, durch eine entsprechende Finanzplanung dafür zu sorgen, dass er am Fälligkeitstag die Arbeitnehmerbeiträge entrichten kann. Diese Pflicht gilt insbesondere dann, wenn künftige Liquiditätsengpässe sichtbar werden, z. B. bei rückgängigem Auftragsbestand im Baugewerbe in den Monaten Januar und Februar. Der Arbeitgeber muss allerdings die Liquiditätsprobleme erkannt haben. § 266a StGB ist ein Vorsatzdelikt.

Lediglich wenn nach der Finanzplanung die Zahlung gesichert ist und dennoch am Fälligkeitstag keine Liquidität besteht – weil z. B. ein Kunde insolvent wurde – kann sich der Arbeitgeber exkulpieren.

Ebenfalls keine Haftung besteht, wenn die Zahlung vom späteren Insolvenzverwalter im anschließenden Insolvenzverfahren hätte **angefochten** werden können. Der Sozialversicherung entstand damit im Ergebnis nämlich kein Schaden.[23]

Auf diese besonderen Haftungsfolgen muss der Steuerberater seinen Mandanten hinweisen, wenn er feststellt, dass sein Mandant die Sozialversicherungsbeiträge nicht abführt.

► **Praxishinweis** Ist der Steuerberater beauftragt, die Finanzbuchhaltung und Lohnbuchhaltung zu fertigen und erkennt er dabei, dass die SV-Beiträge nicht

[20] BGH NJW 1998, 1306; ZIP 2002, 26.
[21] „impossibilium nulla est obligatio".
[22] BGHZ 134, 304; BGH vom 8.5.2002 – 5 StR 16/02, BGH GmbHR 2002, 1026.
[23] BGH DB 2001, 526, str. vgl. FG Münster EFG 2007, 971.

entrichtet wurden, ist er verpflichtet, seinen Mandanten über die Strafbarkeit zu belehren!
Soweit die Liquidität nicht ausreicht, um sämtliche Sozialversicherungsbeiträge zu bezahlen, sollte der Arbeitgeber eine Tilgungsreihenfolge bestimmen. Er sollte bestimmen, dass zuerst die Arbeitnehmeranteile am Sozialversicherungsbeitrag getilgt werden sollen.[24] Andernfalls gilt die gesetzliche Reihenfolge. Aus Beweisgründen sollte die Tilgungsreihenfolge schriftlich, z. B. auf dem Überweisungsträger, bestimmt werden.

Die Gefahr für den Steuerberater ist die Insolvenz seines Mandanten. Dieser könnte behaupten, er hätte den Insolvenzantrag früher gestellt, wären ihm die rechtlichen Konsequenzen bekannt gewesen. Diese Rechtskenntnis hätte er sich beschafft, hätte der Steuerberater einen entsprechenden Hinweis erteilt. Das Haftungsvolumen kann gerade bei größerem Arbeitnehmerbestand beträchtlich sein.

► **Praxishinweis** Soweit der Mandant in der Krise die Sozialversicherungsbeiträge nicht abführen kann, sollte er dies der Sozialversicherung schriftlich mitteilen. Dann nämlich hat die Kasse Kenntnis im Sinn des § 130 Abs. 2 InsO und die Strafbarkeit entfällt. Allerdings hat der Mandant damit die Zahlungsunfähigkeit nach außen kenntlich gemacht. Dies hat bei qualifizierten Gesellschaften die Insolvenzantragspflicht zur Folge.
Der Mandant haftet für nicht abgeführte Lohnsteuer, soweit er die Nettolöhne voll auszahlt, die Lohnsteuer aber nicht entrichtet. In entsprechender Anwendung des obigen Urteils dürfte er aber durch die „Einrede der Anfechtbarkeit" frei werden, soweit er das Finanzamt über die Zahlungsunfähigkeit in Kenntnis gesetzt hat.

6.3.5 Eingehungsbetrug

Das Eingehen von Verbindlichkeiten in Kenntnis der eigenen Zahlungsunfähigkeit ist als Betrug strafbar. Sofern der Steuerberater dies aus der OPOS-Buchhaltung erkennt, sollte er seinen Mandanten darauf hinweisen.

6.3.6 Buchführungs- und Bilanzdelikte

6.3.6.1 § 283b StGB als Buchführungsdelikt

Im Rahmen der Buchführungsdelikte ist zunächst § 283b Abs. 1 StGB zu beachten. Nach dieser Vorschrift wird derjenige bestraft, der Handelsbücher, zu deren Führung er gesetzlich verpflichtet ist, zu führen unterlässt oder so führt oder verändert, dass die Übersicht

[24] BGH GmbHR 2001, 238.

über seinen Vermögensstand erschwert wird. Zudem ist objektive Bedingung der Strafbarkeit, dass der Täter seine Zahlungen eingestellt hat oder über sein Vermögen das Insolvenzverfahren eröffnet oder der Eröffnungsantrag mangels Masse angewiesen worden ist.

Übernimmt nun der Steuerberater die Buchführungsarbeiten für einen Schuldner, muss er bei einer schuldhaften Verletzung der Buchführungspflicht mit einer unmittelbaren Bestrafung als Täter nach § 283b StGB rechnen.[25]

Buchführungsdelikte sind Unterlassungsstraftaten. Voraussetzung für eine Strafbarkeit des Steuerberaters ist daher, dass ihm die Erfüllung der ordnungsgemäßen Buchführung möglich war. Wenn ihm der Mandant nun nur unvollständige Unterlagen und Belege überlässt, muss er sich rechtzeitig darum bemühen, die fehlenden Unterlagen und Belege zu erhalten. Bleibt dieses Bemühen erfolglos, so ist für ihn die Erstellung der Buchführung unmöglich. Um in einem solchen Fall der Strafbarkeit zu entgehen, ist es jedoch nicht erforderlich, das Mandat niederzulegen.

Musterschreiben:

Sehr geehrter Mandant,

ich hatte Sie bereits mehrfach darum gebeten, mir die fehlenden Unterlagen zur Erstellung Ihrer Finanzbuchführung zu überlassen. Meine Schreiben vom ....., ... und ...... sind bislang nicht oder nicht vollständig beantwortet. Die Schreiben sind nochmals in Kopie beigefügt.

Sie befinden sich zur Zeit in einer schwierigen wirtschaftlichen Situation. Bitte beachten Sie, dass Sie im Fall des Unternehmenszusammenbruchs bei Buchhaltungsrückständen von mehr als 4 Wochen strafrechtlich belangt werden können.

Mit freundlichen Grüßen

....

Steuerberater

6.3.6.2 §§ 283 Abs. 1 Nr. 7b, 283b Abs. 1 Nr. 3b StGB – unterlassene Bilanzierung

Nach § 283 Abs. 1 Nr. 7b StGB ist das schuldhafte Unterlassen der gebotenen Bilanzierung als Bankrottdelikt strafbar, wenn es in der Krise begangen worden ist oder zur Krise führt. Gleichzeitig besteht eine Strafbarkeit nach § 283b Abs. 1 Nr. 3b StGB (allgemeiner Verstoß gegen handelsrechtliche Bilanzierungspflichten). Ausschlaggebend sind hier die handelsrechtlichen Vorschriften, wonach der Jahresabschluss in der einem ordnungsgemä-

[25] Braun/Uhlenbruck, Unternehmensinsolvenz, 1. Aufl., S. 746.

ßen Geschäftsgang entsprechenden Zeit aufzustellen ist (§ 243 Abs. 3 HGB). Im Bereich der unterlassenen Bilanzerstellung kommt der Berater ebenfalls als Täter oder Teilnehmer in Betracht.

Der Berater kann sich zudem wegen Teilnahme an der unrichtigen Bilanzerstellung i. S. d. § 331 HGB strafbar machen.

6.3.6.3 Honorarverzug des Mandanten

An dieser Stelle stellt sich nun immer die Frage, ob sich der Berater auch dann strafbar macht, wenn er wegen Honorarverzugs des Mandanten seine Tätigkeiten im Bereich der Buchhaltung/Bilanzierung (vorübergehend) eingestellt hat.

Hier gilt Folgendes: Wenn der Berater das vereinbarte Honorar angemahnt und dem Mandanten angekündigt hat, die Arbeit nicht aufzunehmen oder nicht fortzusetzen, so trifft allein den Mandanten die strafrechtliche Verantwortung.[26] Denn: Der Berater ist nicht verpflichtet, ohne Gegenleistung kostenlos weiterzuarbeiten.

► **Praxishinweis** Aus Gründen der Beweissicherung sollten Sie Ihren Mandanten unbedingt schriftlich darauf aufmerksam machen, dass Sie die Buchführungs- und Bilanzierungsarbeiten nicht fortführen, wenn die fälligen Zahlungen nicht eingehen bzw. Ihr Mandant die nötigen Belege nicht einreicht. Schicken Sie Ihrem Mandanten diesen Brief als Einschreiben mit Rückschein.
Der Steuerberater hat bei Honorarrückständen allerdings kein Zurückbehaltungsrecht an den Buchführungsunterlagen des Mandanten. Bezüglich des Arbeitsergebnisses, z. B. die von ihm erstellte Bilanz, hat er ein solches Zurückbehaltungsrecht.[27]

[26] Braun/Uhlenbruck, Unternehmensinsolvenz, 1. Aufl., S. 750.
[27] BGH, DStR 1988, 508.

Musterschreiben:

per Einschreiben mit Rückschein

Sehr geehrter Mandant,

Sie hatten mich zur Erstellung Ihrer Finanzbuchführung und Ihres Jahresabschlusses beauftragt. Insoweit konnte ich bezüglich der folgenden fälligen Zahlungen bis heute keinen Zahlungseingang feststellen:

- RE v. .... über .. ...€
- RE v. .... über .. ...€
- RE v. .... über .. ...€

Ich weise Sie hiermit nochmals darauf hin, dass ich, bevor ich nicht einen entsprechenden Zahlungseingang verzeichnen kann, die Buchführungs- und Bilanzierungsarbeiten nicht fortführen werde.

Für die weiter zu erbringenden Leistungen muss ich jeweils einen Vorschuss verlangen. Dabei ist zu beachten, dass ich erst dann für Sie tätig werden kann, wenn der Vorschuss auf meinem Konto eingegangen ist. Den Vorschuss müssen Sie jeweils mir auf mein Konto Nr. .... bei der .... – bank BLZ .... überweisen oder bar einzahlen.

Sie befinden sich zur Zeit in einer schwierigen wirtschaftlichen Situation. Bitte beachten Sie, dass Sie im Fall des Unternehmenszusammenbruchs bei Buchhaltungsrückständen von mehr als 4 Wochen strafrechtlich belangt werden können.

Gerne können wir das weitere Vorgehen persönlich miteinander besprechen. Haben Sie Interesse an einem Gespräch? Rufen Sie doch einfach bei mir an!

Mit freundlichen Grüßen

....

Steuerberater

6.3.7 Insolvenzverschleppung

Zur Insolvenzantragstellung ist das vertretungsberechtigte Organ bei bestimmten Körperschaften verpflichtet.[28] Eine Verpflichtung für den Steuerberater existiert nicht. Die Verletzung der Insolvenzantragspflicht kann strafbar sein. Sofern der Steuerberater zur Verschleppung Hilfe leistet oder sogar zu ihr rät, kommt eine Strafbarkeit als Beteiligter in Betracht. Zivilrechtlich führt dies zu einer zivilrechtlichen Haftung, §§ 823 Abs. 2, 830 Abs. 2 BGB i. V. m. § 15 a Abs. 4 InsO.

Vorweg: Der bloße Hinweis auf die Rechtslage und die den Geschäftsführer treffende Pflicht zur Insolvenzantragsstellung ist für den Berater stets straflos (Pelz 2004, Rz. 573).

Gefährlich ist demgegenüber der Ratschlag an den Mandanten, keinen Insolvenzantrag zu stellen, mit dem Ziel, eine in Angriff genommene Sanierung nicht zu gefährden. Hier bewegt sich der Steuerberater im Bereich der Anstiftung zur Insolvenzverschleppung, wenn die Sanierung nicht innerhalb der 3-Wochen-Frist gelingt.

Ebenfalls problematisch sind die Fälle, in denen Sie zutreffend auf die Insolvenzantragspflicht hinweisen, der Mandant aber Ihrem Rat nicht folgt. In diesen Fällen ist es m. E. sinnvoll, Ihre weiteren **Beratungs**leistungen einzustellen. Denn in der fortlaufenden Beratung könnte ein psychisches Bestärken Ihres Mandanten gesehen werden. Nachdem die Rechtsprechung zu Teilnahmedelikten sehr weitreichend ist,[29] kann die Gefahr einer möglichen Strafverfolgung jedenfalls nicht ausgeschlossen werden.[30] Dagegen können Deklarationsleistungen als berufsneutrale Handlungen fortgesetzt werden.[31]

6.4 Beweislast

Im Bereich des Strafrechts trägt der Staat die Beweislast für den gesamten Straftatbestand („Im Zweifel für den Angeklagten").

Im Gegensatz zum Volksmund allerdings stimmt die These „Unwissenheit schützt vor Strafe" **nicht**.

> Fehlt dem Täter bei Begehung der Tat die Einsicht, Unrecht zu tun, so handelt er ohne Schuld, wenn er diesen Irrtum nicht vermeiden konnte. Konnte der Täter den Irrtum vermeiden, so kann die Strafe nach § 49 Abs. 1 StGB gemildert werden.

Im Bereich des Zivilrechts gilt dagegen der allgemeine Grundsatz, dass jeder das darlegen und beweisen muss, was seiner Rechtsposition dient. Das heißt der Anspruchsteller

[28] GmbH, AG, GmbH & Co. KG, Verein etc.
[29] s. o.
[30] Schönke/Schröder StGB § 27 Rz 12 (psychische Beihilfe); Reck ZinsO 2000, 121.
[31] OLG Köln v. 3.12.2010, 1 Ws 146/10; DStR 2011, 1195.

muss die Anspruchsgrundlagen beweisen, während der Anspruchsgegner die rechtshindernden oder rechtsvernichtenden Einwendungen und/oder Einreden zu beweisen hat.

Im Bereich des Zivilrechts gilt das gleiche, wenn sich der Geschädigte auf deliktische Ansprüche beruft. Bei vertraglichen Ansprüchen muss der Steuerberater aber darlegen und beweisen, dass er seinen Sorgfaltspflichten nachgekommen ist.

6.5 Vorsorge

Haftungsfälle lassen sich nicht immer – aber oft – vermeiden. Neben einer ordnungsgemäßen Kanzleiorganisation ist vor allem die Überprüfung der eigenen Fähigkeiten und Kapazitäten sowie ein angemessenes Honorar wichtig. Die meisten Fehler erfolgen unter Zeitdruck. Außerdem muss jeder selbst realistisch einschätzen, wo seine Grenzen sind. Dies gilt insbesondere bei exotischen Fällen oder Auslandsbezug. Es gilt auch hier der Grundsatz: „Weniger ist mehr".

Gerade wenn sich der Steuerberater in der Krise zu einer niedrigen Honorarvereinbarung hinreißen lässt, entsteht ein hohes Gefahrenpotential, da die Arbeiten auch unter einem hohen Kostendruck erledigt werden. Angesichts der Gefahren in der Krise ist aber das Gegenteil angezeigt.

6.6 Verjährung

Der zivilrechtliche Anspruch wegen Beihilfe zu Straftaten (§ 823 Abs. 2 BGB i. V. m. Schutzgesetz) verjährt in 3 Jahren, gerechnet ab Ablauf der Tatbeendigung. Allerdings muss der Geschädigte hiervon Kenntnis haben.

Für den Haftungsanspruch aus § 71 AO i. V. m. § 191 AO gilt demgegenüber: Die Festsetzungsfrist für den Haftungsbescheid beträgt **10 Jahre**, § 191 Abs. 3 Satz 2 AO. Zu beachten ist in diesem Zusammenhang § 191 Abs. 5 Satz 2 AO. Danach kann ein Haftungsbescheid auch dann noch ergehen, soweit die Steuer gegen den Steuerschuldner wegen Ablaufs der Festsetzungsfrist nicht mehr festgesetzt, wegen Ablaufs der Zahlungsverjährungsfrist nicht mehr erhoben werden kann oder die gegen den Steuerschuldner festgesetzte Steuer verjährt oder (aus Billigkeitsgründen) erlassen worden ist.

7 Abwicklung eines Haftungsfalls

Ist es soweit gekommen, dass der Steuerberater in die Haftung genommen werden soll, kommt seine Vermögensschadenshaftpflichtversicherung ins Spiel. Im Folgenden wird ein Überblick über für den Steuerberater Wissenswertes zu dieser Haftpflichtversicherung gegeben (A.). Im Anschluss erfolgt eine Anleitung zur konkreten Vorgehensweise im Haftungsfall (B.).

7.1 Grundsätzliches zur Vermögensschadenshaftpflichtversicherung

7.1.1 Gesetzliche Grundlagen und AVB

7.1.1.1 Berufsrecht

7.1.1.1.1 Selbständige Steuerberater

Jeder **selbständige Steuerberater** muss eine Vermögensschadenshaftpflichtversicherung haben. **§ 67 S. 1 StBerG** lautet:

> Selbständige Steuerberater und Steuerbevollmächtigte müssen gegen die aus ihrer Berufstätigkeit sich ergebenden Haftpflichtgefahren angemessen versichert sein.

7.1.1.1.2 Angestellte Steuerberater und Steuerberater als freie Mitarbeiter

Angestellte Steuerberater und Steuerberater, die ausschließlich als freie Mitarbeiter für andere Steuerberater tätig sind, brauchen dagegen keine eigene Vermögensschadenshaftpflichtversicherung. Sie sind in die Vermögensschadenshaftpflichtversicherung

C. Nickert et al., *Die Haftung des Steuerberaters*, DOI 10.1007/978-3-658-07629-0_7

ihres Arbeitgebers bzw. Auftraggebers mit einbezogen. Gesetzliche Grundlage hierfür ist **§ 102 Abs. 1 VVG:**[1]

> Ist die Versicherung für die Haftpflicht aus einem geschäftlichen Betrieb des Versicherungsnehmers genommen, so erstreckt sie sich auf die Haftpflicht der Vertreter des Versicherungsnehmers sowie auf die Haftpflicht solcher Personen, welche er zur Leitung oder Beaufsichtigung des Betriebs oder eines Teiles des Betriebs angestellt hat. Die Versicherung gilt insoweit als für fremde Rechnung genommen.

§ 151 Abs. 1 VVG wird für Steuerberater konkretisiert durch **§ 51 Abs. 1 S. 2 DVStB:**[2]

> Der Versicherungsschutz muss sich auch auf solche Vermögensschäden erstrecken, für die der Versicherungsnehmer nach § 278 oder § 831 des Bürgerlichen Gesetzbuchs einzustehen hat.

Entsprechend diesen gesetzlichen Vorgaben ist die Mitversicherung in den Verträgen der Vermögensschadenshaftpflichtversicherungen meist wie folgt geregelt, **A 1. b), c) BBR:**[3]

> b) Für den Versicherungsnehmer als freie Mitarbeiter tätige selbständige Steuerberater und Steuerbevollmächtigte sind gegen die aus der freien Mitarbeit sowie aus § 63 StBerG sich ergebenden Haftpflichtgefahren für Vermögensschäden mitversichert.
> Dies gilt nicht, wenn neben der freien Mitarbeit eigene Mandate betreut werden.
> c) Für den Versicherungsnehmer als Angestellte (§ 58 StBerG) tätige Steuerberater und Steuerbevollmächtigte gilt Ziff. b sinngemäß.

► **Praxishinweis** Ein Steuerberater, der freier Mitarbeiter ist und gleichzeitig eigene Mandate betreut, braucht also eine eigene Vermögensschadenshaftpflichtversicherung.

Regelungen zum notwendigen Inhalt des Versicherungsvertrags und zu möglichen Ausschlüssen sowie weitere Regelungen zur Vermögensschadenshaftpflichtversicherung enthalten die **§§ 51 ff DVStB**.

[1] Zum VVG Abschn. 7.1.1.2.
[2] Zur DVStB Abschn. 7.1.1.1.2.
[3] Zu den AVB Abschn. 7.1.1.3.

So lautet z. B. § 55 Abs. 1 DVStB

Bewerber, die ihre Bestellung zum Steuerberater oder Steuerbevollmächtigten beantragen und den Beruf selbständig ausüben wollen, müssen der bestellenden Steuerberaterkammer den Abschluss einer dieser Verordnung entsprechenden Berufshaftpflichtversicherung durch eine Bestätigung des Versicherers nachweisen oder eine entsprechende vorläufige Deckungszusage vorlegen, in der sich der Versicherer verpflichtet, den Widerruf der Deckungszusage unverzüglich der zuständigen Steuerberaterkammer mitzuteilen. Bei Vorlage der vorläufigen Deckungszusage ist nach der Bestellung der zuständigen Steuerberaterkammer unverzüglich der Abschluss der Berufshaftpflichtversicherung durch eine Bestätigung des Versicherers oder eine beglaubigte Abschrift des Versicherungsscheines nachzuweisen.

Auch wenn eine Vermögensschadenshaftpflichtversicherung also notwendig ist, um zum Steuerberater bestellt zu werden und den Beruf selbständig auszuüben, besteht übrigens für die Versicherungsgesellschaften kein Kontrahierungszwang. Sie können den Abschluss eines Versicherungsvertrags also ablehnen.

7.1.1.2 VVG[4]

Wichtige Regelungen zum Versicherungsvertrag enthält auch das VVG. Diese Regelungen sind zum Teil zwingend, zum Teil halbzwingend (das heißt, sie können nicht zum Nachteil des Versicherungsnehmers oder des geschützten Anspruchstellers abgeändert werden) und zum Teil dispositiv.

In den §§ 1–73 VVG (Vorschriften für alle Versicherungszweige) finden sich Regelungen, die die Vorschriften des BGB zum Teil verdrängen oder ergänzen. So trifft § 14 VVG beispielsweise eine Regelung zur Fälligkeit der Geldleistungen des Versicherers:

§ 14 Fälligkeit der Geldleistung

(1) Geldleistungen des Versicherers sind fällig mit der Beendigung der zur Feststellung des Versicherungsfalles und des Umfanges der Leistung des Versicherers notwendigen Erhebungen.

(2) Sind diese Erhebungen nicht bis zum Ablauf eines Monats seit der Anzeige des Versicherungsfalles beendet, kann der Versicherungsnehmer Abschlagszahlungen in Höhe des Betrags verlangen, den der Versicherer voraussichtlich mindestens zu zahlen hat. Der Lauf der Frist ist gehemmt, solange die Erhebungen infolge eines Verschuldens des Versicherungsnehmers nicht beendet werden können.

[4] Hierzu Gräfe/Brügge, Vermögensschaden-Haftpflichtversicherung.

(3) Eine Vereinbarung, durch die der Versicherer von der Verpflichtung zur Zahlung von Verzugszinsen befreit wird, ist unwirksam.

Für die Vermögensschadenshaftpflichtversicherung des Steuerberaters sind weiter relevant die Regelungen in den §§ 74–99 VVG (Schadensversicherung) und §§ 100–124 VVG (Haftpflichtversicherung).

7.1.1.3 AVB

Die AVB sind Allgemeine Versicherungsbedingungen. Ihre Einbeziehung in den Versicherungsvertrag richtet sich wie bei allen Allgemeinen Geschäftsbedingungen nach § 305 BGB. Dieser wird jedoch erheblich modifiziert durch § 5 VVG.

§ 5 VVG lautet

(1) Weicht der Inhalt des Versicherungsscheins von dem Antrag des Versicherungsnehmers oder den getroffenen Vereinbarungen ab, gilt die Abweichung als genehmigt, wenn die Voraussetzungen des Absatzes 2 erfüllt sind und der Versicherungsnehmer nicht innerhalb eines Monats nach Zugang des Versicherungsscheins in Textform widerspricht.
(2) Der Versicherer hat den Versicherungsnehmer bei Übermittlung des Versicherungsscheins darauf hinzuweisen, dass Abweichungen als genehmigt gelten, wenn der Versicherungsnehmer nicht innerhalb eines Monats nach Zugang des Versicherungsscheins in Textform widerspricht. Auf jede Abweichung und die hiermit verbundenen Rechtsfolgen ist der Versicherungsnehmer durch einen auffälligen Hinweis im Versicherungsschein aufmerksam zu machen.
(3) Hat der Versicherer die Verpflichtungen nach Absatz 2 nicht erfüllt, gilt der Vertrag als mit dem Inhalt des Antrags des Versicherungsnehmers geschlossen.
(4) Eine Vereinbarung, durch die der Versicherungsnehmer darauf verzichtet, den Vertrag wegen Irrtums anzufechten, ist unwirksam.

Es gibt ein Standardmuster für die AVB, von dem im Folgenden ausgegangen wird.[5] Dieses ist unterteilt in die Allgemeinen Versicherungsbedingungen (AVB) und die besonderen Bedingungen und Risikobeschreibungen für Steuerberater (BBR). Daneben bestehen besondere Bedingungen für Wirtschaftsprüfer und Rechtsanwälte. Der einzelne Versicherer kann dieses Muster verändern.

[5] Vgl. zum Beispiel die AVB des HDI-Germing unter http://www.hdi-gerling.de/docs/freie_berufe/VH_558.pdf (Abruf am 29.10.2014) auf die hier Bezug genommen wird. Folgende Zitierweise: „AVB“ = AVB-WSR: „BBR-S“ = BBR.

7.1.2 Gesetzliche Mindestdeckungssumme und Selbstbeteiligung

7.1.2.1 Gesetzliche Mindestdeckungssumme

Die gesetzliche Mindestdeckungssumme für den Steuerberater beträgt 250.000 € (§ 52 Abs. 1 DVStB). Wird eine Jahreshöchstleistung vereinbart, so muss mindestens 1 Mio. € zur Verfügung stehen (§ 52 Abs. 3 DVStB).

Die gesetzliche Mindestdeckungssumme für Wirtschaftsprüfer beträgt nach § 54 Abs. 1 S. 2 WPO (i. V. m. § 323 Abs. 1 S. 1 HGB) 1.000.000 €.

Bei einer PartGmbB unter Beteiligung eines Wirtschaftsprüfers beträgt die Mindestversicherungssumme 1.000.000 €.

Die Mindestversicherungssumme beträgt für Rechtsanwälte 250.000 €, § 51 Abs. 4 S. 1 BRAO und für Rechtsanwaltsgesellschaften oder Gesellschaften unter Beteiligung eines Rechtsanwalts 2.500.000 €.

Wichtig ist bei der Bemessung der Versicherungssumme zu berücksichtigen, dass ein eingetretener Versicherungsfall, soweit die Versicherung auf eine Jahreshöchstsumme begrenzt ist, das verbleibende Versicherungsvolumen insoweit begrenzen kann, als damit die Haftungsbeschränkung in den AAB/AGB unwirksam werden, weil die vierfache Versicherungssumme nicht mehr zur freien Verfügung steht. Auch aus diesem Grund sollte die Haftungssumme zumindest jährlich überprüft und gegebenenfalls angepasst werden.

Bei besonderen Fällen bieten sich Einzelobjektversicherungen (Excedentenversicherungen) an.

7.1.2.2 Selbstbeteiligung

Der Versicherer kann mit dem Steuerberater eine Selbstbeteiligung von bis zu 1.500 € vereinbaren. Dieser Betrag darf jedoch nicht überstiegen werden, § 52 Abs. 2 DVStB:

Ein Selbstbehalt von eintausendfünfhundert Euro ist zulässig. Der Selbstbehalt ist auszuschließen für den Fall, dass bei Geltendmachung des Schadens durch einen Dritten die Bestellung des Steuerberaters oder Steuerbevollmächtigten oder die Anerkennung der Steuerberatungsgesellschaft erloschen ist.

Möglich ist die Vereinbarung einer **festen Selbstbeteiligung** oder einer **prozentualen Selbstbeteiligung**. Die prozentuale Selbstbeteiligung ist üblicherweise so ausgestaltet, dass der Steuerberater bis zu einem Schaden von 5.000 € 10 % selbst trägt und bei allen darüber hinausgehenden Schäden 2,5 % selbst trägt. Die Grenze der Selbstbeteiligung von 1.500 € darf jedoch nicht überschritten werden.

Manche Versicherer vereinbaren einen sog. **Gebühreneinwurf**: Von der Summe, die der Versicherer zahlt, wird das Honorar abgezogen, dass der Steuerberater mit dem Mandat, in dem er fehlerhaft beraten hat, eingenommen hat. Regelmäßig wird jedoch vereinbart, dass nur Honorare bis zur Höhe von 10 % der Haftpflichtsumme angerechnet werden und der Gebühreneinwurf und die Selbstbeteiligung dürfen die Summe von 2.500 € nicht überschreiten.

7.1.3 Direktanspruch des Geschädigten gegen den Versicherer

Vor 2008 sah das Gesetz nicht vor, dass der geschädigte Mandant oder Dritte einen direkten Anspruch auf Ersatz des Schadens gegen den Versicherer hat.

Dies hat sich zum 1.1.2008 jedoch geändert: Das VVG sieht im Bereich des versicherten Risikos[6] einen **Direktanspruch** des Geschädigten gegen den Versicherer vor (**§ 115 VVG**):[7]

(1) Der Dritte kann seinen Anspruch auf Schadensersatz auch gegen den Versicherer geltend machen,
1. wenn es sich um eine Haftpflichtversicherung zur Erfüllung einer nach dem Pflichtversicherungsgesetz bestehenden Versicherungspflicht handelt oder
2. wenn über das Vermögen des Versicherungsnehmers das Insolvenzverfahren eröffnet oder der Eröffnungsantrag mangels Masse abgewiesen worden ist oder ein vorläufiger Insolvenzverwalter bestellt worden ist oder
3. wenn der Aufenthalt des Versicherungsnehmers unbekannt ist.

Der Anspruch besteht im Rahmen der Leistungspflicht des Versicherers aus dem Versicherungsverhältnis und, soweit eine Leistungspflicht nicht besteht, im Rahmen des § 117 Abs. 1 bis 4. Der Versicherer hat den Schadensersatz in Geld zu leisten. Der Versicherer und der ersatzpflichtige Versicherungsnehmer haften als Gesamtschuldner.

(2) Der Anspruch nach Absatz 1 unterliegt der gleichen Verjährung wie der Schadensersatzanspruch gegen den ersatzpflichtigen Versicherungsnehmer. Die Verjährung beginnt mit dem Zeitpunkt, zu dem die Verjährung des Schadensersatzanspruchs gegen den ersatzpflichtigen Versicherungsnehmer beginnt; sie endet jedoch spätestens nach zehn Jahren von dem Eintritt des Schadens an. Ist der Anspruch des Dritten bei dem Versicherer angemeldet worden, ist die

[6] Zum versicherten Risiko siehe Abschn. 7.1.5.

[7] Das VVG-E ist zu finden unter www.bmj.bund.de.

Verjährung bis zu dem Zeitpunkt gehemmt, zu dem die Entscheidung des Versicherers dem Anspruchsteller in Textform zugeht. Die Hemmung, die Ablaufhemmung und der Neubeginn der Verjährung des Anspruchs gegen den Versicherer wirken auch gegenüber dem ersatzpflichtigen Versicherungsnehmer und umgekehrt.

Parallel hierzu wurde **§ 67 StBerG** ergänzt: Die zuständigen Kammern müssen Mandanten, die einen Haftpflichtanspruch behaupten, Auskunft über den Namen und der Adresse der Berufshaftpflichtversicherung des Steuerberaters sowie über die Versicherungsnummer erteilen, soweit der Berufsträger kein überwiegendes schutzwürdiges Interesse an der Nichterteilung der Auskunft hat.

► **Praxishinweis** Die Einführung des Direktanspruchs mag für den Geschädigten vorteilhaft sein, denn dieser hat bis jetzt nur die Möglichkeit, zur Absicherung seines Anspruchs in der Zwangsvollstreckung den Zahlungsanspruch des Steuerberaters gegen den Versicherung zu pfänden und sich überweisen zu lassen. Aber dem Steuerberater wird die Möglichkeit genommen, den Haftungsfall – ohne die Berufshaftpflichtversicherung einzuschalten – selbst zu regulieren. Dieses Vorgehen kann u. U. vorteilhaft sein.[8]

7.1.4 Gegenstand des Versicherungsschutzes

AVB § 1 Abs. 1 S. 1 lautet

Der Versicherer bietet dem Versicherungsnehmer Versicherungsschutz (Deckung) für den Fall, dass er wegen eines bei der Ausübung beruflicher Tätigkeit von ihm selbst oder einer Person, für die er einzutreten hat, begangenen Verstoßes von einem anderen aufgrund gesetzlicher Haftpflichtbestimmungen privatrechtlichen Inhalts für einen Vermögensschaden verantwortlich gemacht wird.

Vermögensschäden sind solche Schäden, die weder Personenschäden (Tötung, Verletzung des Körpers oder Schädigung der Gesundheit von Menschen) noch Sachschäden (Beschädigung, Verderben, Vernichtung oder Abhandenkommen von Sachen, insbesondere auch von Geld und geldwerten Zeichen) sind, noch sich aus solchen von dem Versicherungsnehmer oder einer Person, für die er einzutreten hat, verursachten Schäden herleiten.

[8] Dazu Abschn. 7.2.

Wichtig ist für Steuerberater, dass nicht nur die Vorbehaltstätigkeiten (eigentliche Steuerberatung), sondern auch die vereinbaren Tätigkeiten gem. § 57 Abs. 3 StBerG (z. B. Unternehmensplanung, Finanzierungsanfragen, Unternehmensbewertungen etc.) mitversichert sind. Dies gilt aber nur insoweit, als diese Tätigkeiten von Personen verrichtet werden, die diesbezüglich über besondere Kenntnisse und Erfahrungen verfügen, **BBR-S B I. 7**. Dies sollte aus der Personalakte abgeleitet werden können.

Nicht versichert sind demgegenüber unternehmerische Tätigkeiten wie z. B. eine über steuerliche und wirtschaftliche Beratung hinausgehende Geschäfte, z. B. Geldanlagen oder Kreditgewährungen, **BBR-S B III**.

7.1.4.1 Freistellungsverpflichtung, Abwehrpflicht und Kosten

Die Berufshaftpflichtversicherung übernimmt somit sämtliche finanziellen Lasten, die sich auf Seiten des versicherten Steuerberaters ergeben können, wenn dieser wegen eines Beratungsfehlers im Zusammenhang mit seiner beruflichen Tätigkeit zu Recht oder zu Unrecht auf Schadenersatz in Anspruch genommen wird.

Der Versicherer ist also nicht nur verpflichtet, den Steuerberater von einem begründeten Anspruch freizustellen (**Freistellungsverpflichtung**), sondern er muss dem Steuerberater auch bei der Abwehr eines unbegründeten Haftpflichtanspruchs helfen (**Abwehrpflicht**), **AVB Teil 1 A. § 3 III 1**.:

> Der Versicherungsschutz umfasst die Befriedigung begründeter und die Abwehr unbegründeter Schadenersatzansprüche (obliegende Leistung).

Falls es zum **Rechtsstreit** kommt, übernimmt der Versicherer auch die hierdurch entstehenden **Kosten**.

> Die Kosten eines gegen den Versicherungsnehmer anhängig gewordenen, einen gedeckten Haftpflichtanspruch betreffenden Haftpflichtprozesses sowie einer wegen eines solchen Anspruchs mit Zustimmung des Versicherers vom Versicherungsnehmer betriebenen negativen Feststellungsklage oder Nebenintervention gehen zu Lasten des Versicherers.

Die Übernahme dieser Kosten schmälert nicht die zur Verfügung stehende Versicherungssumme.

Die AVB regeln jedoch **Ausnahmen** von diesem Grundsatz. Übersteigt der geltend gemachte Haftpflichtanspruch die Versicherungssumme, so trägt beispielsweise der Versicherer die Kosten nur anteilig, **§ 3 III. 5.2 AVB**.

Die **Kosten eines außergerichtlichen Bevollmächtigten** werden von der Versicherung nicht übernommen **§ 3 III. 5. AVB**:

> Den aus Anlass eines Schadensfalles erforderlichen Schriftwechsel hat der Versicherungsnehmer unentgeltlich zu führen. Sonstiger anfallender Aufwand sowie auch die Kosten eines vom Versicherungsnehmer außergerichtlich beauftragten Bevollmächtigten werden nicht erstattet.

7.1.4.2 Erfüllungs-, Nachbesserungs- und Erfüllungsersatzansprüche

Gemäß § 1 Abs. 1 S. 1 AVB kann die Vermögensschadenshaftpflichtversicherung nur dann vom Steuerberater in Anspruch genommen werden, wenn er aufgrund gesetzlicher Haftpflichtbestimmungen für einen Vermögensschaden verantwortlich gemacht wird.

Dies ist nicht der Fall bei

- Erfüllungs- und Nachbesserungsansprüchen:

Beispiel[9]

Ein Steuerberater hat eine Mittelverwendungskontrolle übernommen. Der Steuerberater kann die ordnungsgemäße Verwendung nicht nachweisen und der Auftraggeber verlangt deshalb das Geld heraus. Der Auftraggeber macht hier keinen Anspruch aufgrund gesetzlicher Haftpflichtbestimmungen geltend, sondern einen Herausgabeanspruch nach §§ 675, 667 BGB.

- Erfüllungsersatzansprüchen:[10]
  Erfüllungsersatzansprüche sind Schadenersatzansprüche, die an die Stelle der vertraglich geschuldeten Primärleistung treten (§ 281 Abs. 1 BGB i. V. m. § 280 Abs. 1, Abs. 3 BGB). Es handelt sich um einen Schadenersatz statt der Leistung im Gegensatz zu einem Schadenersatz neben der Leistung.
  Verlangt wird mit einem Erfüllungsersatzanspruch
  - entweder die Erstattung der Kosten, die der Auftraggeber aufwenden muss, um die mangelhafte Leistung des Steuerberaters nachzubessern, oder
  - ein Ausgleich dafür, dass der Steuerberater nicht mehr in der Lage ist, gegenüber seinem Vertragspartner die vertraglich zugesagte Leistung zu erfüllen.

Der BGH verneint in diesen Fällen den Versicherungsschutz.[11] Er begründet dies damit, dass die Vermögensschadenshaftpflichtversicherung dem Versicherten nicht die Erfüllung willentlich eingegangener Verbindlichkeiten oder der hieraus entspringenden Ansprüche auf Ersatzleistungen abnehmen soll.

---

[9] Gräfe/Brügge, Vermögensschadenshaftpflichtversicherung, B. III. 3. a).

[10] Hierzu Gräfe/Brügge, Vermögensschadenshaftpflichtversicherung, B III. 3. b).

[11] BGH VersR 1964, 230; BGH VersR 1971, 144.

7.1.5 Versichertes Risiko

7.1.5.1 Vorbehaltsaufgaben und vereinbare Tätigkeiten

Der Versicherungsschutz erstreckt sich auf die Vorbehaltsaufgaben nach § 33 StBerG und auf die vereinbaren Tätigkeiten nach § 57 Abs. 3 Nr. 2 und Nr. 3 StBerG, s. o.

Nicht versichert sind dagegen berufsfremde unternehmerische oder sogar mit dem Beruf des Steuerberaters unvereinbare Tätigkeiten (z. B. eine gewerbliche Tätigkeit).

> Nicht versichert sind unternehmerische Tätigkeiten, wie z. B. die über eine steuerliche und wirtschaftliche Beratung hinausgehende Empfehlung wirtschaftlicher Geschäfte, insbesondere von Geldanlagen und Kreditgewährungen, sowie die Tätigkeit als Vorstand, Aufsichtsrat, Beirat oder Geschäftsführer oder Leiter von Unternehmungen.

Beispiele

Das OLG Düsseldorf entschied, dass ein Schadenersatzanspruch wegen einer Pflichtverletzung bei einer Anlageberatung, bei der ein enger innerer Zusammenhang zwischen der steuerlichen Beratung und der Anlageempfehlung besteht, der Verjährung nach der Vorschrift des § 68 StBerG unterliegt.[12] Dies ist ein Hinweis darauf, dass eine solche Anlageberatung unter das versicherte Risiko fällt.

Der BGH entschied in zwei Fällen, dass Schadenersatzansprüche von Kapitalanlegern gegenüber einem Steuerberater, der als Treuhandkommanditist tätig wird, nicht der Verjährung gemäß § 68 StBerG unterliegen.[13] Dies ist ein Hinweis darauf, dass die Tätigkeit nicht unter das versicherte Risiko fällt.

7.1.5.2 Verstoßdeckung

7.1.5.2.1 Verstoßprinzip

In der Vermögensschadenshaftpflichtversicherung für Steuerberater gilt das **Verstoßprinzip**.

> **AVB § 2 Abs. 1 AVB lautet**
> Die Vorwärtsversicherung umfasst die Folgen aller vom Beginn des Versicherungsschutzes an (§ 3) bis zum Ablauf des Vertrages vorkommenden Verstöße.

[12] OLG Düsseldorf v. 13.12.2005, 23 U 235/04, OLGR 2006, 413.

[13] BGH v. 20.3.2006, II ZR 326/04, WM 2006, 860; BGH v. 13.7.2006, III ZR 361/04, WM 2006, 1933.

Das bedeutet, der Versicherungsfall ist der in den Versicherungszeitraum fallende Verstoß. Es kommt nur darauf an, dass der Steuerberater zu dem Zeitpunkt, zu dem er die Pflichtverletzung beging, die zum Schadenersatzanspruch führte, haftpflichtversichert war. Dann tritt die Vermögensschadenshaftpflichtversicherung ein. Wann der Schaden entstanden ist, ist dagegen unerheblich.[14] Unerheblich ist es auch, ob der Versicherungsvertrag bereits beendet ist, wenn der Mandant oder der Dritte den Anspruch gegen den Steuerberater erhebt.

AVB § 2 III. regelt den Verstoßzeitpunkt bei einer fahrlässigen Unterlassung:

> Wird ein Schaden durch fahrlässige Unterlassung verursacht, gilt im Zweifel der Verstoß als an dem Tag begangen, an welchem die versäumte Handlung spätestens hätte vorgenommen werden müssen, um den Eintritt des Schadens abzuwenden.

7.1.5.2.2 Spätschadensrisiko und Rückwärtsversicherung

Versicherungsschutz besteht dann aber auch nur mit der Deckungssumme zum Zeitpunkt des Verstoßes. Wurde die Deckungssumme in dem Zeitraum zwischen dem Verstoß und der Geltendmachung des Schadenersatzes durch den Geschädigten erhöht, findet das bei der Regulierung des Schadens keine Berücksichtigung. Weil sich, wie ausgeführt, die Verjährungsregelungen geändert haben und nach der Rechtsprechung die Verjährung erst mit der Schadensentstehung beginnt, warnen Haftpflichtversicherer vor einem sog. **„Spätschadensrisiko"**[15]

Der Steuerberater hat danach folgende Möglichkeiten, sich gegen das „Spätschadensrisiko" zu schützen:

- Bei Abschluss des Versicherungsvertrags vorwärtsgewandte Risikoanalyse.
- Jährliche Überprüfung der Angemessenheit der Deckungssumme.
- Nachträgliche Erhöhung der Deckungssumme durch eine Rückwärtsversicherung. Zur Rückwärtsversicherung trifft **AVB § 2 II.** eine Regelung:

> Die Rückwärtsversicherung bietet Deckung gegen in der Vergangenheit vorgekommene Verstöße, welche dem Versicherungsnehmer oder versicherten Personen bis zum Abschluss der Rückwärtsversicherung nicht bekannt geworden sind. Bei Antragstellung ist die zu versichernde Zeit nach Anfangs- und Endpunkt zu bezeichnen. Ein Verstoß gilt als bekannt, wenn ein Vorkommnis vom Versicherungsnehmer oder von mitversicherten Personen als – wenn auch nur möglicherweise – objektiv fehlsam erkannt oder ihnen, wenn auch nur bedingt, als fehlsam bezeichnet worden ist,

[14] Anders ist dies z. B. bei der Kfz-Versicherung: Dort gilt das Schadensereignisprinzip und der Eintritt des Schadens gehört ebenfalls zum Versicherungsfall.

[15] Brügge, Vorsorgemaßnahmen zur Haftungsvermeidung bei Steuerschäden, BKKM 2006, 129.

auch wenn Schadenersatzansprüche weder erhoben noch angedroht noch befürchtet worden sind.

7.1.5.3 Dauerverstoß und mehrere Verstöße

In manchen Fällen stellt sich die Frage, ob nur ein Dauerverstoß des Steuerberaters oder mehrere Verstöße vorliegen. Hier muss auf den Einzelfall abgestellt werden.

Beispiel

Der Mandant eines Steuerberaters übt neben seiner freiberuflichen Tätigkeit eine gewerbliche Tätigkeit aus. Der Steuerberater weist ihn über mehrere Jahre hinweg nicht darauf hin, dass die gesamte Tätigkeit gewerbesteuerpflichtig ist. Es liegt nicht nur ein Verstoß vor, sondern mehrere Verstöße.[16]

Wichtig ist die Abgrenzung, ob ein oder mehrere Verstöße vorliegen, deshalb, weil der Steuerberater bei jedem neuen Verstoß den Schaden bis zur Höhe seiner **Selbstbeteiligung** selbst tragen muss. Ist der Steuerberater überwiegend in einem Bereich tätig, in dem mehrere Verstöße mit jeweils eher niedrigen Schadenssummen möglich sind, so kann es sich lohnen, eine prozentuale Selbstbeteiligung statt einer festen Selbstbeteiligung zu vereinbaren.[17]

7.1.5.4 Risikoausschlüsse

7.1.5.4.1 AVB § 4

Bei der Berufshaftpflichtversicherung sind einige Ausschlüsse zu beachten. Hierzu regelt **AVB § 4:**

Der Versicherungsschutz bezieht sich nicht auf Haftpflichtansprüche

1. mit Auslandsbezug, so weit die Bestimmungen zum Versicherungsschutz mit Auslandsbezug in den Besonderen Bedingungen nichts anderes regeln (...);
2. so weit sie aufgrund Vertrages oder besonderer Zusage über den Umfang der gesetzlichen Haftpflicht hinausgehen;
3. wegen Schäden durch Veruntreuung durch Personal des Versicherungsnehmers. Weitere Bestimmungen zu Veruntreuungsschäden regeln die Besonderen Bedingungen (...);
4. aus der Tätigkeit des Versicherungsnehmers oder seines Personals als Leiter, Geschäftsführer, Vorstands-, Aufsichtsrats-, Beiratsmitglied von Firmen,

[16] BGH v. 15.5.1991, IV ZR 85/90, BB 1991, 1376.
[17] Siehe hierzu Abschn. 7.1.2.

Unternehmungen, Vereinen, Verbänden. Ist der Versicherungsnehmer als Berufsträgergesellschaft anerkannt, gilt dies entsprechend für die Berufsgesellschaft und die dort tätigen mitversicherten Personen gemäß § 7 I 1;

5. wegen Schadensverursachung durch wissentliches Abweichen von Gesetz, Vorschrift, Anweisung oder Bedingung des Auftraggebers oder durch sonstige wissentliche Pflichtverletzung. Der Versicherungsnehmer behält, wenn dieser Ausschlussgrund nicht in seiner Person und auch nicht in der Person eines Sozius vorliegt – unbeschadet der Bestimmungen des § 7 IV 2 – den Anspruch auf Versicherungsschutz. § 1 II bleibt unberührt.

§ 4 Nr. 5 AVG hat bezüglich des Abweichens von Gesetz und Vorschrift seine Grundlage in **§ 103 VVG**:

Der Versicherer haftet nicht, wenn der Versicherungsnehmer vorsätzlich den Eintritt der Tatsache, für die er dem Dritten verantwortlich ist, widerrechtlich herbeigeführt hat.

► **Praxishinweis** Als wissentliche Pflichtverletzung gilt auch folgender Fall: Ein Steuerberater nimmt in Kenntnis seiner Arbeitsüberlastung und unzureichenden personellen Ausstattung daraus zwangsläufig folgende Fristüberschreitungen und Versäumnisse hin.[18]

Besonderheiten sind bei § 4 Nr. 1 und Nr. 3 AVB zu beachten:

- Bestimmte Fällen mit Auslandsbezug, **AVB § 4 Nr. 1**
  Hier ist **BBR A. 6. AVB** zu beachten:

Haftpflichtansprüche mit Auslandsbezug:
§ 4 Ziff. 1 erhält folgende Fassung:
Der Versicherungsschutz bezieht sich nicht auf Haftpflichtansprüche

a) welche vor ausländischen Gerichten gelten gemacht werden; dies gilt auch im Falle eines inländischen Vollstreckungsurteils (§ 722 ZPO);
b) aus der Verletzung oder Nichtbeachtung ausländischen Rechts;

[18] OLG Hamm v. 24.2.1988, 20 U 255/87, VersR 1988, 1122.

c) welche aus Tätigkeiten geltend gemacht werden, die über Niederlassungen, Zweigniederlassungen oder weitere Beratungsstellen im Ausland ausgeübt werden, so weit diese nicht durch besondere Vereinbarung eingeschlossen sind.

Die Risikoausschlüsse gemäß Ziff. a und b gelten jedoch nicht für das europäische Ausland, die Türkei und die Staaten auf der ehemaligen Sowjetunion einschließlich Litauen, Lettland und Estland.

Eingeschlossen ist die gesetzliche Haftpflicht aus der Verletzung oder Nichtbeachtung des rechts der zuvor nicht genannten Staaten, so weit sie bei der das Abgabenrecht dieser Staaten betreffenden geschäftsmäßigen Hilfeleistung in Steuersache entstanden sind und dem Auftrag zwischen dem Versicherungsnehmer und seinem Auftraggeber nur deutsches Recht zugrunde liegt. Die Leistungspflicht des Versicherers ist in diesen Fällen auf die gesetzlich vorgeschriebene Mindestversicherungssumme beschränkt.

§ 4 Nr. 1 AVB wird also vollkommen modifiziert. Insbesondere besteht Versicherungsschutz bei Haftpflichtansprüchen mit Bezug zum europäischen Ausland.

- Schäden durch Veruntreuung, **AVR § 4 Nr. 3**
  Hier ist **BBR A. 6.2** zu beachten:

Veruntreuungsschäden
§ 4 Ziff. 3 erhält folgende Fassung:

Der Versicherungsschutz bezieht sich nicht auf Haftpflichtansprüche wegen Schäden, welche durch Fehlbeträge bei der Kassenführung, durch Verstöße beim Zahlungsakt oder durch Veruntreuung durch das Personal des Versicherungsnehmers entstehen.

Hier wurde der Bereich der Ausschlüsse also erweitert.

7.1.5.4.2 Weitere Ausschlüsse

Weiterhin sind als Ausschlüsse zu beachten:

- BBR B V. :

V. Nicht versichert sind unternehmerische Tätigkeiten, wie z. B. die über eine steuerliche und wirtschaftliche Beratung hinausgehende Empfehlung wirtschaftlicher Geschäfte, insbesondere von Geldanlagen und Kreditgewährungen, sowie die Tätigkeit gemäß § 4 Ziff. 4.

Im Bereich des unternehmerischen Risikos ist es aber möglich, mit einer gesonderten Versicherung für Versicherungsschutz zu sorgen.

- BBR B IV. :

IV. Der Versicherungsschutz erstreckt sich auch auf die Erbringung von Rechtsdienstleistungen, die als erlaubte Nebenleistung zum Berufs- oder Tätigkeitsfeld des Steuerberaters gehören (vgl. § 5 RDG); soweit die Grenzen der erlaubten Nebenleistung nicht bewusst überschritten werden, bleibt der Versicherungsschutz erhalten.

Der Versicherungsschutz entfällt also nur dann, wenn bewusst eine unerlaubte Rechtsberatung durchgeführt wird.[19]

7.1.6 Anzeige- bzw. Aufklärungsobliegenheiten/Anerkenntnis- bzw. Befriedigungsverbot

Sehr wichtig ist es für den Steuerberater, die Obliegenheiten gemäß **AVB § 5 II. und III.** zu beachten:

II. Obliegenheiten im Versicherungsfall

1. Schadenanzeige
1.1 Jeder Versicherungsfall ist dem Versicherer (vgl. § 11) unverzüglich, spätestens innerhalb einer Woche, in Textform anzuzeigen.
1.2 Wird ein Ermittlungsverfahren eingeleitet oder ein Strafbefehl oder ein Mahnbescheid erlassen, hat der Versicherungsnehmer dem Versicherer unverzüglich Anzeige zu erstatten, auch wenn er den Versicherungsfall selbst bereits angezeigt hat. Gegen Mahnbescheide oder Verfügungen von Verwaltungsbehörden

[19] Siehe zur Unerlaubten Rechtsberatung § 3.

auf Schadenersatz hat er, ohne die Weisung des Versicherers abzuwarten, fristgemäß Widerspruch zu erheben und die erforderlichen Rechtsbehelfe zu ergreifen.

1.3 Macht der Geschädigte seinen Anspruch gegenüber dem Versicherungsnehmer geltend, ist dieser zur Anzeige innerhalb einer Woche nach der Erhebung des Anspruchs verpflichtet.

1.4 Wird gegen den Versicherungsnehmer ein Anspruch gerichtlich geltend gemacht, Prozesskostenhilfe beantragt oder wird ihm gerichtlich der Streit verkündet, hat er außerdem unverzüglich Anzeige zu erstatten. Das Gleiche gilt im Falle eines Arrestes, einer einstweiligen Verfügung oder eines selbstständigen Beweisverfahrens.

1.5 Durch die Absendung der Anzeige werden die Fristen gewahrt. Für die Erben des Versicherungsnehmers tritt an Stelle der Wochenfrist jeweils eine Frist von einem Monat.

2. Mitwirkung des Versicherungsnehmers bei der Schadenabwehr

2.1 Der Versicherungsnehmer ist, soweit für ihn zumutbar, verpflichtet, unter Beachtung der Weisungen des Versicherers, insbesondere auch hinsichtlich der Auswahl des Prozessbevollmächtigten, für die Abwendung und Minderung des Schadens zu sorgen und alles zu tun, was zur Klarstellung des Schadenfalles dient.

2.2 Er hat den Versicherer bei der Abwehr des Schadens sowie bei der Schadenermittlung und -regulierung zu unterstützen, ihm ausführliche und wahrheitsgemäße Schadenberichte zu erstatten, alle Tatumstände, welche auf den Schadenfall Bezug haben, mitzuteilen und alle nach Ansicht des Versicherers für die Beurteilung des Schadenfalles erheblichen Schriftstücke einzusenden.

2.3 Den aus Anlass eines Schadenfalles erforderlichen Schriftwechsel hat der Versicherungsnehmer unentgeltlich zu führen. Sonstiger anfallender Aufwand sowie auch die Kosten eines vom Versicherungsnehmer außergerichtlich beauftragten Bevollmächtigten werden nicht erstattet.

2.4 Eine Streitverkündung seitens des Versicherungsnehmers an den Versicherer ist nicht erforderlich. Die Kosten einer solchen werden vom Versicherer nicht ersetzt.

III. Zahlung des Versicherers

1. Zeitpunkt

Ist die Schadenersatzverpflichtung des Versicherungsnehmers mit bindender Wirkung (§ 3 III Ziff. 1.2) für den Versicherer festgestellt, hat dieser den Versicherungsnehmer binnen zwei Wochen vom Anspruch des Dritten freizustellen.

2. Erfüllung
Die Leistungen des Versicherers erfolgen in Euro. Die Verpflichtung des Versicherers gilt mit dem Zeitpunkt als erfüllt, in dem der Euro-Betrag bei einem inländischen Geldinstitut angewiesen ist.

Gemäß den AVB ist der Versicherungsfall dem Versicherer unverzüglich, spätestens innerhalb **einer Woche, in Textform anzuzeigen**. Dies gilt unabhängig davon, ob der Steuerberater die Haftpflichtansprüche für begründet hält oder nicht.

Gemäß den AVB ist der Versicherungsnehmer nicht berechtigt, ohne vorherige Zustimmung des Versicherers einen Haftpflichtanspruch ganz oder zum Teil anzuerkennen oder zu vergleichen oder zu befriedigen.[20]

Verstößt der Steuerberater gegen diese Obliegenheiten, so kann er nach **AVB § 6** seinen Versicherungsschutz verlieren:

§ 6 Leistungsfreiheit, Leistungskürzung und Fortbestehen der Leistungspflicht bei einer Obliegenheitsverletzung nach § 5

I. Leistungsfreiheit
Wird eine Obliegenheit verletzt, die dem Versicherer gegenüber zu erfüllen ist, ist der Versicherer von der Verpflichtung zur Leistung frei, wenn der Versicherungsnehmer die Obliegenheit vorsätzlich verletzt hat.

II. Leistungskürzung
Im Fall einer grob fahrlässigen Verletzung der Obliegenheit ist der Versicherer berechtigt, seine Leistung in einem der Schwere des Verschuldens des Versicherungsnehmers entsprechenden Verhältnis zu kürzen. Weist der Versicherungsnehmer nach, dass er die Obliegenheit nicht grob fahrlässig verletzt hat, bleibt der Versicherungsschutz bestehen.

III. Fortbestehen der Leistungspflicht
Der Versicherer bleibt zur Leistung verpflichtet, wenn der Versicherungsnehmer nachweist, dass die Verletzung der Obliegenheit weder für den Eintritt oder die Feststellung des Versicherungsfalles noch für die Feststellung oder den Umfang der dem Versicherer obliegenden Leistung ursächlich war. Dies gilt nicht, wenn der Versicherungsnehmer die Obliegenheit arglistig verletzt hat.

[20] Das Anerkenntnisverbot soll nach § 115 VVG-E entfallen.

7.1.7 Versicherungsschutz bei der Haftung für Dritte

Der Steuerberater muss haftpflichtversichert sein, wobei der Versicherungsschutz auch die Pflichtverletzungen von **Erfüllungs- und Verrichtungsgehilfen** umfassen muss (§ 67 StBerG, § 51 Abs. 1 DVStB). Dem entspricht auch der Versicherungsschutz, der gemäß A. § 1 Abs. 1 Nr. 1 AVB gewährt wird.

Nicht umfassen muss der Versicherungsschutz hingegen Pflichtverletzungen, die von **Sozien** begangen werden. Hierfür besteht jedoch gemäß **AVB § 12** Versicherungsschutz.

§ 12 Sozien
I. Versicherungsfall
Der Versicherungsfall auch nur eines Sozius (§ 1 II) gilt als Versicherungsfall aller Sozien. Dies gilt nicht für Tätigkeiten außerhalb der gemeinschaftlichen Berufsausübung.

§ 1 Abs. 3 S. 1 und 2 AVB lautet
Als Sozien dieser Bedingungen gelten Berufsangehörige, die ihren Beruf nach außen hin gemeinschaftlich ausüben, ohne Rücksicht darauf, wie ihre vertraglichen Beziehungen untereinander (Innenverhältnis) geregelt sind. Die vertraglichen Beziehungen des Innenverhältnisses können sein: Anstellungsverhältnis, freie Mitarbeit, Bürogemeinschaft, Kooperation, Gesellschaft bürgerlichen rechts, nicht als Berufsträgergesellschaft anerkannte Partnerschaft, Partnerschaftsgesellschaft und ähnliches.

Zusammengefasst gilt also:

- Der Versicherungsfall eines nicht versicherten Sozius gilt auch als Versicherungsfall des versicherten Sozius.
- Als Sozius gelten alle Berufsangehörige, die ihren Beruf nach außen hin gemeinschaftlich mit dem Versicherungsnehmer ausüben, ohne Rücksicht darauf, wie ihre vertraglichen Beziehungen untereinander geregelt sind, so fällt z. B. auch die Bürogemeinschaft darunter.

Nicht mitversichert sind allerdings Tätigkeiten außerhalb der gemeinschaftlichen Berufsausübung, § 12 I. 2. AVB.

Umstände, die den Versicherungsschutz beeinflussen, gehen zu Lasten aller Sozien, § 1 III. 3. AVB.

Die Deckungssumme berechnet sich gemäß **§ 12 Abs. 2 AVB** wie folgt:

II. Durchschnittsleistung

Der Versicherer tritt für die Sozien zusammen mit einer einheitlichen Durchschnittsleistung ein. Für diese Durchschnittsleistung gilt Folgendes:

1. Berechnung der Versicherungsleistung
   Die Leistung auf die Haftpflichtsumme ist in der Weise zu berechnen, dass zunächst bei jedem einzelnen Sozius festgestellt wird, wie viel er vom Versicherer zu erhalten hätte, wenn er, ohne Sozius zu sein, allein einzutreten hätte (fiktive Leistung), und sodann die Summe dieser fiktiven Leistungen durch die Zahl aller Sozien geteilt wird.
2. Berechnung der Kosten
   Bezüglich der Kosten sind die Bestimmungen in § 3 III Ziff. 5 in sinngemäßer Verbindung mit den vorstehenden Bestimmungen anzuwenden.
3. Anwendung auf Nichtversicherungsnehmer
   Dieser Durchschnittsversicherungsschutz besteht nach Maßgabe des § 7 I Ziff. 1 auch zu Gunsten eines Sozius, der Nichtversicherungsnehmer ist.

Kurz zusammengefasst bedeutet dies: Für jeden Sozius wird berechnet, welche Versicherungsleistung die Versicherung erbringen müsste, hätte der Sozius die Pflichtverletzung begangen. Diese Versicherungsleistungen werden addiert und das Ergebnis wird durch die Anzahl der Sozien geteilt. Dieses Ergebnis wird dann auf die Versicherer verteilt.

Beispiel

Sozius A begeht schuldhaft eine Pflichtverletzung und es entsteht dadurch ein Schaden beim Mandanten in Höhe von 2 Mio. €. Der Mandant nimmt den Sozius B gemäß § 128 HGB analog in Anspruch. A hat mit seiner Haftpflichtversicherung eine Deckungssumme von 1 Mio. € vereinbart. B hat eine Deckungssumme von 2 Mio. € vereinbart.

Die Summe der Versicherungsleistungen, die jede Versicherung erbringen müsste, beläuft sich auf 3 Mio. €. Diese geteilt durch die Anzahl der beiden Sozien ergibt einen Betrag von 1,5 Mio. €. Die Haftpflichtversicherung jedes Sozius muss dann 750.000 € bezahlen. Es ergibt sich also eine Deckungslücke in Höhe von 500.000 €. In dieser Höhe kann Sozius B – obwohl die Deckungssumme bei einer Pflichtverletzung durch ihn ausreichen würde – mit seinem Privatvermögen in Anspruch genommen werden. Möglich ist es für ihn dann nur noch, bei Sozius A Rückgriff zu nehmen.

► **Praxishinweis** Wie das Beispiel oben zeigt, sollten zur Vermeidung solcher Deckungslücken in Sozietäten immer gleich hohe Deckungssummen vereinbart werden.

7.2 Vorgehensweise bei der Abwicklung eines Haftungsfalles

7.2.1 Checkliste

Aus den Ausführungen zur Berufshaftpflichtversicherung ergibt sich, dass vom Steuerberater einige Besonderheiten zu beachten sind, wenn er mit einem Haftungsanspruch konfrontiert wird. Zum Überblick folgende

Checkliste: Vorgehensweise bei der Abwicklung eines Haftungsfalles

- Schadensfall **unverzüglich** der Berufshaftpflichtversicherung melden
  Der Steuerberater muss den Schadensfall unverzüglich melden. Hat er z. B. eine Einspruchs- oder Klagefrist versäumt und beantragt nun Wiedereinsetzung in den vorigen Stand, so sollte er der Versicherung zum einen eine kurze Schilderung des Sachverhalts sowie eine Kopie des Wiedereinsetzungsantrags vorlegen.
  Der Steuerberater sollte im Zweifel jeden auch noch so unwahrscheinlichen Fall aus Vorsichtsgründen melden. Wir melden jeden Fall, in dem der Mandant (auch nur mündlich) geltend macht, wir hätten einen Fehler gemacht.
  Ausnahme: Handelt es sich jedoch um einen Regressfall mit einem vergleichsweise geringen Schadensumfang, so sollte sich der Steuerberater überlegen, ob er diesen Schaden direkt mit seinem Mandanten und ohne Einschaltung der Vermögenshaftpflicht-Versicherung abwickelt. Das bringt folgende Vorteile: Zum einen kann die Versicherung nicht den Vertrag kündigen. Zum anderen kann der Steuerberater aufgrund des Schadensfreiheitsrabatts eine Prämienreduktion erzielen, die u. U. weit über dem selbst regulierten Schaden liegt. Und schließlich hält sich so der Verwaltungsaufwand auch in Grenzen.
- Keine Befriedigung des Haftungsanspruchs, kein Anerkenntnis und kein Vergleich ohne Zustimmung der Berufshaftpflichtversicherung
  Es muss beachtet werden, dass der Steuerberater ohne Einverständnis der Haftpflichtversicherung keine Zugeständnisse an die Gegenseite machen darf. Dazu gehört auch, dass er nicht auf die Einrede der Verjährung verzichtet. Sonst droht die Gefahr, dass der Versicherungsschutz entfällt.

7.2.2 Hinzuziehung eines Rechtsanwalts

Die Versicherung unterstützt den Steuerberater bei der Haftungsabwehr. Nach den Standard-AVB kommt sie nicht für die Kosten eines Rechtsanwaltes auf, solange noch kein Prozess vor Gericht geführt wird. Kommt es zum Prozess, trägt die Versicherung grundsätzlich die Kosten für einen Prozessbevollmächtigten. Ein Rechtsanwalt sollte aber erst beauftragt werden, nachdem mit der Versicherung Rücksprache genommen wurde.

Wird die Berufshaftpflichtversicherung nicht eingeschaltet, weil nur ein geringer Schaden geltend gemacht wird, ist – wenn eine Abwehr des Anspruchs erfolgen soll – die Hinzuziehung eines Rechtsanwaltes sehr empfehlenswert (und bei einem Prozess vor dem Landgericht oder einer höheren Instanz zwingend notwendig, § 78 ZPO). Und zwar aus zweierlei Gründen: Zum einen sollte man sich in eigenen Angelegenheiten immer vertreten lassen, um die emotionalen Spannungen möglichst außen vor zu lassen. Vergleichbar ist das z. B. mit dem eigenen Scheidungsverfahren eines Rechtsanwaltes – hier lässt sich selbst der versierteste Familienrechtler besser von einem (externen) Rechtsanwalt vertreten.

Zum anderen ist in einem Haftungsprozess die Bedeutung des Verfahrensrechts und der Prozess-Taktik nicht zu unterschätzen. Und auf diesem Gebiet bewegt sich der Jurist im Regelfall einfach sicherer und zielgerichteter.

7.2.3 Verhalten gegenüber dem Mandanten

Ist der Haftungsfall einmal eingetreten, so möchte der Steuerberater natürlich nicht wegen dieses Fehlers seinen Mandanten verlieren. Der Mandant wird bleiben, wenn er trotz des Fehlers sein Vertrauen in den Steuerberater nicht verloren hat. Entscheidend hierfür ist in vielen Fällen, dass dem Mandanten vermittelt werden kann, dass offen mit dem Fehler umgegangen und aktiv nach einer Lösung des Problems gesucht wird.

7.2.3.1 Der Steuerberater erkennt den Fehler selbst

Erkennt der Steuerberater den Fehler selbst, so empfiehlt sich folgendes Vorgehen:

► **Praxishinweis** Bei den folgenden Punkten muss unbedingt darauf geachtet werden, dass keine Zugeständnisse gemacht werden, die den Versicherungsschutz gefährden. Es darf also nicht – auch nicht mündlich – anerkannt werden, dass wegen des Fehlers ein Ersatzanspruch des Mandanten besteht!
Im Übrigen gilt:

1. Schlechte Nachrichten müssen dem Mandanten sofort übermittelt werden. Es sollten keine Umschweife gemacht werden. Die Nachricht ist vom Kanzleiinhaber/Partner zu übermitteln.
2. Fehler dürfen sprachlich nicht verkleinert werden. Untertreibungen sollten vermieden werden und man sollte sachlich bleiben.
3. Es sollte eine kurze Pause zum Verdauen gemacht werden.
4. Der Fehler sollte erklärt werden, die Verantwortung sollte nicht auf Mitarbeiter abgewälzt werden. Der Kanzleiinhaber ist der Vertragspartner des Mandanten. Er ist immer alleine für die Fehler seines gesamten Teams verantwortlich und sollte sich auch vor seine Mitarbeiter stellen. Schließlich sind es auch die Mitarbeiter, die künftig weiter für den Mandanten tätig sein sollen.

5. Es sollte mitgeteilt werden, dass die Berufshaftpflichtversicherung bereits verständigt wurde. An dieser Stelle kann erklärt werden, dass ein Ersatzanspruch zum jetzigen Zeitpunkt durch den Steuerberater nicht anerkannt werden kann, weil ansonsten der Versicherungsschutz verloren geht. Die Haftpflichtversicherung würde sich aber darum kümmern.
6. Ein Versprechen, dass Fehler nicht wieder vorkommen, wirkt unglaubwürdig. Vielmehr sollte versichert werden, dass man auch in Zukunft wieder offen mit eigenen Fehlern umgeht.[21]

7.2.3.2 Der Mandant erkennt den Fehler

Erkennt ein Mandant den Fehler selbst, bevor der Steuerberater ihn erkannt hat, so wird er sich verärgert in der Kanzlei des Steuerberaters melden. Beim Umgang mit einem solchen verärgerten Mandanten gibt es ebenfalls Verhaltensweisen, die hilfreich sein können. Diese sollten auch den Mitarbeitern erklärt werden, die häufig als erste am Telefon mit dem verärgerten Mandanten konfrontiert werden. Hierzu folgender

► **Praxishinweis** Auch hier gilt: Keine Anerkennung von Ersatzansprüchen gegenüber dem Mandanten, auch nicht mündlich!

1. Den Mandanten ausreden lassen und zuhören.
2. W-Fragen stellen (wer, wann, wie, weshalb, wieso). Durch solche offenen Fragen kann besser als durch geschlossene Fragen in Erfahrung gebracht werden, was genau geschehen ist.
3. Durch Zusammenfassungen wiederholen, was der Mandant gesagt hat.
4. Es sollte vermieden werden, dem Mandanten zu widersprechen, sich zu rechtfertigen, den Mandanten abzuwerten oder zu belehren oder die Verantwortung auf andere abzuwälzen.
5. Den Sachverhalt in einer Gesprächsnotiz aufnehmen.
6. Einen Zeitraum benennen, bis zu dem der Sachverhalt überprüft wird. Dieser Zeitraum ist unbedingt einzuhalten. Gegebenenfalls ist innerhalb des Zeitraums ein Zwischenbericht zu erstatten.
   Sollte nicht der Steuerberater selbst, sondern ein Mitarbeiter mit dem Mandanten sprechen, sollte ein Termin vereinbart werden, bis zu dem sich der Steuerberater spätestens beim Mandanten meldet. Der Mitarbeiter gibt die Gesprächsnotiz dann an den Steuerberater weiter und informiert ihn.
7. Am Schluss des Gespräches dem Mandanten dafür danken, dass er sich mit seinem Problem offen an den Steuerberater gewandt hat und es diesem damit möglich gemacht hat, das Problem zu klären.
8. Hält der Steuerberater den Ersatzanspruch für unbegründet, so sollte noch einmal das Gespräch mit dem Mandanten gesucht werden, um die Situation zu klären. Bei einfach gelagerten Sachverhalten wird der Versuch einer Klärung natürlich schon im ersten Gespräch stattfinden.

[21] Basiert auf F. Haft, Verhandeln, Die Alternative zum Rechtsstreit, S. 229 ff.: Die Mitteilung eines Fehlers.

9. Die Haftpflichtversicherung muss verständigt werden, auch wenn der Steuerberater den Ersatzanspruch für unbegründet hält, aber die Situation mit dem Mandanten nicht klären konnte.
10. Dem Mandanten mitteilen, dass die Haftpflichtversicherung verständigt ist. Hier gilt ebenfalls, soweit der Steuerberater den Ersatzanspruch des Mandanten für begründet hält:

Der Fehler sollte erklärt werden, die Verantwortung sollte nicht auf Mitarbeiter abgewälzt werden.
An dieser Stelle kann erklärt werden, dass ein Ersatzanspruch zum jetzigen Zeitpunkt durch den Steuerberater nicht anerkannt werden kann, weil ansonsten der Versicherungsschutz verloren geht. Die Haftpflichtversicherung würde sich aber darum kümmern. Es sollte versichert werden, dass man auch in Zukunft wieder offen mit eigenen Fehlern umgeht.

8 ABC der Haftungsfälle

Abfindung, Aufteilung auf zwei Veranlagungszeiträume
Leitsatz: Der Steuerberater hat den Mandanten auf die steuerlichen Nachteile der Aufteilung einer Abfindung auf zwei Veranlagungszeiträume hinzuweisen, damit der Mandant seinen Arbeitgeber bewegen kann, die Abfindung innerhalb eines Veranlagungszeitraumes zu zahlen.

OLG Düsseldorf, Urteil v. 30.1.2004, I 23 U 68/03, GI 2004, 185

Anlageberatung, Umfang des Pflichtenkreises
Leitsatz: Beschränkt sich die Haftung eines Steuerberaters auf die Überprüfung der steuerlichen Aspekte eines Rentenplans, beinhaltet dies nicht die Überprüfung der Seriosität und Bonität der am Rentenplan beteiligten Unternehmen und Personen. Daher haftet der Steuerberater nicht, wenn diese später die angelegten Gelder unterschlagen oder zahlungsunfähig werden.

Eine steuerliche Beratung ist nicht falsch, wenn in einem Gutachten darauf hingewiesen wird, dass ein Finanzamt die Auffassung teilt, jedoch ein Vorbehalt hinsichtlich der Beurteilung durch andere Finanzämter gemacht wird und es später zu einem Finanzrechtsstreit mit dem Wohnsitzfinanzamt des Mandanten kommt.

LG Flensburg, Urteil v. 9.11.2001, 4 O 370/00, DStRE 4/04, 235

Leitsatz: Ein Steuerberater, der seinem Klienten aus steuerlichen Gründen zu einer bestimmten Geldanlage rät, muss diesen auch über steuerliche Fragen hinaus über die wesentlichen Risiken der empfohlenen Anlageform aufklären und haftet grundsätzlich für eine fahrlässig falsche Anlageberatung im Rahmen des Mandatsverhältnisses.

OLG Naumburg, Urteil v. 25.4.2002, 2 U 3/02, GI 2003, 115

C. Nickert et al., *Die Haftung des Steuerberaters*, DOI 10.1007/978-3-658-07629-0_8

Anlageberatung, Einbeziehung Dritter in den Schutzbereich
Leitsatz: 1. Wer einen anderen allein auf steuerliche Vorteile einer gesellschaftsrechtlichen Beteiligung hinweist, haftet ihm bei einem Fehler grundsätzlich nur für den ausgebliebenen Steuervorteil und nicht für einen ausgebliebenen Unternehmenserfolg.

2. In den Schutzbereich von (vor-)vertraglichen Pflichten zur richtigen Darstellung der Vorteile und Risiken einer Gesellschaftsbeteiligung werden in der Regel nachträglich auch Dritte einbezogen, sobald der Hinweisgeber erfährt, dass sie in Abstimmung mit dem Erstinteressenten möglicherweise an seiner Stelle in das Anlagevorhaben eintreten werden. Solchen Dritten gegenüber kann der Hinweisgeber auch für Fehler und Versäumnisse aus der Unterrichtung des Erstinteressenten haften, die für die Entschlussbildung der Dritten fortwirken.

BGH, Urteil v. 13.2.2003, IX ZR 62/02, DStRE 2003, 829

Anlagevermittlung, Umfang des Pflichtenkreises
Leitsatz: Bringt ein Steuerberater bei der Vermittlung einer Kapitalanlage seine besondere Erfahrung bei der Beurteilung wirtschaftlicher Sachverhalte und seine Seriosität als Mittel der Förderung des Absatzes gegenüber seinen Klienten ein, so ist er zur richtigen und vollständigen Information über diejenigen tatsächlichen Umstände verpflichtet, die für den Anlageentschluss der Interessenten von besonderer Bedeutung sind. Hierzu gehört auch bereits vorhandenes Interesse an der Anmietung von in einem Anlageobjekt vorhandenen Gewerbeeinheiten.

Macht ein Steuerberater gegenüber seinem Mandanten, dem er als Kapitalanlage „mit Steuereffekt" zu einer Beteiligung an einer Immobiliengesellschaft-GbR rät, die ein denkmalgeschütztes Gebäude sanieren will, falsche Angaben zur Anzahl vorhandener Mietinteressenten, verletzt er seine vorvertragliche Aufklärungspflicht und macht sich schadensersatzpflichtig, wenn das Objekt nach der Sanierung leer steht und sich die Renditeerwartung des Mandanten nicht erfüllt.

BFH, Urteil v. 23.9.2004, III ZR 256/03, BFH/NV 2005 Beilage 2 S. 139

Anlagevermittlung, Auskunftsvertrag
Leitsatz: Im Rahmen einer Anlagevermittlung kommt zwischen dem Anlageinteressenten und dem Vermittler ein Auskunftsvertrag mit Haftungsfolgen zumindest stillschweigend zustande, wenn der Interessent deutlich macht, dass er, auf eine bestimmte Anlageentscheidung bezogen, die besonderen Kenntnisse und Verbindungen des Vermittlers in Anspruch nehmen will, und der Anlagevermittler die gewünschte Tätigkeit beginnt (st. Rspr., zuletzt Senatsurteil vom 19. Oktober 2006 – III ZR 122/05 – ZIP 2006, 2221). Der Feststellung weiterer besonderer Umstände bedarf es nicht. Das gilt auch dann, wenn der Vermittler bei den Vertragsverhandlungen zugleich als selbständiger „Repräsentant" einer Bank auftritt.

BGH, Urteil v. 11.1.2007, III ZR 193/05, ZIP 2007, 1069

Leitsatz: Der konkludente Abschluss eines Beratungs- oder Auskunftsvertrages im Zusammenhang mit einer Anlageentscheidung setzt voraus, dass der Interessent deutlich macht, dass er bezüglich einer bestimmten Anlageentscheidung die besonderen Kenntnisse und Verbindungen des Vermittlers in Anspruch nehmen möchte. Diese Voraussetzungen liegen nicht vor, wenn der Anlageinteressent mit dem Vermittler nur als Vertreter eines anderen Anlageinteressenten (hier Rechtsanwalt) verhandelt und ein eigenes Anlageinteresse nicht zu erkennen gibt.

OLG Köln, Urteil v. 31.10.2002, 8 U 51/02, DStRE 2003, 764

Anlagevermittlung, Provisionen

Leitsatz: Wird ein Steuerberater gegenüber seinem Mandanten für eine Bauträgerin als Anlagevermittler tätig, kommt zwischen ihm und seinem Mandanten ein Auskunftsvertrag mit Haftungsfolgen zumindest stillschweigend zustande, wenn der Mandant deutlich macht, dass er – auf eine bestimmte Anlageentscheidung bezogen – die besonderen Kenntnisse und Verbindungen des Steuerberaters in Anspruch nehmen will, und der Steuerberater mit der Vermittlungstätigkeit beginnt.

Dem steht nicht entgegen, dass die eigentliche Anlageberatung von der Bauträgerin vorgenommen wurde. Offenbart der Steuerberater seinem Mandanten im Rahmen dieses Auskunftsvertrags nicht das ihm vom Bauträger erteilte Provisionsversprechen, verletzt er schon allein deshalb seine vertraglichen Pflichten.

OLG Düsseldorf, Urteil v. 18.1.2005, I 23 U 174/04 , GI 2005, 87

Anscheinsbeweis bei mehreren möglichen Handlungsweisen im Falle richtiger Beratung

Leitsatz: Kommen für den Mandanten hinsichtlich der Entscheidung über die Rückgabe der Zulassung verschiedene Handlungsweisen ernsthaft in Betracht, die unterschiedliche Vorteile und Risiken in sich bergen, ist grundsätzlich kein Raum für einen Anscheinsbeweis (Bestätigung von BGH, Urt. v. 30. September 1993 – IX ZR 79/93, BGHZ 123, 311, 319 und BGH, Urt. v. 19. Januar 2006 – IX ZR 232/01, WM 2006, 927, 930).

BGH, Urteil v. 23.11.2006, IX ZR 21/03, WM 2007, 419

Aufdeckung stiller Reserven

Leitsatz: Rät der steuerliche Berater dem Mandanten pflichtwidrig zur Aufgabe des Gewerbebetriebs und führt diese zur Aufdeckung stiller Reserven, stellt die hierauf entfallende Einkommensteuer grundsätzlich einen Schaden dar.

BGH, Urteil v. 23.10.2003, IX ZR 249/02, DStRE 2004, 298

Aufklärungspflicht, Pflichten des Notars

Orientierungssatz: Ein Steuerberater ist nicht verpflichtet, über die dem Notar obliegenden Beratungs- und Aufklärungspflichten zu belehren. Werden ein Steuerberater und ein Notar nebeneinander tätig, genügt ersterer seiner Pflicht, wenn er den Mandanten wegen der allgemein-rechtlichen Fragen an den Notar verweist.

LG Oldenburg, Urteil v. 5.10.2005, 5 O 3981/04, DStRE 2006, 883

Aufklärungspflicht, Pflichten des Rechtsanwalts

Leitsatz: 1. Der Anwalt muss dem Mandanten nicht notwendig eine vollständige rechtliche Analyse, sondern allein die Hinweise liefern, die ihm im Hinblick auf die aktuelle Situation und sein konkretes Anliegen die notwendige Entscheidungsgrundlage vermitteln. Erscheint unter mehreren rechtlich möglichen Alternativen die eine deutlich vorteilhafter als die andere, hat der Anwalt darauf hinzuweisen und eine entsprechende Empfehlung zu erteilen.

2. Nach Art und Umfang des Mandats kann eine eingeschränkte Belehrung ausreichend sein, etwa bei besonderer Eilbedürftigkeit oder bei einem Aufwand, der außer Verhältnis zum Streitgegenstand steht. Inhalt und Umfang der Aufklärung haben sich nach den erkennbaren Interessen des Mandanten zu richten.

3. Zur Prüfung der Handlungsalternativen, die sich dem Auftraggeber bei pflichtgemäßer Beratung stellen, müssen deren jeweilige Rechtsfolgen miteinander und mit den Handlungszielen des Mandanten verglichen werden (Fortführung von BGH, 13. Januar 2005, IX ZR 455/00, WM 2005, 1615, 1616; BGH, 21. Juli 2005, IX ZR 49/02, WM 2005, 2110, 2111).

4. Dem Mandanten, der einen richtigen Vorschlag des Anwalts ablehnt, kommt im Haftungsprozess die Vermutung beratungsgemäßen Verhaltens nicht zugute (Fortführung von BGH, 30. September 1993, IX ZR 73/99, BGHZ 123, 311, 319).

BGH, Urteil vom 1.3.2007, IX ZR 261/03, DB 2007, 1401

Orientierungssatz: Die Pflicht des Rechtsanwalts, die Interessen seines Auftraggebers umfassend wahrzunehmen und sich so zu verhalten, dass Schädigungen möglichst vermieden werden, besteht grundsätzlich nur in den Grenzen des erteilten Mandats. Gleichwohl hat der Rechtsanwalt, auch wenn er nur mit der Durchsetzung des Kaufpreisanspruchs aus einem Grundstückskaufvertrag beauftragt ist, den Mandanten umfassend zu beraten und ihm auch eine Rückabwicklung des Kaufvertrages vorzuschlagen, wenn sich im Zuge des Mandats ergibt, dass der Käufer zahlungsunfähig ist.

BGH, Beschluss vom 14.4.2005, IX ZR 253/02 (aus DATEV Lexinform: LX 1535662)

Aufklärung des Sachverhalts

Leitsatz: Der Steuerberater ist selbstverständlich verpflichtet, den für den erbetenen Rat wesentlichen Sachverhalt aufzuklären, gegebenenfalls durch Rückfragen beim Mandanten. Insoweit kommt eine andere Beurteilung als beim Rechtsanwalt nicht in Betracht

BGH, Beschluss vom 12.7.2007, IX ZR 69/04

Aufklärung, vermeintlich aussichtslose Klage

Leitsatz: Ein Steuerberater muss seinen Mandanten auch dann über die Frist zur Anfechtung eines Steuerbescheids belehren, wenn er eine Klage für aussichtslos hält.

BGH, Urteil vom 11.5.1999, IX ZR 298/97, DStRE 1999, 773

Aufklärung, umfassendes Mandat, Frage „was zu beachten ist“

Orientierungssatz: 1. Wird der Steuerberater von seinem Mandanten im Zusammenhang mit einer Betriebserweiterung (hier: Kfz-Betrieb, der seinen Geschäftsbereich auf den Verkauf aus den Niederlanden eingeführten Propangases ausdehnt) um Aufklärung gebeten, „was wir zu beachten haben“, liegt darin ein umfassender steuerrechtlicher Beratungswunsch. Lässt der Steuerberater sich hierauf ein, schuldet er entweder die gewünschte umfassende Unterrichtung oder aber zu den Teilbereichen, in denen er selbst nicht hinreichend sachkundig ist (hier: Mineralölsteuerrecht), den Hinweis auf die Notwendigkeit ergänzender Einholung speziellen Rechtsrats.

2. Die Pflicht zur Schadensabwendung und -minderung kann dem Geschädigten den Gebrauch von Rechtsbehelfen bzw. Rechtsmitteln gebieten. Bei der Prüfung der Frage, ob eine solche Maßnahme Aussicht auf Erfolg versprochen hätte, ist im Steuerberaterhaftungsprozess grundsätzlich davon auszugehen, dass die Finanzverwaltung oder auch das Finanzgericht in der rechtlichen Beurteilung jeweils der einschlägigen Rechtsprechung des Bundesfinanzhofs gefolgt wären.

OLG Köln, 2.12.2004, 8 U 44/04 (aus DATEV Lexinform LX 1536030)

Aufklärung

Orientierungssatz: 1. Der Schadensersatzanspruch gegen den Steuerberater wegen Verletzung der Aufklärungs- und Beratungspflichten wird durch das Interesse an der Richtigkeit der Auskunft beschränkt.

2. Bei einem Mandanten, der als Firmeninhaber tätig ist, darf die Kenntnis unterstellt werden, dass es unternehmerischer Gewinne bedarf, um die Vorteile aus Abschreibungen zu nutzen. Auch der Umstand, dass sich bei sich ändernder Steuergesetzgebung Steuersätze verringern können, ist jedermann geläufig und bedarf keines Hinweises.

OLG Hamm, Urteil v. 15.4.2004 25 U 33/04, GI 2005, 18 = LX 0175277

Auskunftsvertrag

Leitsatz: Ein Auskunftsvertrag mit einem Steuerberater kann auch stillschweigend geschlossen werden, wenn die Auskunft für den Empfänger von erheblicher Bedeutung ist und er sie zur Grundlage von Entscheidungen mit finanziellen Folgen machen will.

Ein Steuerberater, der über die Höhe des negativen Eigenkapitals einer GmbH zu einem bestimmten Stichtag gefragt wird, verletzt seine Pflichten aus dem Steuerberatervertrag, wenn er nach grober Schätzung Auskunft erteilt und nicht zugleich darauf hinweist, dass ihm eine verlässliche Auskunft nicht möglich sei, weil ihm die für den Stichtag maßgeblichen Geschäftsvorfälle seines Mandanten nicht bekannt seien. Er haftet dem Mandanten auf Schadenersatz, wenn dieser – an Statt für die GmbH Insolvenz anzumelden – seine Geschäftsanteile unter Zusicherung des vom Steuerberater genannten negativen Eigenkapitals veräußert und er aufgrund seiner Zusicherung vom Käufer auf Nachzahlung in Anspruch genommen wird.

OLG Düsseldorf, Urteil v. 9.9.2003, 23 U 191/02, DStRE 2004, 664

Leitsatz: Ein stillschweigender Auskunftsvertrag kommt nicht allein deshalb zustande, weil der Auskunftsgeber – Wirtschaftsprüfer, Steuerberater – sachkundig und die Auskunft für den Empfänger – Bank – von Bedeutung ist (hier: Kalkulationsbilanz für interne Zwecke des Mandanten). Vielmehr müssen weitere Umstände hinzutreten: z. B. die Einbeziehung in Verhandlungen, das wirtschaftliche oder persönliche Engagement.

OLG Düsseldorf, Urteil v. 8.2.1995, 15 U 215/93, GI 1997, 39

Leitsatz: Leitet ein Kreditnehmer von seinem Steuerberater erstellte Jahresabschlüsse und Zwischenberichte mit dessen Wissen an die kreditgebende Bank weiter, reicht dies für einen Auskunftsvertrag zwischen der Bank und dem Steuerberater nicht aus.

OLG München, Urteil v. 13.4.1995, 24 U 86/93, GI 1997, 191

Aus den Gründen: Die Aufgaben eines Steuerberaters richten sich nach Inhalt und Umfang des erteilten Mandats (BGHZ 128, 358/361). Es kommt hier nicht entscheidend darauf an, ob der Beklagte in dem maßgebenden Zeitraum ein umfassendes Dauermandat (vgl. insoweit BGH NJW 1998, 1221) als steuerlicher Betreuer der Klägerin (Rechtsvorgängerin) gehabt hat. Denn im Streitfall hat der Beklagte, dessen Auftragsverhältnis jedenfalls – auch nach eigenem Vortrag – die Führung von Lohnkonten und die Erstellung des Jahresabschlusses 1994 für die Klägerin zum Gegenstand hatte, als Steuerberater die Klägerin über die Frage der Geschäftsführergehälter einschließlich der steuerlichen Gestaltungsmöglichkeit tatsächlich beraten. Zumindest ist insoweit stillschweigend ein Auskunftsvertrag geschlossen worden, da die Auskunft für die Klägerin erkennbar von erheblicher Bedeutung war und der Beklagte für die Erteilung der Auskunft als besonders sachkundig erschien (vgl. BGH NJW-RR 1995, 619/620).

OLG München, Urteil v. Urteil vom 22.11.2002, 21 U 2517/01 (aus juris)

Beendigung des Mandats

Leitsatz: Ein Steuerberater ist verpflichtet, bei Beendigung des Mandats auf die Gefahr des Ablaufs der Frist für eine Antragstellung hinzuweisen, wenn für ihn erkennbar ist, daß der Mandant – unabhängig vom Umfang des Mandats – aufgrund von dessen früherem Verhalten darauf vertraut, daß er (der Berater) den Antrag von sich aus stellen werde.

BGH, Urteil v. 18.1.2001, IX ZR 223/99, DStRE 2001, 612

Beihilfe zur Steuerhinterziehung

Leitsatz: Ein Steuerberater, der von der Steuerunehrlichkeit seines Mandanten weiß, etwa aufgrund dessen fehlerhafter Buchführung oder aufgrund der Nichterklärung eines steuerpflichtigen Umsatzes, handelt als Gehilfe mit Vorsatz, wenn er gleichwohl seinen Mandanten weiterhin unterstützt, indem er in seiner Kanzlei unrichtige Betriebszahlen in Steuerformulare eintragen lässt, diese mit seinem Kanzleistempel versieht und damit den Anschein der Richtigkeit erweckt.

FG Nürnberg, Urteil v. 10.12.2002, II 536/2000, DStRE 2003, 1251

Beihilfe zur Straftat, Neutrale Handlungen
Zielt das Handeln des Haupttäters ausschließlich darauf ab, eine strafbare Handlung zu begehen, und weiß dies der Hilfeleistende, so ist sein Tatbeitrag als Beihilfehandlung zu werten. In diesem Fall verliert sein Tun stets den „Alltagscharakter"; es ist als „Solidarisierung" mit dem Täter zu deuten und dann auch nicht mehr als sozialadäquat anzusehen (sog. deliktischer Sinnbezug, vgl. hierzu BGH, Urteil vom 22. Januar 2014 – 5 StR 468/12; Schünemann in LK-StGB, 12. Aufl., § 27 Rn. 17 f.). Weiß der Hilfeleistende dagegen nicht, wie der von ihm geleistete Beitrag vom Haupttäter verwendet wird, hält er es lediglich für möglich, dass sein Tun zur Begehung einer Straftat genutzt wird, so ist sein Handeln regelmäßig noch nicht als strafbare Beihilfehandlung zu beurteilen, es sei denn, das von ihm erkannte Risiko strafbaren Verhaltens des von ihm Unterstützten war derart hoch, dass er sich mit seiner Hilfeleistung die Förderung eines erkennbar tatgeneigten Täters angelegen sein ließ (BGH, Beschluss vom 20. September 1999 – 5 StR 729/98, BGHR StGB § 27 Abs. 1 Hilfeleisten 20; BGH, Urteil vom 1. August 2000 – 5 StR 624/99, BGHSt 46, 107, 112 ff.; Schünemann in LK-StGB, 12. Aufl., § 27 Rn. 19).

BGH Urteil vom 21.8.2014 – 1 StR 13/14, NStZ-RR 2014, 316; Gräfe/Lenzen/Schmeer, Steuerberaterhaftung 5. Aufl. 2014 Rz. 1450

Orientierungssatz: Wird einem Steuerberater Beihilfe zu der Insolvenzverschleppung durch einen GmbH-Geschäftsführer deshalb vorgeworfen, weil er nach Eintritt der Insolvenzreife der Gesellschaft seine steuerberatende Tätigkeit (durch Buchführungsarbeiten, Abgabe von Steuererklärungen etc.) fortgeführt hat, ist für die Feststellung eines Beihilfevorsatzes zu beachten, dass nur dann, wenn das Handeln des Haupttäters ausschließlich darauf abzielt, eine strafbare Handlung zu begehen, und der Hilfeleistende dies weiß, sein Tatbeitrag als Beihilfehandlung zu werten ist. Für die Steuerberatertätigkeiten gilt dieser Grundsatz wie allgemein für berufstypische „neutrale" Handlungen.

OLG Köln Beschluss vom 3.12.2010 – 1 Ws 146/00, DstR 2011, 1195 (Orientierungssatz aus Juris)

Beratungs- und Belehrungspflichten
Leitsatz: 1. Der Anwalt muss dem Mandanten nicht notwendig eine vollständige rechtliche Analyse, sondern allein die Hinweise liefern, die ihm im Hinblick auf die aktuelle Situation und sein konkretes Anliegen die notwendige Entscheidungsgrundlage vermitteln. Erscheint unter mehreren rechtlich möglichen Alternativen die eine deutlich vorteilhafter als die andere, hat der Anwalt darauf hinzuweisen und eine entsprechende Empfehlung zu erteilen.

2. Nach Art und Umfang des Mandats kann eine eingeschränkte Belehrung ausreichend sein, etwa bei besonderer Eilbedürftigkeit oder bei einem Aufwand, der außer Verhältnis zum Streitgegenstand steht. Inhalt und Umfang der Aufklärung haben sich nach den erkennbaren Interessen des Mandanten zu richten.

3. Zur Prüfung der Handlungsalternativen, die sich dem Auftraggeber bei pflichtgemäßer Beratung stellen, müssen deren jeweilige Rechtsfolgen miteinander und mit den

Handlungszielen des Mandanten verglichen werden (Fortführung von BGH, 13. Januar 2005, IX ZR 455/00, WM 2005, 1615, 1616; BGH, 21. Juli 2005, IX ZR 49/02, WM 2005, 2110, 2111).

4. Dem Mandanten, der einen richtigen Vorschlag des Anwalts ablehnt, kommt im Haftungsprozess die Vermutung beratungsgemäßen Verhaltens nicht zugute (Fortführung von BGH, 30. September 1993, IX ZR 73/99, BGHZ 123, 311, 319).

BGH, Urteil v. 1.3.2007, IX ZR 261/03, DB 2007, 1401

Beratung resistenter Mandant – keine Zwangsbeglückung durch StB erforderlich

Leitsatz: Ohne konkreten Anhalt ist ein Steuerberater nicht verpflichtet, über die Folgen künftiger, ausschließlich vom Mandanten veranlasster Änderungen der bisherigen, steuerlich anerkannten tatsächlichen Gegebenheiten zu belehren.

Es ist Sache des Mandanten, dem Steuerberater Änderungen der tatsächlichen Verhältnisse mitzuteilen (hier: Nutzungsart der Einliegerwohnung eines Einfamilienhauses). Erst den derart informierten Steuerberater trifft eine umfassende Hinweis- und Belehrungspflicht.

Einen einmal erteilten zutreffenden Hinweis muss der Steuerberater nicht so lange wiederholen, bis der Mandant die steuerlich gebotenen Folgerungen zieht. Die finanziellen Auswirkungen beratungsresistenten Verhaltens hat allein der Mandant zu tragen.

OLG Koblenz, Urteil v. 27.3.2002, VersR 2003, 1412 = Stbg 2004, 427

Beweislast

Leitsatz: Bei unrichtiger Steuerberatung hat der Mandant bei Inanspruchnahme des Steuerberaters auf Schadenersatz substantiiert darzulegen, aus welchen Gründen er sich für eine andere Handlungsmöglichkeit entschieden hätte und wie seine Vermögenslage dann wäre.

BGH, Beschluss v. 9.12.2004, IX ZR 84/02

Leitsatz: Den Steuerberater trifft die Darlegungs- und Beweislast dafür, dass es dem Mandanten möglich gewesen wäre, eine Korrektur des Steuerbescheids auch nach Ablauf der Einspruchsfrist zu erreichen.

OLG Hamm, Urteil v. 21.3.1997, 25 U 110/96, GI 1999, 25

Leitsatz: Der Abschlussprüfer ist beweispflichtig für seine Behauptung, der Schaden des Dritten in Form der uneinbringlichen Krediterweiterungen wäre auch bei Vorliegen eines ordnungsgemäßen Jahresabschlusses entstanden.

OLG Köln, Urteil v. 29.11.1995, 11 U 96/95, BB 1996, 898

Beweislastregeln im Regressprozess

Leitsatz: Der Grundsatz, dass die Beweislastregeln des Ausgangsrechtsstreits auch im Regressprozess anzuwenden sind, kann sich auch zu Lasten des Mandanten eines Steuerberaters auswirken, wenn die Frage, ob der Mandant den Steuerschaden noch rechtzeitig durch einen Rechtsbehelf hätte abwenden können, vom Zeitpunkt des Zugangs des Steuerbescheids abhängt.

BGH, Urteil v. 3.5.2001, IX ZR 46/00, DStRE 2001, 1071

Darlegungspflichten, klagender Rechtsanwalt

Orientierungssatz: Soweit im Rahmen der Haftung steuerlicher Berater von dem in der Regel sachunkundigen Mandanten üblicherweise nur verlangt wird, so viele Tatsachen vorzubringen, dass sein Vorwurf verständlich wird und der Berater sich hiergegen verteidigen kann, lassen sich diese Grundsätze auf den Fall, in dem der Kläger ein langjährig und schwerpunktmäßig als Insolvenzverwalter tätiger Rechtsanwalt ist, nicht uneingeschränkt übertragen. Von einem solchen Kläger ist vielmehr die Darlegung konkreter Tatsachen zu verlangen, die für den Beklagten Anlass zu Zweifeln an der Richtigkeit der zu prüfenden Unterlagen und zu genauerer Kontrolle sowie ggf. Beanstandung bzw. Einschränkung des Testats hätten geben können.

OLG Köln, Urteil v. 22.4.2004 , 8 U 68/03, DStRE 2006, 698 (aus juris)

Dauermandat, Umfang des Pflichtenkreises

Orientierungssatz: 1. Für die Entscheidung der Frage, ob einem steuerlichen Berater ein Dauermandat oder eine Reihe von Einzelaufträgen erteilt worden ist, ist die Art und Weise der Rechnungsstellung nicht ausschlaggebend.

2. Ein Steuerberater, der sich im Rahmen eines Dauermandats hauptsächlich den üblichen Routinearbeiten widmet muss seinen Mandanten auch zur Beratung in anderen Steuerrechtsfragen zur Verfügung stehen. Das gilt auf jeden Fall dann, wenn es sich um Fragen handelt, die keine besonderen steuerlichen Schwierigkeiten bieten. Er schuldet dann insoweit als vertragliche Leistung eine sachgerechte Beratung.

BGH, Urteil v. 25.11.1987, IVa ZR 162/86, WM 1988, 166 (aus juris)

Leitsatz: Bei einem steuerrechtlichen Dauermandat ist der Steuerberater auch verpflichtet, seinen Mandanten über absehbare künftige Gesetzesänderungen (hier: Änderung des Erbschaftsrechts und Schenkungssteuerrechts) zu belehren.

OLG Celle, Urteil v. 10.1.2001, 3 U 237/99 (aus juris)

Dritthaftung

Leitsatz: Wer bei einer Person, die über eine besondere, vom Staat anerkannte Sachkunde verfügt (z. B. bei öffentlich bestellten Sachverständigen, Wirtschaftsprüfern, Steuerberatern), ein Gutachten oder eine gutachterliche Äußerung bestellt, um davon gegenüber Dritten Gebrauch zu machen, ist in der Regel daran interessiert, dass der Ausarbeitung die entsprechende Beweiskraft zukommt, was nur dann gewährleistet ist, wenn der Verfasser sie objektiv nach bestem Wissen und Gewissen erstellt und auch dem Dritten gegenüber dafür einsteht.

Für die Einbeziehung des Dritten (hier Bank) in den Schutzbereich des Vertrages auf Erstellung des Jahresabschlusses genügt es, wenn für den Abschlussprüfer erkennbar war, dass der Jahresabschluss für einen Kreditgeber bestimmt war.

OLG Köln, Urteil v. 29.11.1995, 11 U 96/95, BB 1996, 898

Leitsatz: Der Annahme, die Bank sei in den Schutzbereich des von dem Kreditnehmer geschlossenen Steuerberatervertrages einbezogen, stehen weder die möglicherweise gegenläufigen Interessen der Bank und ihres Kunden noch der Umstand entgegen, dass der Kreditnehmer gegenüber seinem Steuerberater bewusst falsche Wertangeben über steuerlich wesentliche Gegenstände (hier: Warenvorräte) gemacht und selbst keinen Anspruch wegen schuldhafter Schlechterfüllung des Steuerberatervertrages hatte.

OLG München, Urteil v. 13.4.1995, 24 U 86/93, GI 1997, 191

Leitsatz: Ein Vertrag mit Schutzwirkung zugunsten Dritter setzt voraus, dass der Dritte ausdrücklich oder schlüssig in den Schutzbereich des Mandatsvertrags einbezogen wurde. Die Gegenläufigkeit der Interessen spricht nicht gegen die Einbeziehung in den Vertrag. Erstellt der Wirtschaftsprüfer/Steuerberater eine Bilanz für interne Zwecke des Mandanten, muss er nicht damit rechnen, dass die Grundlage für die Kreditgewährung eines Dritten wird.

Das Testat „der Jahresabschluss wurde aufgrund der Buchführung der Firma R. erstellt und die Wertansätze nur in eingeschränktem Maße geprüft" zeigt, dass keine eigene Verantwortung für irgendeinen Ansatz in der Bilanz im Außenverhältnis zu Dritten übernommen wird.

OLG Düsseldorf, Urteil v. 8.2.1995, 15 U 215/93, GI 1997, 39

Leitsatz: Hat ein Wirtschaftsprüfer pflichtwidrig einen Bestätigungsvermerk erteilt und hält ein Geschäftspartner der AG aufgrund dessen die Geschäftsbeziehungen aufrecht, haftet der Wirtschaftsprüfer nicht dafür, dass ein Vorstandsmitglied der AG die fortdauernden Geschäftsbeziehungen zu strafbaren Handlungen nutzt.

OLG Karlsruhe, 12 U 132/82, ZIP 1985, 406

Eingeschränktes Mandat, Warnpflicht des Steuerberaters

Leitsatz: Auf Grund eines eingeschränkten Mandats muss ein Steuerberater den Mandanten vor steuerlichen Nachteilen, die außerhalb des Mandats drohen, nicht warnen, wenn er davon ausgehen darf, der Mandant sei anderweitig fachkundig beraten.

Leitet der Berater daraus, dass der Mandant eine besondere Nachfrage bei ihm unterlassen habe, ein Mitverschulden her, muss er darlegen und beweisen, dass die Anfrage unterblieben ist.

BGH, Urteil v. 21.7.2005, IX ZR 6/02, DStRE 2006, 187

Einspruch, Pflicht zur Einlegung

Leitsatz: Wenn ein Steuerberater tatsächlich Kenntnis von einer Entscheidung eines Finanzgerichtes hat, in der wegen grundsätzlicher Bedeutung (hier: Verfassungsmäßigkeit der Besteuerung von Spekulationsgewinnen aus Wertpapiergeschäften) die Revision zugelassen worden ist, muss er gegen Bescheide des Finanzamtes, die auf der Verfassungsmäßigkeit der Norm beruhen, Einspruch einlegen.

Es stellt aber keine Pflichtverletzung des Steuerberaters dar, wenn er eine in der Anlage zum Bundessteuerblatt, in der die beim Bundesfinanzhof, dem Bundesverfassungsgericht und dem Europäischen Gerichtshof anhängigen Verfahren aufgenommen werden, enthaltene Entscheidung nicht kennt, wenn es aus anderen Erkenntnisquellen keinerlei Anlass gab, an der Verfassungsmäßigkeit einer Norm zu zweifeln.

Kammergericht, Urteil v. 8.9.2004, 4 U 119/05, DStR 2007, 410

Einspruchrücknahme, ohne Rücksprache mit Mandanten

Leitsatz: Nimmt ein Steuerberater oder ein Rechtsanwalt einen Rechtsbehelf ohne Rücksprache mit dem Mandanten zurück, so liegt hierin kein Verstoß gegen vertragliche Pflichten, wenn der Rechtsbehelf nach dem dem Berater bekannten Sachstand keine Aussicht auf Erfolgt hat, der Berater den Mandanten hierüber informiert hat und eine Kontaktaufnahme bis zum Ablauf verfahrensrechtliche Erklärungsfristen gleichwohl erfolglos geblieben ist.

OLG Naumburg, Urteil v. 21.9.2006, 1 U 37/06, DStR 2007, 875

Empfehlung der Einholung einer Auskunft des Finanzamts

Leitsatz: Nach dem Gebot des sichersten Weges kann der Steuerberater gehalten sein, die Einholung einer Auskunft des Finanzamtes zu empfehlen, wenn die Rechtslage nach Ausschöpfung der eigenen Erkenntnismöglichkeiten ungeklärt ist und die Beratung eine einschneidende, dauerhafte, später praktisch nicht mehr korrigierbare rechtliche Gestaltung betrifft.

BGH, Urteil v. 8.2.2007, IX ZR 188/05 DStR 2007, 1098

Faktischer GmbH-Geschäftsführer

Leitsatz: Ein Steuerberater, der als faktischer GmbH-Geschäftsführer und organschaftlicher Vertreter einer KG tätig ist und es pflichtwidrig unterlässt, einen Antrag auf Eröffnung des Insolvenzverfahrens zu stellen, verstößt gegen die Pflicht zur gewissenhaften Berufsausübung und die Pflicht, sich jeder Tätigkeit zu enthalten, die mit dem Beruf des Steuerberaters und dem Ansehen des Berufs nicht vereinbar ist.

LG Nürnberg-Fürth, Urteil v. 14.12.2004, StL 11/2004, nicht rkr., DStRE 2007, 328

Fristen, Bearbeitungsfristen

Leitsatz: Eine Verzugshaftung kommt unter wegen einer Fristüberschreitung nur dann in Betracht, wenn die fristgemäße Einreichung zu den Dienstpflichten des Steuerberaters zählt. Eine solche Dienstpflicht ist grundsätzlich nicht anzunehmen.

Ohne eine eindeutige Zusage übernimmt der steuerliche Berater im Zweifel nicht die Vertragspflicht, für den Leistungserfolg einzustehen, dass die steuerlichen Erklärungen zu den gesetzlich bestimmten Fristen fertig gestellt sind. Sofern dies ausnahmsweise doch angenommen werden kann, gerät der Steuerberater regelmäßig erst dann in Verzug, wenn er trotz Mahnung fällige Dienstpflichten nicht erfüllt.

Der Steuerberater haftet jedoch wegen positiver Vertragsverletzung, wenn er seine Pflicht, die pünktliche Abgabe der Steuererklärung mit Rat und Tat zu fördern, schuldhaft nicht ordnungsgemäß erfüllt. Nach allgemeinen Grundsätzen ist der Steuerberater verpflichtet, durch Einsichtnahme in Belege oder notfalls durch Rückfrage bei dem Mandanten den Sachverhalt aufzuklären. Es ist somit allein seine Sache, den Mandanten darüber zu unterrichten, welche Unterlagen er zur sachgerechten Erledigung seines Auftrags benötigt; der Mandanten hat dann diese Unterlagen zu beschaffen. Gegebenenfalls muss er den Mandanten rechtzeitig belehren.

OLG Düsseldorf, Urteil v. 29.4.2003, 23 U 121/02 (aus juris)

Leitsatz: Ein steuerlicher Berater kommt mit der Erfüllung seiner Vertragspflichten gegenüber seinem Mandanten nicht allein deswegen in Verzug, weil die Steuererklärung nicht innerhalb der hoheitlich festgesetzten Frist beim Finanzamt eingeht. Erfüllt der steuerliche Berater seine Pflicht, die pünktliche Abgabe der Steuererklärung mit Rat und Tat zu fördern, schuldhaft nicht ordnungsgemäß, so haftet er wegen positiver Vertragsverletzung

BGH, Urteil v. 17.10.1991, IX ZR 255/90, BGH NJW 1992, 307

Gesellschaftsrechtliche Gestaltung, unterlassener Hinweis auf Nachteile

1. Ein Steuerberater hat bei einer gesellschaftsrechtlichen Gestaltung auch dann auf steuerliche Nachteile bei der Einkommens- und Gewerbesteuer hinzuweisen, wenn sich sein Auftrag auf die Prüfung der Schenkungsteuer beschränkt.

2. Zu Gunsten des Geschädigten kommt die Annahme eines Anscheinsbeweises, dass er sich beratungsgemäß verhalten hat, nicht in Betracht, wenn es verschiedene Möglichkeiten gegeben hätte, die steuerlichen Nachteile zu vermeiden oder zu kompensieren.

3. Bei der Schadensberechnung können Steuernachteile des Geschädigten durch Vermögensvorteile, die bei einer vom Geschädigten beherrschten GmbH eingetreten sind, kompensiert werden, wenn beide Vermögen eine wirtschaftliche Einheit bilden.

OLG Köln, Urteil v. 16.1.2014 – 8 U 7/13, rkr.

Gesetzesänderung, bevorstehende

Leitsatz: Wird in der Tages- oder der Fachpresse über Vorschläge zur Änderung des Steuerrechts berichtet, die im Fall ihrer Verwirklichung das von dem Mandanten des Beraters erstrebte Ziel unter Umständen vereiteln oder beeinträchtigen, kann der Steuerberater gehalten sein, sich aus allgemein zugänglichen Quellen über den näheren Inhalt und den Verfahrensstand solcher Überlegungen zu unterrichten.

BGH, Urteil v. 15.7.2004, IX ZR 472/00, DStR 2004, 1677

Gestaltungsberatung, Forderungsbewertung

Leitsatz: 1. Ein Steuerberater verletzt seine Pflichten aus dem Steuerberatervertrag, wenn er seinem Mandanten, der ein Einzelunternehmen betreibt und über kein sonstiges Vermögen verfügt, aus steuerlichen Gründen die Gründung einer GmbH und die Einbringung seines Einzelunternehmens als Sacheinlage in die GmbH empfiehlt, ohne sich vorher zu vergewissern, ob der Wert des Einzelunternehmens das Mindeststammkapital einer GmbH erreicht.

Er begeht eine weitere Pflichtverletzung, wenn er in die von ihm erstellte Einbringungsbilanz Forderungen seines Mandanten gegen Kunden zum Nennwert einsetzt, ohne sich vorher zu vergewissern, ob die Forderungen vollwertig sind.

OLG Düsseldorf, Urteil v. 9.9.2003, 23 U 194/02, DStRE 2004, 663

Gewerbesteuermessbescheid, Einspruch, Hinweispflicht des Steuerberaters

Leitsatz: Der Steuerpflichtige kann auch dann, wenn er gegen einen Gewerbesteuermessbescheid mit der Begründung vorgeht, er sei Freiberufler, die gegen ihn festgesetzte Einkommensteuer anfechten, um Rückstellungen wegen der Gewerbesteuer steuermindernd geltend zu machen.

Der mit der Prüfung des Einkommensteuerbescheids beauftragte Steuerberater ist verpflichtet, seinen Mandanten auf diese Möglichkeit hinzuweisen.

BGH, Urteil v. 23.3.2006, IX ZR 140/03, DStRE 2006, 958

Gewinnprognose, fehlerhaft, Testat

Leitsatz: a) Zur Haftung einer Wirtschaftsprüfungsgesellschaft, die in einem Wertpapaperprospekt ein fehlerhaftes Testat betreffend die Prüfung der Gewinnprognosen nach § 7 des Wertpapierprospektgesetzes i. V. m. Art. 3 und Anhang I Nr. 13.2. der Verordnung (EG) Nr. 809/2004 abgegeben hat, gegenüber einem Kapitalanleger nach den Grundsätzen des Vertrags mit Schutzwirkung zugunsten Dritter.

b) Liegt der haftungsauslösende Fehler der Wirtschaftsprüfungsgesellschft in einer falschen Rechtsanwendung, beginnt die regelmäßige Verjährungsfrist nach § 199 Abs. 1 Nr. 2 BGB nicht bereits mit dem Schluss des Jahres, in dem der Geschädigte Kenntnis von dieser Rechtsanwendung als solcher erlangt hat; vielmehr muss der Geschädigte Kenntnis oder grob fahrlässige Unkenntnis davon haben, dass die Rechtsanwendung fehlerhaft gewesen ist (im Anschluss an BGH, Urteil v. 6.2.2014 – IX ZR 245/12, WM 2014, 575).

BGH v. 24.4.2014 – III ZR 156/13

Haftpflichtprozess, Vermögensschadenhaftpflichtversicherung

Leitsatz: Wird der Versicherungsnehmer einer Haftpflichtversicherung (hier: Vermögensschadenhaftpflichtversicherung für Rechtsanwälte) im Haftpflichtprozess zum Schadensersatz wegen positiver Vertragsverletzung verurteilt, so ist das Gericht im Deckungsprozess zwischen dem Versicherungsnehmer und dem Haftpflichtversicherer daran gebunden und kann seiner Entscheidung keinen anderen Haftungsgrund zugrunde legen.

BGH, Urteil v. 28.9.2005, IV ZR 255/04, DStRE 2006, 254

Haftungsprozess, Wirtschaftsprüfer

Orientierungssatz: Soweit im Rahmen der Haftung steuerlicher Berater von dem in der Regel sachunkundigen Mandanten üblicherweise nur verlangt wird, so viele Tatsachen vorzubringen, dass sein Vorwurf verständlich wird und der Berater sich hiergegen verteidigen kann, lassen sich diese Grundsätze auf den Fall, in dem der Kläger ein langjährig und schwerpunktmäßig als Insolvenzverwalter tätiger Rechtsanwalt ist, nicht uneingeschränkt übertragen. Von einem solchen Kläger ist vielmehr die Darlegung konkreter Tatsachen zu verlangen, die für den Beklagten Anlass zu Zweifeln an der Richtigkeit der zu prüfenden Unterlagen und zu genauerer Kontrolle sowie ggf. Beanstandung bzw. Einschränkung des Testats hätten geben können.

Als Schaden, der durch die Pflichtverletzung des Abschlussprüfers entstehen kann, kommt nur ein Vermögensschaden der geprüften Gesellschaft in Betracht, d. h. der Wert des Vermögens der Gesellschaft muss geringer geworden sein, als er es ohne die Pflichtverletzung wäre. Ein Vermögensschaden der Gesellschaft setzt voraus, dass konkrete Unrichtigkeiten früherer Bilanzen sich im rechnerischen Ergebnis für die Schuldnerin konkret vermögensmäßig nachteilig auswirken. Dass die Neuaufstellung der Jahresabschlüsse „wirtschaftlich geboten und damit vernünftig" gewesen sei, reicht zur Begründung der Schadensersatzpflicht des Abschlussprüfers nicht aus.

OLG Köln, Urteil v. 22.4.2004, 8 U 68/03, DStRE 2006, 698

Handakten, Herausgabe
Die Herausgabe der Handakte nach Beendigung des Auftrags stellt für den Rechtsanwalt nicht nur eine zivilrechtliche Schuld, sondern auch eine berufsrechtliche Pflicht dar, deren Verletzung anwaltsgerichtliche Maßnahmen auslösen kann.

AnwGH Celle, Urt. V. 24.6.2013

Hinweispflicht des Steuerberaters, Regressanspruch
Leitsatz: Hat ein Rechtsanwalt, der von dem Mandanten eines regresspflichtigen Steuerberaters nicht wegen der Regressfrage beauftragt worden ist, auf Grund einer nebenvertraglichen Warn- oder Hinweispflicht auf den möglichen Regress gegen den Steuerberater aufmerksam zu machen, lässt dies die Sekundärhinweispflicht des Steuerberaters nicht entfallen.

BGH, Urteil v. 13.4.2006, IX ZR 208/02

Hinweispflichten des Steuerberaters, § 7 g EStG-Rücklage
Leitsatz nicht amtlich: 1. Erstellt ein Steuerberater die Finanzbuchführung, hat er auch auf Umstände außerhalb der eigentlichen Buchhaltung hinzuweisen, sofern sich Anhaltspunkte aus den vom Mandanten vorgelegten Belegen ergeben.

2. Zur Bildung einer gewinnmindernden Rücklage nach § 7 g Abs. 3 EStG muss ein Steuerberater nicht raten, wenn deren gewinnerhöhende Auflösung nach Ablauf des Investitionszeitraums bereits abzusehen ist.

KG Berlin, Urteil v. 17.11.2006, DStR 2007, 1499 mit Anmerkung Meixner/Schröder

Honoraranspruch, Rechnung, per E-Mail
Leitsatz: Eine als Dateianhang einer E-Mail versendete Rechnung eines Steuerberaters ist nicht ausreichend, um die Einforderbarkeit der zu Grunde liegenden Honoraransprüche auszulösen. Vielmehr setzt § 9 StBGebV hierfür die Übermittlung der unterzeichneten Rechnung im Original voraus.

AG Hamburg-Altona, Urteil v. 3.5.2006, 319 C C 337/05, DStRE 2006, 1103

Informationspflicht des Mandanten

Leitsatz: 1. Der Steuerberater darf darauf vertrauen, dass der Mandant ihn über steuerlich möglicherweise erhebliche Sachverhalte unmissverständlich informiert.

2. Die kommentarlose Übergabe von Belegen an Buchhaltungskräfte genügt nicht zur Information. Hier werden keine über die Verbuchung hinausgehenden steuerlichen Fragen angestoßen (hier: der Mandant hatte sein Haus in 4 ETW aufgeteilt und diese veräußert).

3. Der Steuerberater muss sich auch nicht durch regelmäßige Überwachungsmaßnahmen bei den Buchhaltungsmitarbeitern die Kenntnis von steuerrelevanten Vorgängen verschaffen.

OLG Braunschweig, Urteil v. 3.9.2001, 7 U 133/00, GI 2002, 97

Insolvenzreife

Leitsatz: Tritt der Steuerberater bei einem rein steuerlichen Mandat in konkrete Erörterungen über eine etwaige Insolvenzreife der von ihm beratenen Gesellschaft ein, ohne die Frage nach dem Insolvenzgrund zu beantworten, hat er das Vertretungsorgan darauf hinzuweisen, dass eine verbindliche Klärung nur erreicht werden kann, indem ihm oder einem fachlich geeigneten Dritten ein entsprechender Prüfauftrag erteilt wird.

BGH, Beschluss v. 6.2.2014, IX ZR 53/13

Insolvenzreife

Leitsatz: a) Das steuerberatende Dauermandat von einer GmbH begründet bei üblichem Zuschnitt keine Pflicht, die Mandantin bei einer Unterdeckung in der Handelsbilanz auf die Pflicht ihres Geschäftsführers hinzuweisen, eine Überprüfung in Auftrag zu geben oder selbst vorzunehmen, ob Insolvenzreife besteht.

b) Eine entsprechende drittschützende Pflicht trifft den steuerlichen Berater auch gegenüber dem Geschäftsführer der Gesellschaft nicht.

BGH, Urteil v. 7.3.2013, IX ZR 64/12

Kausalität, haftungsausfüllende

Leitsatz: Hängt die Frage, ob der Mandant durch fehlerhafte Beratung einen Schaden erlitten hat, allein davon ab, wie sich ein Dritter bei richtiger Beratung verhalten hätte, so verletzt der Richter das Grundrecht auf rechtliches Gehör, wenn er den als Zeugen benannten Dritten nicht vernimmt, obwohl keine anderen gleichwertigen Beweismittel zur Verfügung stehen.

BGH, Beschluss v. 7.12.2006, IX ZR 173/03, DStRE 2007, 518

Kirchensteuer, Austritt aus der Kirche

Leitsatz: Ein Steuerberater ist nicht verpflichtet, dem Mandanten den Austritt aus der Kirche zu empfehlen.

Hat ein Steuerberater aufgrund des ihm erteilten Auftrags die steuerlichen Vor- und Nachteile bestimmter Gestaltungsmöglichkeiten zu prüfen, muss er auf die anfallende Kirchensteuer hinweisen, wenn sie die übliche Quote übersteigt.

Der Mandant hat nach § 287 Abs. 1 ZPO darzulegen und zu beweisen, dass er bei vollständiger Beratung über anfallende Kirchensteuer aus der Kirche ausgetreten wäre; auf einen Beweis des ersten Anscheins kann er sich nicht berufen.

BGH, Urteil v. 18.5.2006, IX ZR 53/05, DStRE 2007, 133

Kursverluste Mandant

Leitsatz: Macht der Mandant die Entscheidung über einen Wertpapierverkauf erkennbar davon abhängig, dass entstandene Kursverluste mit Gewinnen verrechnet werden können und erteilt der Steuerberater daraufhin eine rechtlich fehlerhafte Auskunft, die den Mandanten veranlasst, von der Veräußerung abzusehen, so haftet der Berater dem Mandanten grundsätzlich für weitere Kursverluste.

BGH, Urteil v. 18.1.2007, IX ZR 122/04, DStRE 2007, 659

Lohnabrechnung

Leitsatz: 1. Der Lauf der Verjährung bei dem Schadensersatzanspruch eines Arbeitgebers gegen den Steuerberater, welcher die Lohnabrechnungen für ihn besorgt und hierbei keinen Arbeitnehmeranteil der Rentenversicherungsbeiträge abzieht, beginnt in Fällen der unerkannten Beitragspflicht eines Mitarbeiters erst mit dem Zugang des entsprechenden Nachforderungsbescheides der zuständigen Behörde.

2. Auf den Regressschaden eines Arbeitgebers, der infolge unerkannter Versicherungspflicht eines Mitarbeiters keinen Arbeitnehmeranteil vom Lohn abzieht und diesen Abzug nicht mehr nachholen kann, ist der Vorteil anzurechnen, den die Verjährung von Beitragsansprüchen gegen den Arbeitgeber aus dem nämlichen Grund wegen des Arbeitgeberanteils bewirkt.

BGH, Urteil v. 23.9.2004, IX ZR 148/03, DStR 2004, 1979

Nachbesserung

Leitsatz: Der Steuerberater hat jedenfalls dann kein Nachbesserungsrecht hinsichtlich einer Einzelleistung mit werkvertraglichem Charakter, wenn sein Auftraggeber das Mandat bereits beendet hatte und der Fehler erst von einem neu beauftragten Steuerberater entdeckt worden ist.

BGH, Urteil v. 11.5.2006, IX ZR 63/05, DStR 2006, 1247

Nachprüfungsvorbehalt

Leitsatz: Die am Prinzip des sichersten Weges auszurichtende Sorgfalt gebietet dem Steuerberater auch bei einem mit Nachprüfungsvorbehalt ergangenen Steuerbescheid, im Rahmen einer zu Fragen des Finanzamts abzugebenden Stellungnahme grundsätzlich auch andere für die abschließende Entscheidung des Finanzamts bedeutsame Gesichtspunkte (hier: den unterlassenen Abzug von Schuldzinsen) geltend zu machen.

OLG Koblenz, Urteil v. 8.8.2005, 12 U 267/04, DStRE 2007, 1365

Nichtleistung durch Schlechtleistung
Orientierungssatz: 1. In Fällen einer der Nichtleistung wegen völliger Unbrauchbarkeit einer erbrachten Dienstleistung gleichstehenden Schlechtleistung stellt die zu zahlende Vergütung einen Teil des durch die Schlechterfüllung entstandenen und nach § 280 Abs. 1 BGB zu ersetzenden Schadens dar.

2. Ein Interessewegfall ist grundsätzlich nur zu bejahen, wenn der Gläubiger die Zwecke, für die die Leistung bestimmt war, als Folge der Unbrauchbarkeit überhaupt nicht mehr verwirklichen kann.

OLG Düsseldorf, Urteil v. 2.11.2005, DStRE 2007, 507

Plausibilisierung
Leitsatz: Ein Steuerberater muss nicht gegen den Willen seines Mandanten oder über den Auftrag hinaus eigenständig Ermittlungen über steuerlich erhebliche Umstände anstellen. Er darf sich – vor allem bei langjähriger Betreuung – darauf verlassen, dass die Zahlenangaben des Steuerpflichtigen nicht bewusst manipuliert wurden. Plausibilitätskontrollen reichen auch und gerade in diesem Zusammenhang aus.

OLG München, Urteil v. 13.4.1995, 24 U 86/93, BB 1996, 898

Rechtsbindungswille, Gefälligkeitsberatung, Beratung eines Freunds
Orientierungssatz: 1. Ein Steuerberater, der gegenüber einem wirtschaftlich unerfahrenen langjährigen Freund und Mandanten nach Umwandlung von dessen landwirtschaftlichem Besitz in Bauland im Rahmen eines (stillschweigend geschlossenen) verbindlichen Vertragsverhältnisses gegen Entgelt zur Beratung hinsichtlich der wirtschaftlichen Seite der Planung einer Seniorenwohnanlage auf dem Grundbesitz einschließlich der Finanzierungsplanung und Wirtschaftlichkeitsberechnung verpflichtet ist, haftet dem Mandanten aus positiver Vertragsverletzung des Beratungsverhältnisses, wenn Finanzierungsplanung und Wirtschaftlichkeitsberechnung zu spät, nämlich erst nach einer Bauvoranfrage und dem Beginn der Genehmigungsplanung erstellt wurden, und sich die vorgelegten Berechnungen mangels einer Bedarfsanalyse einschließlich eines Ausstattungskonzepts und einer Machbarkeitsstudie als methodisch unvollständig und inhaltlich falsch darstellen, weil sie von unrealistischen Kauf- und Mietpreisen ausgingen und das erhebliche Risiko, das aus der potentiellen Anwendbarkeit des Heimgesetzes auf das Projekt resultierte, nicht in das Kalkül miteinbezogen wurde.

2. Stellt sich erst während der Bauphase im Verlauf der Genehmigungsplanung die Unrentierlichkeit und Unwirtschaftlichkeit des Projekts heraus, ist der Steuerberater zum Ersatz der vergeblich aufgewandten Planungskosten verpflichtet, wenn feststeht, dass sich die Unwirtschaftlichkeit bei pflichtgemäßer Durchführung der Finanzierungsplanung und Wirtschaftlichkeitsberechnung im Rahmen der Bauvoranfrage bereits zu diesem Zeitpunkt ergeben hätte.

3. Führt der Steuerberater die Planung der Seniorenwohnanlage im Zusammenwirken mit einem in Heimfragen erfahrenen Fachmann durch, der gegenüber dem Auftraggeber auf Grund eines (schriftlichen) Beratungsvertrages zur „Erarbeitung einer Zielplanung

und Grundkonzeption" einschließlich eines Raum- und Funktionsprogramms sowie einer Rentabilitätsberechnung u. a. m. verpflichtet war, so haftet auch dieser wegen positiver Vertragsverletzung auf Ersatz der nutzlos aufgewandten Planungskosten. Darüber hinaus verliert er nach § 628 Abs. 1 Satz 2 BGB seinen Vergütungsanspruch auch für die bereits geleisteten Dienste gänzlich, wenn der Beratungsvertrag wegen mangelhafter Beratungsleistungen vom Auftraggeber fristlos gekündigt wird, und infolge der Kündigung die bis dahin erbrachten Leistungen für den Auftraggeber kein Interesse mehr haben.

4. Zur Abgrenzung zwischen einem Handeln aus Gefälligkeit und einem Handeln mit Rechtsbindungswillen bei einer Beratungstätigkeit im Rahmen eines Freundschaftsverhältnisses, zur Entgeltlichkeit der Beratungsleistung und zu Auslegung, Inhalt und Reichweite eines stillschweigend geschlossenen Beratungsvertrages mit einem Steuerberater über die wirtschaftliche Planung einer Seniorenwohnanlage.

5. Zum Mitverschulden des Auftraggebers und zur Verjährung der Schadensersatzansprüche gegen den Steuerberater nach § 68 StBerG aus seiner wirtschaftsberatenden Tätigkeit und zur Frage der Sekundärhaftung des Steuerberaters wegen Verletzung der Belehrungspflicht über die drohende Verjährung eines gegen ihn gerichteten Schadensersatzanspruchs.

OLG Düsseldorf, Urteil v. 24.5.2006, 15 U 43/05 (aus juris)

Rechtskenntnis, Grenzen anwaltlichen Vertrauens auf Fortbestand einer höchtsrichterlichen Rechtsprechung

Leitsatz: 1. Zur Frage, inwieweit ein Rechtsanwalt auf den Fortbestand höchstrichterlicher Rechtsprechung vertrauen darf.

Aus den Gründen:

Wegen der richtungweisenden Bedeutung, die höchstrichterlichen Entscheidungen für die Rechtswirklichkeit zukommt, hat sich ein Rechtsanwalt bei der Wahrnehmung eines Mandats grundsätzlich an dieser Rechtsprechung auszurichten (vgl. BGH, Urt. v. 29. März 1983 – VI ZR 172/81, NJW 1983, 1665; v. 8. Oktober 1992 – IX ZR 98/91, WM 1993, 420, 423). Er darf in der Regel auf ihren Fortbestand vertrauen (vgl. E. Schneider MDR 1972, 745, 747). Das gilt insbesondere in den Fällen einer gefestigten höchstrichterlichen Rechtsprechung, weil von einer solchen nur in besonderen Ausnahmefällen abgegangen zu werden pflegt (vgl. BGHZ 85, 64, 66; 87, 150, 155 f; Borgmann/Haug, Anwaltshaftung 2. Aufl. S. 96; Vollkommer, Anwaltshaftungsrecht Rdn. 153, 180 mit Fußn. 277). Das gleiche wird für neuere Entscheidungen zutreffen, in denen die jeweilige Problematik behandelt und in einem bestimmten Sinn entschieden worden ist. Auch entgegenstehende Judikatur von Instanzgerichten und abweichende Stimmen im Schrifttum verpflichten den Rechtsanwalt dann regelmäßig nicht, bei der Wahrnehmung seiner Aufgaben die abweichende Meinung zu berücksichtigen. Die Entscheidung des VII. Zivilsenats in BGHZ 60, 98, 101, die eine andere Auffassung nahelegen könnte, betrifft das Verjährungsrecht und ist für das anwaltliche Haftungsrecht nicht unmittelbar einschlägig.

Gleichwohl gibt es Grenzen anwaltlichen Vertrauens auf den Fortbestand einer höchstrichterlichen Rechtsprechung. Der Anwalt darf sich auf ihre Fortdauer nicht blind verlassen. So hat er die Auswirkungen neuer Gesetze auf eine zu dem alten Rechtszustand ergangene Judikatur zu erwägen. Auch hat er Hinweise eines obersten Gerichts auf die Möglichkeit einer künftigen Änderung seiner Rechtsprechung zu berücksichtigen. Ferner hat er nach Möglichkeit neue Entwicklungen in Rechtsprechung und Rechtswissenschaft, namentlich das Entstehen neuer Rechtsfiguren zu verfolgen und im Rahmen des ihm Zumutbaren deren mögliche Auswirkungen auf eine ältere Rechtsprechung im Bereich der jeweiligen Problemfelder zu bedenken. Dies kann unter bestimmten Umständen dazu führen, daß der Anwalt dann, wenn es auf einem Rechtsgebiet mit dogmatischem Wandel zu einer bestimmten Frage an neueren höchstrichterlichen Entscheidungen fehlt, die dem gewandelten Verständnis Rechnung tragen konnten, nicht mehr ohne weiteres auf den Fortbestand einer alten Rechtsprechung vertrauen darf, sondern wegen seiner Pflicht zur Wahl des relativ sichersten Weges gehalten ist, eine Änderung der höchstrichterlichen Rechtsprechung in Rechnung zu stellen. Allgemeine Regeln lassen sich insoweit kaum finden. Entscheidend sind stets die besonderen Umstände des Einzelfalls. Grundsätzlich wird darauf abzustellen sein, mit welchem Grad an Deutlichkeit (Evidenz) eine neue Rechtsentwicklung in eine bestimmte Richtung weist und eine neue Antwort auf eine bisher anders entschiedene Frage nahelegt. Ferner wird ins Gewicht fallen, mit welchem Aufwand – auch an Kosten – der neuen Rechtsentwicklung im Interesse des Mandanten Rechnung getragen werden kann. Insbesondere wird zu bedenken sein, ob der Anwalt bei einer Berücksichtigung der neuen Rechtsentwicklung sich für den Fall, daß die bisherige Rechtsprechung nicht geändert wird, dem Vorwurf aussetzen kann, diese Rechtsprechung nicht beachtet und deshalb einen Schaden seines Mandanten verursacht zu haben (vgl. Rehbinder, Festschrift für Stimpel S. 47, 55 ff). Regelmäßig wird es sich um besonders zu begründende, eng umgrenzte Ausnahmefälle handeln, in denen es als schuldhafte Pflichtverletzung des Anwalts zu werten ist, daß er seiner Beratung die Möglichkeit einer Änderung der bisherigen höchstrichterlichen Rechtsprechung nicht zugrunde gelegt hat.

BGH, Urteil v. 30.9.1993 , IX ZR 211/92, NJW 1993, 3323

Risikoaufklärungspflicht hinsichtlich Aufklärung eines unbestimmten Rechtsbegriffs

Leitsatz: Ist die Auslegung des unbestimmten Rechtsbegriffs einer Steuernorm (hier der verdeckten Gewinnausschüttung) offen und für die vom Steuerpflichtigen zu treffende Entscheidung bedeutsam, muss der verantwortlich Berater grundsätzlich auf das mit der ungewissen Beurteilung der Rechtslage verbundene Risiko hinweisen.

BGH, Urteil v. 20.10.2005, IX ZR 127/04, WM 2005, 2345

Sanierungserlass, fehlender Hinweis

Leitsatz: 1. Steht einer Finanzbehörde ein Ermessensspielraum zu oder ist eine Bindung aufgrund allgemeiner Verwaltungsübung eingetreten, muss das Regressgericht im Steuerberaterhaftungsprozess die mutmaßliche Behördenentscheidung feststellen. Ergibt sich die Bindung der Finanzbehörde und eine Ermessensreduzierung auf Null aus einer ermessenslenkenden Verwaltungsvorschrift ist maßgebend, wie die Verwaltung sie verstanden hat und verstanden wissen wollte, sofern eine solche Auslegung möglich ist.

2. Unterlässt der Steuerberater es pflichtwidrig, seinen Mandanten darauf hinzuweisen, dass dieser Anspruch auf eine steuerliche Sonderbehandlung nach dem sog. Sanierungserlass hat, kann er diesem für die daraus erwachsenden Nachteile haften, auch wenn der Sanierungserlass sich später als gesetzeswidrig herausstellen sollte.

BGH, Urteil v. 13.3.2014, IX ZR 23/10, DStR 2014, 895

Säumniszuschläge
Leitsatz: 1. Hat ein Steuerberater seine Pflicht, die pünktliche Abgabe der Steuererklärungen mit Rat und Tat zu fördern und den Sachverhalt von sich aus durch Einsichtnahme in Belege oder notfalls durch Rückfrage beim Mandanten aufzuklären, verletzt, kann der Mandant als Schadenersatz aus positiver Vertragsverletzung des Steuerberatungsvertrages die Erstattung der auf Grundlage der Steuerschätzung gezahlten Säumniszuschläge beanspruchen.

2. Der Mandant kann darauf vertrauen, dass der wegen seiner besonderen Sachkunde von ihm eingeschaltete Steuerberater die ihm übertragenen Aufgaben sach- und fristgerecht erfüllen und ggf. mit präziser Fragestellung rechtzeitig um Information und Nachweise ersuchen werde, wenn die ihm überreichten Unterlagen lückenhaft waren oder Unstimmigkeiten aufwiesen.

OLG Düsseldorf, Urteil v. 9.1.2004, I 23 U 34/03, GI 2004, 150

Schaden
Leitsatz: Durch Steuerzahlungen entsteht dem Mandanten eines Steuerberaters ein ersatzfähiger Schaden dann nicht, wenn er keinen Anspruch auf Steuerbefreiung hat. Dem steht nicht entgegen, dass die zuständigen Finanzbehörden zeitweise den gegenteiligen Standpunkt eingenommen haben (Abgrenzung zu BGH, Urt. V. 28.9.1995 – IX ZR 158/94, NJW 1995, 3248).

BGH, Urteil v. 6.7.2006, IX ZR 88/02, DStR 2006, 2231-2232

Leitsatz: In den Fällen einer der Nichtleistung wegen völliger Unbrauchbarkeit der erbrachten Dienstleistungen gleichstehenden Schlechtleistung stellt die zu zahlende Vergütung einen Teil des durch die Schlechtleistung entstandenen und nach § 280 Abs. 1 BGB zu ersetzenden Schadens dar.

OLG Düsseldorf, Urteil v. 2.11.2005, I-15 U 117/04

Leitsatz: Fehler des nach Mandatsende beauftragten neuen Steuerberaters schließen nicht aus, die Schadensfolge dem mit der Sache erstbefassten Steuerberater weiterhin zuzurechnen, weil dieser die Kausalkette in Gang gesetzt hat. Greifen weitere Personen in ein schadensträchtiges Geschehen ein, entlasten sie damit regelmäßig nicht den Erstschädiger, sondern unterliegen zum Schutz des Geschädigten gegebenenfalls einer geringeren zusätzlichen Haftung. Steuerberater, die nacheinander in derselben Steuersache demselben Auftraggeber durch den gleichen Fehler Schaden zugefügt haben, haften diesem grundsätzlich als Gesamtschuldner.

OLG Koblenz, Urteil v. 8.8.2005, 12 U 267/04, DStRE 2007, 1365

Schadenshöhe, Berechnung durch Steuerberater
Leitsatz: Der Mandant kann von seinem Steuerberater nicht verlangen, dass dieser ihm den Steuerschaden berechnet. Für einen Auskunftsanspruch gibt es keine Anspruchsgrundlage.

LG Berlin, Urteil v. 6.10.2004, 6 O 197/04, GI 2005, 67

Orientierungssatz: Sind dem Steuerberater Fehler unterlaufen, so hat er dem Mandanten die Kosten für die Einschaltung von Steuerexperten auch dann zu erstatten, wenn letztlich kein Steuerschaden entstanden ist.

OLG Düsseldorf, Urteil v. 22.10.1998, 13 U 39/96, GI 2001, 180

Schadensverhinderungspflicht

Leitsatz: Die Pflicht zur Schadensverhinderung trifft den Steuerberater auch noch nach einer Mandatskündigung, wenn er schon vor Mandatsende Anlass zu einem entsprechenden Handeln gehabt hatte. Insofern besteht eine nachvertragliche Beratungspflicht gegenüber dem Mandanten. Ist der Mandant nicht erreichbar, kann der Steuerberater seiner Schadensverhinderungspflicht auch dadurch nachkommen, dass er das Finanzamt schriftlich auf einen bisher unterbliebenen Schuldzinsenabzug hinweist.

OLG Koblenz, Urteil v. 8.8.2005, 12 U 267/04, DStRE 2007, 1365

Schadensminderungspflicht

Leitsatz: Belehrt der steuerliche Berater über die Anforderungen, die an Barquittungen zu stellen sind, falsch und führt dies dazu, dass die Finanzbehörde die quittierten Beträge nicht als Betriebsausgaben anerkennt, kann die Haftung des steuerlichen Beraters entfallen, wenn der Mandant die ihm möglichen und zumutbaren Angaben vor Erlass der nachteiligen Änderungsbescheide nicht nachholt.

BGH, Urteil v. 20.2.2003, IX ZR 384/99, DStRE 2003, 892

Schätzungsbescheide

Leitsatz: Pflicht des Steuerberaters zur vorsorglichen Einlegung eines Einspruches gegen einen Schätzbescheid

1. Aus dem allgemeinen Grundsatz, dass der Steuerberater seinen Auftrag so zu erledigen hat, dass die Belange des Auftraggebers in jeder Hinsicht berücksichtigt und Schäden für ihn vermieden werden, kann sich eine Pflicht des Steuerberaters zur vorsorglichen Einlegung eines Einspruches gegen einen Schätzbescheid des Finanzamtes ergeben. Diese Pflicht besteht insbesondere dann, wenn dem Steuerberater einschlägige Buchführungsunterlagen vorliegen, aus denen ein vom Schätzbescheid abweichendes, für den Mandanten günstigeres Ergebnis folgt.

2. Hat der Mandant dem Steuerberater die für die Erstellung von Steuererklärungen erforderlichen Unterlagen überlassen, braucht er ihn nicht daraufhin zu überwachen, dass die Fristen für die Abgabe eingehalten werden. Das ist Aufgabe des Steuerberaters

3. Für die Frage, ob in Folge von Schätzbescheiden dem Mandanten – auch bei wertender Betrachtungsweise – ein ersatzfähiger Schaden entstanden ist, muss grundsätzlich der Mandant darlegen und beweisen, welche Gewinne oder Verluste abweichend von den Besteuerungsgrundlagen der Schätzungsveranlagung tatsächlich entstanden sind. Für diesen Zweck muss regelmäßig eine Gewinn und Verlustermittlung vorgelegt werden, die im Falle des Bestreitens von einem Sachverständigen überprüft werden kann. Stützt sich der Mandant aber auf einen von dem Steuerberater selbst aufgestellten Jahresabschluss, reicht

dieser zum Nachweis der Fehlerhaftigkeit des Schätzungsbescheides und der Entstehung eines ersatzfähigen Schadens aus, solange nicht der Steuerberater die Richtigkeit dieses Jahresabschlusses substantiiert angreift.

OLG Köln Urteil v. 3.7.2003, 8 U 79/02 (aus juris)

Sekundärhinweispflicht, Verjährung

Leitsatz: Belehrt der nicht wegen der Regressfrage beauftragte Rechtsanwalt den Mandanten darüber, es komme ein Regressanspruch gegen den zuvor beauftragten Steuerberater in Betracht, nicht aber über die kurze Verjährungsfrist, besteht insoweit die Sekundärhinweispflicht des Steuerberaters fort.

BGH, Urteil v. 13.4.2006, IX ZR 208/02

Leitsatz: Der Steuerberater ist verpflichtet, seinen Mandanten über einen sich aus seiner Pflichtverletzung ergebenden Schadensersatzanspruch und die dafür geltende kurze Verjährungsfrist aufzuklären. Verletzt er diese Aufklärungspflicht mit der Folge, dass die andernfalls vermiedene Primärverjährung des an sich bestehenden Haftungsanspruchs eintritt, dann erwächst dem Mandanten ein sekundärer Schadensersatzanspruch gegen den Steuerberater. Dies bedeutet im Ergebnis, dass sich der Steuerberater so behandeln lassen muss, als wenn eine Primärverjährung nicht eingetreten wäre.

OLG Koblenz, Urteil v. 8.8.2005, 12 U 267/04, DStRE 2007, 1365

Sozialversicherung

Leitsatz: Der Lauf der Verjährung bei dem Schadenersatzanspruch eines Arbeitgebers gegen den Steuerberater, welcher die Lohnabrechnungen für ihn besorgt und hierbei keinen Arbeitnehmeranteil der Rentenversicherungsbeiträge abzieht, beginnt in Fällen der unerkannten Beitragspflicht eines Mitarbeiters erst mit dem Zugang des entsprechenden Nachforderungsbescheides der zuständigen Behörde.

BGH, Urteil v. 23.9.2004, IX ZR 148/03, DStR 2004, 1979

Leitsatz: Es gehört zur Beratungspflicht eines Steuerberaters, der die Lohnbuchführung seines Mandanten übernommen hat und die Beschäftigten seines Auftraggebers als „krankenversicherungsfrei" einschlüsselt, dafür Sorge zu tragen und zu prüfen, ob die Voraussetzungen für die Einstufung des Arbeitnehmers als „versicherungsfrei" oder „versicherungspflichtig" vorliegen.

BGH, Urteil v. 12.2.2004, IX ZR 246/02, DStR 2004, 2221

Leitsatz: Das Sozialversicherungsrecht gehört nicht zum Bereich der Hilfeleistung in Steuersachen. Auch einem Wirtschaftsprüfer obliegt keine Sozialversicherungsberatung.

Der steuer- und wirtschaftsberatende Steuerberater muss den Mandanten nicht auf die Gefahr der Inanspruchnahme nicht abgeführter Sozialversicherungsbeiträge beraten. Eine ungefragte Belehrungspflicht über die Tatbestandsvoraussetzungen des § 266a StGB gibt es nicht.

OLG Düsseldorf, Urteil v. 26.2.1998, 13 U 61/97, GI 1999, 119

Leitsatz: Ein Steuerberater verletzt seine Pflichten aus dem Steuerberatervertrag, wenn er es im Rahmen der vereinbarten Lohnbuchhaltung versäumt, für den Geschäftsführer einer Familien-GmbH die Beitragspflicht bei dem Sozialversicherungsträger prüfen zu lassen.

OLG Brandenburg, Urteil v. 7.11.2006, 6 U 23/06 (nicht rkr.)

Sozietät, gemischte

Leitsatz: Durch Steuerzahlungen entsteht dem Mandanten eines Steuerberaters ein ersatzfähiger Schaden dann nicht, wenn er keinen Anspruch auf Steuerbefreiung hat. Dem steht nicht entgegen, dass die zuständigen Finanzbehörden zeitweise den gegenteiligen Standpunkt eingenommen haben (Abgrenzung zu *BGH, Urt. v. 28. September 1995 – IX ZR 158/94, NJW 1995, 3248*).

BGH, Urteil v. 16.12.1999, IX ZR 117/99, DStR 2000, 599

Sozietät, Haftung für Scheinsozius

Leitsatz: 1. Für das deliktische Handeln eines Scheinsozius haftet die Rechtsanwaltssozietät entsprechend § 31 BGB.

2. Haftet eine Rechtsanwaltssozietät für das deliktische Handeln eines Scheinsozius, müssen auch die einzelnen Sozien mit ihrem Privatvermögen dafür einstehen.

BGH, Urteil v. 3.5.2007, IX ZR 218/05, DB 2007, 1746

Sozietät, Haftung neu eintretender Sozius

Leitsatz: 1. Die Akzessorietät zwischen Gesellschafts- und Gesellschafterschuld bei der Gesellschaft bürgerlichen Rechts führt nicht zur Haftung eines Gesellschafters für bereits vor seinem Eintritt begründete Verbindlichkeiten. HGB § 130 ist auf die GbR nicht entsprechend anwendbar.

2. Ein Gesellschafter haftet nicht analog HGB § 28 für Ansprüche, die bereits vor seinem Eintritt in das Einzelunternehmen eines Freiberuflers entstanden sind.

3. Diese Grundsätze gelten auch dann, wenn der in Anspruch genommene Steuerberater zuvor als Angestellter des mandatierten Steuerberaters tätig war und in dieser Eigenschaft den Schaden des Mandanten verursacht hat.

OLG Düsseldorf, Urteil v. 20.12.2001, 23 U 49/01, ZIP 2002, 616

Steuerberatungsvertrag

Leitsatz: Ein mit einem Steuerberater geschlossener Vertrag, der auch eine Beratung in Steuerangelegenheiten zum Gegenstand hat, ist in jedem Fall ein Dienstvertrag.

BGH, Urteil v. 11.5.2006, IX ZR 63/05, DStRE 2006, 957

Steuerhinterziehung

Orientierungssatz: 1. Der Steuerberater hat den Mandanten davor zu bewahren, sich durch Überschreitung des zulässigen Rahmens der strafrechtlichen Verfolgung auszusetzen.

2. Die Belehrungspflicht endet, wenn der Mandant sich über die Rechtswidrigkeit seines Handelns klar ist.

3. Ein rechtskräftiger Strafbefehl kann ebenso wie ein Strafurteil im Rahmen der Tatsachenfeststellung verwertet werden.

4. Die Zustimmungsverweigerung zu Beiziehung der Strafakten ist vom Zivilgericht gemäß § 286 ZPO frei zu würdigen.

LG Hamburg, Urteil v. 4.1.2005, 314 O 223/02, GI 2005, 194

Steuerliche Förderungsmöglichkeit, Erwerb Eigentumswohnung

Leitsatz: Wird ein Steuerberater im Zusammenhang mit dem Erwerb einer Eigentumswohnung nach den unterschiedlichen Möglichkeiten der steuerlichen Förderung gefragt, muss er davon ausgehen, dass die Antwort Auswirkungen auf die finanziellen Dispositionen des Mandanten und die Kaufentscheidung haben kann. Die Berücksichtigung der Folgen der Antwort im Hinblick auf die Erwerbsaussicht gehört deshalb zum Umfang des Mandats.

Geht infolge einer falschen Kaufentscheidung aufgrund einer fehlerhaften Auskunft des Steuerberaters eine Förderungsmöglichkeit verloren, steht dieser Schaden in unmittelbarem Zusammenhang mit der vertraglichen Pflicht und fällt unter deren Schutzzweck.

Ein Mandant kann sich auf die Auskunft seines Steuerberaters auch dann verlassen, wenn er selbst die Möglichkeit hatte, auf steuerrechtliche Informationsquellen zurückzugreifen. Insbesondere besteht für den Mandanten nicht die Pflicht, eine von ihm abonnierte Informationsschrift unmittelbar nach dem Erhalt nachzusortieren, um stets auf dem neusten steuerrechtlichen Stand zu sein.

OLG Düsseldorf, Beschluss v. 18.8.2006, I-23 U 42/06, DStR 2007, 923

Steuererklärung, fehlerhafte

Leitsatz: Der Steuerberater haftet aus schuldhafter Verletzung des Steuerberatungsvertrags, wenn er vorwerfbar fehlerhaft bei der Ermittlung der Einkünfte vorgeht und sein Mandant deshalb zu hohe Steuern zahlen muss.

Den Mandant trifft ein Mitverschulden, wenn er die Steuererklärung ohne nähere Nachprüfung der darin enthaltenen Einkommensangaben unterzeichnet hat.

OLG Hamm, Urteil v. 21.3.1997, 25 U 110/96, GI 1999, 25

Subventionsberatung

Leitsatz: Die Beratung über Fördermittel der öffentlichen Hand ist keine Besorgung fremder Rechtsangelegenheiten i.S. von Art. 1 § 1 RBerG.

BGH, Urteil v. 24.2.2005, I ZR 128/02, NJW 2005, 2458

Subventionsberatung, fehlerhafte

Leitsatz: 1. Ist eine feste Verwaltungsübung der zuständigen Finanzbehörden einem steuerlichen Berater bekannt oder muss er sie kennen, handelt er pflichtwidrig, wenn er sie bei seinen steuerlichen Empfehlungen und Belehrungen nicht berücksichtigt. Dies gilt auch dann, wenn er diese Übung persönlich für rechtswidrig hält und dies objektiv zutrifft.

2. Lässt ein steuerlicher Berater eine ständig geübte Verwaltungspraxis zur Wirtschaftsförderung pflichtwidrig und schuldhaft außer acht, hat er dem Mandanten für die daraus erwachsenden Nachteile einzustehen, auch wenn die Verwaltungsübung gegen Ermessensrichtlinien verstößt.

BGH, Urteil v. 28.9.1995, IX ZR 158/94, NJW 1995, 3248

Treuhandkommanditist, Publikums-KG

Leitsatz: Schadensersatzansprüche von Kapitalanlegern gegen einen Steuerberater als Treuhandkommanditisten einer Publikums-KG wegen eines Verschuldens bei den Beitrittsverhandlungen unterliegen nach dem bis zum 31. Dezember 2001 geltenden Recht nicht der Verjährung nach § 68 StBerG (Anschluss an BGH, Urteil v. 20.3.2006 – II ZR 326/04 – ZIP 2006, 849).

BGH, Urteil v. 13.7.2006, III ZR 361/04, DStR 2007, 131

Überschuldung, insolvenzrechtlich

Leitsatz: 1. Erklärt der vertraglich lediglich mit der Erstellung der Steuerbilanz betraute Steuerberater, dass eine insolvenzrechtliche Überschuldung nicht vorliege, haftet er der Gesellschaft wegen der Folgen der dadurch bedingten verspäteten Insolvenzantragstellung.

2. Der durch eine verspätete Insolvenzantragstellung verursachte Schaden der Gesellschaft bemisst sich nach der Differenz zwischen ihrer Vermögenslage im Zeitpunkt rechtzeitiger Antragstellung im Vergleich zu ihrer Vermögenslage im Zeitpunkt des tatsächlich gestellten Antrags.

3. Wird der Insolvenzantrag einer GmbH infolge einer fehlerhaften Abschlussprüfung verspätet gestellt, trifft die Gesellschaft mit Rücksicht auf ihre Selbstprüfungspflicht in der Regel ein Mitverschulden an dem dadurch bedingten Insolvenzverschleppungsschaden.

BGH, Urteil v. 6.6.2013, IX ZR 204/12

Unerlaubte Rechtsberatung

Orientierungssatz: Vertritt der Steuerberater den Arbeitgeber im Verwaltungsverfahren auf Zustimmung zur Kündigung eines schwerbehinderten Arbeitnehmers vor dem Integrationsamt und stellt für seinen Mandanten einen Antrag auf Zustimmungserteilung, liegt ein Fall der unerlaubten Rechtsberatung vor.

OLG Düsseldorf, Urteil v. 21.6.2005, I-20 U 40/05, DStRE 2006, 511

Leitsatz: Ein Steuerberater, der einen Mandanten in Fragen gesellschaftsrechtlicher Gestaltung berät (hier: Rat zur Übernahme der Notgeschäftsführung durch einen Angestellten einer GmbH), verstößt gegen Art. 1 § 1 Satz 1 RBerG, weil diese Rechtsberatung nicht zum Wirkungskreis eines Steuerberaters i.S.v. Art. 1 § 5 Nr. 2 RBerG gehört.

Für Vermögensschäden, die im Rahmen einer unerlaubten Rechtsberatung auf Grund eines Beratungsfehlers entstehen, haftet der Berater nach § 823 Abs. 2 BGB i. V. m. Art. 1 § 1 RBerG.

Wer unerlaubt Rechtsrat erteilt, muss sich mindestens an dem Verschuldensmaßstab messen lassen, der für zugelassene Rechtsanwälte gilt, und darf nicht privilegiert werden, weil er die fachlichen Voraussetzungen für eine Rechtsberatung nicht besitzt.

OLG Naumburg, Urteil v. 12.7.2005, 1 U 8/05, DStRE 2006, 383

Unterschlagungsprüfung

Leitsatz: Der mit der Buchhaltung nicht beauftragte Steuerberater ist grundsätzlich nicht zur Unterschlagungsprüfung und zur Suche nach versteckten Falschbuchungen verpflichtet. Etwas anderes gilt, wenn sich Unrichtigkeiten aufdrängen oder sich aus sonstigen Umständen Zweifel an der Richtigkeit der Unterlagen ergeben.

OLG Celle, Urteil v. 15.5.2003, 3 U 206/01 (aus juris)

Orientierungssatz: 1. Zu den Pflichten eines Steuerberaters, der für die auftraggebende Gesellschaft entsprechend seinem Auftrag nur die Buchführung, Jahressteuererklärungen, Lohnbuchhaltung und Bilanzen erstellt sowie Umsatzsteuervoranmeldungen und -erklärungen fertigt, gehört grundsätzlich nicht die Prüfung jeder einzelnen Buchung oder der gesamten Buchungen auf ihre materielle Richtigkeit in jedem Einzelfall. Er ist auch nicht im Wege einer „Unterschlagungsprüfung“ verpflichtet zu prüfen, ob die Auftraggeberin bzw. die für sie Handelnden Geschäftsvorfälle unterdrücken oder verschleiern.

2. Es hängt von den konkreten Umständen des Einzelfalls ab, ob den Steuerberater ausnahmsweise bei der Feststellung von Unstimmigkeiten, Unklarheiten oder Verschleierungen, die im Rahmen der berufsüblichen Buchführungsarbeit erkennbar sind, eine Aufklärungs- und Mitteilungspflicht trifft.

3. Hat die Auftraggeberin Kenntnis von derartigen Unregelmäßigkeiten, besteht eine solche Aufklärungs- und Mitteilungspflicht nicht. Die Gesellschaft muss sich dabei die Kenntnis eines Alleingeschäftsführers analog § 166 Abs. 1 BGB, § 125 Abs. 2 Satz 3 HGB, § 35 Abs. 2 Satz 2 GmbHG bzw. entsprechend § 31 BGB auch dann zurechnen lassen, wenn der Geschäftsführer selbst die Unregelmäßigkeiten zu vertreten hat.

4. Ist der Gesellschaft die Kenntnis des Geschäftsführers von den Unregelmäßigkeiten zuzurechnen, ist der Grundsatz zu berücksichtigen, dass ein vorsätzlich handelnder Geschädigter im Verhältnis zu einem fahrlässig handelnden Beteiligten grundsätzlich seinen Schaden allein zu tragen hat.

OLG Köln, Urteil v. 29.8.2002, 8 U 5/02, DStRE 2004, 301

Verfassungswidrigkeit

Leitsatz nicht amtlich: Der Steuerberater haftet nicht für unterlassene Aufklärung des Mandanten bei nachträglich vom BVerfG festgestellter Verfassungswidrigkeit einer Steuernorm, wenn in der Rechtsprechung und Fachliteratur keine gewichtigen Gegenstimmen zur Verfassungsmäßigkeit der Norm vorhanden sind.

OLG Karlsruhe, Urteil v. 18.12.2006, DStR 2007, 1458 mit Anm. Beisel

Leitsatz: 1. Wenn ein Steuerberater tatsächlich Kenntnis von einer Entscheidung eines Finanzgerichtes hat, in der wegen grundsätzlicher Bedeutung (hier: Verfassungsmäßigkeit der Besteuerung von Spekulationsgewinnen aus Wertpapiergeschäften) die Revision zugelassen worden ist, muss er gegen Bescheide des Finanzamtes, die auf der Verfassungsmäßigkeit der Norm beruhen, Einspruch einlegen.

2. Es stellt aber keine Pflichtverletzung des Steuerberaters dar, wenn er eine in der Anlage zum Bundessteuerblatt, in der die beim Bundesfinanzhof, dem Bundesverfassungsgericht und dem Europäischen Gerichtshof anhängigen Verfahren aufgenommen werden, enthaltene Entscheidung nicht kennt, wenn es aus anderen Erkenntnisquellen keinerlei Anlass gab, an der Verfassungsmäßigkeit einer Norm zu zweifeln.

KG Berlin, Urteil v. 8.9.2006, 4 U 119/05, DStR 2007, 453

Verhandlungserfolg

Leitsatz: Erklärt ein Rechtsanwalt gegenüber seinem späteren Auftraggeber, dass er für den Fall, dass ihm das Mandat zum Führen von Vertragsverhandlungen erteilt wurde, den Eintritt des erstrebten Verhandlungserfolges garantiere, kann darin nicht ohne weiteres ein haftungsbegründendes Garantieversprechen des Rechtsanwaltes für den Fall des Scheiterns der Verhandlungen gesehen werden.

OLG Frankfurt am Main, Urteil v. 14.2.2007, 19 U 175/06, NJW 2007, 1467

Verjährung

Leitsatz: Dem Steuerberater ist es nicht verwehrt, sich mit Erfolg auf den Eintritt der Verjährung zu berufen, wenn nachweislich feststeht, dass der Mandant vom bisherigen zu einem neuen Steuerberater gewechselt hat, der bisherige Steuerberater nach Zugang des belastenden Steuerbescheids mit der Angelegenheit nicht mehr befasst war und ein irgendwie gearteter Anlass zur Überprüfung der eigenen vorangegangenen Buchführungstätigkeit nicht bestanden hat.

OLG Düsseldorf, Urteil v. 30.3.2004, I 23 U 80/03, GI 2004, 180

Leitsatz: Werden für den nicht sozialversicherungspflichtigen Geschäftsführer jahrelang Beiträge zur Arbeitslosenversicherung abgeführt, beginnt die Verjährung des Schadensersatzanspruchs der GmbH gegen den Steuerberater im Zeitpunkt der ersten zu Unrecht erfolgten Leistung zu laufen, wenn die fehlende Sozialversicherungspflicht von Anfang an feststand. Auf den Zeitpunkt der Ermessensentscheidung der Bundesanstalt für Arbeit, gegenüber dem Rückzahlungsverlangen der GmbH die Einrede der Verjährung zu erheben, kommt es nicht an.

OLG Brandenburg, Urteil v. 7.11.2006, 6 U 23/06 (nicht rkr.) DB 2007, 1459

Verjährung, altes Verjährungsrecht: Beginn, Sekundärhaftung

Orientierungssatz: 1. Gemäß § 68 StBerG verjährt der Anspruch des Auftraggebers gegen den Steuerberater auf Schadenersatz in drei Jahren ab Entstehung des Anspruchs. Entstanden ist ein Anspruch, wenn seine Tatbestandsvoraussetzungen gegeben sind. Dazu gehört auch die Entstehung eines Schadens. Dieser ist mit der Bekanntgabe des belastenden Steuerbescheides anzunehmen, wenn ein Steuerberater steuerliche Nachteile seines Mandanten verschuldet hat.

2. Nach diesen Grundsätzen ist der Schadenersatzanspruch vorliegend verjährt. Die Grundsätze der sog. Sekundärhaftung hindern den Steuerberater hier nicht, sich auf die Verjährung zu berufen. Insbesondere liegt nicht der Fall vor, dass der Steuerberater Anlass, die Pflichtwidrigkeit seines Verhaltens zu erkennen und den Mandanten auf den drohenden Ablauf der Verjährungsfrist hinzuweisen deshalb hatte, weil er mit derselben steuerrechtlichen Frage in nachfolgenden Veranlagungszeiträumen befasst war. Ein Dauermandat in den Folgejahren lag nicht vor.

OLG Düsseldorf, 30.3.2004, 23 U 80/03, I-23 U 80/03

Leitsatz: 1. Hat ein Rechtsanwalt, der von dem Mandanten eines regresspflichtigen Steuerberaters nicht wegen der Regressfrage beauftragt worden ist, auf Grund einer nebenvertraglichen Warn- oder Hinweispflicht auf den möglichen Regress gegen den Steuerberater aufmerksam zu machen, lässt dies die Sekundärhinweispflicht des Steuerberaters nicht entfallen.

2. Belehrt der nicht wegen der Regressfrage beauftragte Rechtsanwalt den Mandanten darüber, es komme ein Regressanspruch gegen den zuvor beauftragten Steuerberater in Betracht, nicht aber über die kurze Verjährungsfrist, besteht insoweit die Sekundärhinweispflicht des Steuerberaters fort.

BGH Urteil v. 13.4.2006 IX ZR 208/03 DStR 2007, 174

Verjährung, Änderung der Verjährungsvorschriften

Leitsatz: Der Lauf der Verjährungsfrist nach § 68 StBerG wird seit 1. Januar 2002 durch Verhandlungen zwischen Schuldner und Gläubiger über den Anspruch oder die den Anspruch begründenden Umstände gehemmt.

BGH, Urteil v. 1.2.2007, IX ZR 180/04, DB 2007, 907

Verjährung, Beginn

Leitsatz: a) Die Verjährung eines gegen einen rechtlichen Berater gerichteten Ersatzanspruchs beginnt zu laufen, wenn der Mandant den Schaden und die Pflichtwidrigkeit des Beraters erkannt oder infolge grober Fahrlässigkeit nicht erkannt hat.

b) Rät der Berater zur Fortsetzung des Rechtsstreits, hat der Mandant in der Regel auch dann keine Kenntnis von der Pflichtwidrigkeit des Beraters, wenn das Gericht oder der Gegner zuvor auf eine Fristversäumung hingewiesen hat.

BGH, Urteil v. 6.2.2014, IX ZR 245/12

Verjährung, Beginn

Leitsatz: Die Verjährungsfrist für einen Schadensersatzanspruch gegen einen Steuerberater beginnt auch dann frühestens mit dem Zugang des dem Mandanten nachteiligen

Steuerbescheids, wenn der Steuerberater in einer Steuersache eine Ausschlussfrist versäumt hat (Fortsetzung von BGH, Urt. v. 16. Oktober 2003 – IX ZR 167/02, WM 2004, 472 ff).

BGH, Urteil v. 3.11.2005, IX ZR 208/04

Leitsatz: Besteht der Schaden des Auftraggebers in vermeidbaren Umsatzsteuern infolge fehlerhafter Selbstveranlagung, beginnt die Verjährung des Ersatzanspruchs gegen den mitwirkenden Steuerberater mit der Einreichung der Steueranmeldung beim Finanzamt.

BGH, Urteil v. 14.7.2005, IX ZR 284/01 DB 2005, 2406

Verjährung, Beginn, Gläubigerwechsel

Leitsatz: Ist der Verjährungsbeginn kenntnisabhängig, kommt es für Beginn und Lauf der Verjährung im Falle des Gläubigerwechsels – gleich aus welchem Rechtsgrund – zunächst auf den Kenntnisstand des ursprünglichen Gläubigers an. Hatte dieser die für den Verjährungsbeginn erforderliche Kenntnis, geht der Anspruch so, d. h. mit in Gang gesetzter Verjährung auf den Rechtsnachfolger über, selbst wenn dieser die Kenntnis nicht mit oder erst nach dem Übergang des Anspruchs auf ihn erhält.

BGH Urteil v. 30.4.2014, IV ZR 30/13

Verjährung, Schadenersatz gegen Treuhandkommanditist

Leitsatz: Schadensersatzansprüche von Kapitalanlegern gegen einen Steuerberater als Treuhandkommanditisten einer Publikums-KG wegen eines Verschuldens bei den Beitrittsverhandlungen unterliegen nach dem bis zum 31. Dezember 2001 geltenden Recht nicht der Verjährung nach § 68 StBerG (Anschluss an BGH, Urteil v. 20.3.2006 – II ZR 326/04 – ZIP 2006, 849).

BGH, Urteil v. 13.7.2006, III ZR 361/04, DStR 2007, 131

Verjährungseinrede, Rechtsmissbrauch

Leitsatz: Hat ein Steuerberater durch Übersendung einer Abschrift eines auftragswidrig nicht eingelegten Einspruchs den Anschein erweckt, der Steuerbescheid, der angefochten werden sollte, sein nicht in Bestandskraft erwachsen, kann er sich bis zur Aufdeckung seines Fehlers und des eingetretenen Schadens auch dann nicht auf die eingetretene Verjährung des gegen ihn gerichteten Haftungsanspruchs berufen, wenn ihm ein vorsätzliches Handeln nicht nachgewiesen werden kann.

BGH, Urteil v. 14.11.2013, IX ZR 215/12

Vertrag mit Schutzwirkung zugunsten Dritter

Leitsatz: Der Steuerberatungsvertrag mit einer GmbH ist in der Regel kein Vertrag mit Schutzwirkung zugunsten des GmbH-Geschäftsführers. Daher kann der Geschäftsführer der GmbH auch keinen Schadensersatzanspruch gegen den Steuerberater wegen einer fehlerhafte Beratung der GmbH geltend machen, die zu einem Schaden bei ihm persönlich geführt hat.

OLG Celle, Urteil v. 30.5.2007, 3 U 260/06 (aus juris)

Orientierungssatz: 1. Ein Steuerberater, der einen vorläufigen Jahresabschluss für eine GmbH aufstellt, kann aus dem Gesichtspunkt der Schutzwirkung seines Vertrages mit der Gesellschaft gegenüber Dritten haften, wenn für den Steuerberater ein mögliches schutzwürdiges Interesse des Dritten erkennbar war und der Dritte zumindest konkludent in den Auftrag der GmbH an den Steuerberater einbezogen worden ist.

2. Für eine Haftung des Steuerberaters ist jedoch nicht ausreichend, dass irgendein Drittinteresse besteht oder erkennbar ist, sondern dass im Einzelfall eine konkrete Erkennbarkeit gerade des betroffenen Interesses als zwingendes Kriterium für die Begrenzung der Haftung des Steuerberaters vorliegen muss.

3. Die persönliche und gegenständliche Haftung aus einem Vertrag mit Schutzwirkung für Dritte knüpft regelmäßig gerade an den Inhalt und Wortlaut des erteilten Testats des Steuerberaters an.

OLG Karlsruhe 15.4.2003, 8 U 276/01 (aus juris)

Verzögerungsschaden durch fehlerhafte Beratung

Leitsatz: Der Steuerberater haftet auch für einen durch fehlerhafte Beratung schuldhaft verursachten Verzögerungsschaden des Mandanten, sofern die Vermeidung eines entsprechenden Nachteils zum Inhalt der übernommenen Vertragspflichten gehörte.

BGH, Urteil v. 7.12.2006, IX ZR 37/04, DB 2007, 510

Vorläufige Steuerberechnung

Orientierungssatz: Der Mandant handelt auf eigenes Risiko, wenn er aufgrund einer vorläufigen Steuerberechnung Vermögensdispositionen trifft.

LG Stuttgart, Urteil v. 21.5.2001, 23 O 68/01 GI 2002, 17

Weitergabe von Unternehmensdaten

Leitsatz: 1. Das allgemeine Persönlichkeitsrecht eines Unternehmens ist verletzt, wenn ein Wissenschaftler, der für Wirtschaftsprüfer und Steuerberater Fortbildungsseminare durchführt, Ablichtungen eines im Bundesanzeiger veröffentlichten Jahresabschlusses, der die finanzielle Situation dieses Unternehmens offenbart, an Banken und Seminarteilnehmer weitergibt, ohne den Namen und die Adresse des Unternehmens unkenntlich zu machen.

2. Auch im außerwettbewerblichen Bereich besteht aufgrund einer Verletzung des allgemeinen Persönlichkeitsrechts eine tatsächliche Vermutung für eine Wiederholungsgefahr. Weigert sich der Verletzer, eine strafbewehrte Unterlassungsverpflichtungserklärung abzugeben, dann kann eine Entkräftung der Vermutung der Wiederholungsgefahr auch hier nur in Ausnahmefällen angenommen werden.

BGH, Urteil v. 8.2.1994, VI ZR 286/93, wistra 1994, 301

Wiedereinsetzung in den vorigen Stand

Leitsatz: Die Faxnummer des Gerichts gehört weder zur Adressierung der „vorab per Telefax" zu übermittelnden Rechtsmittelschrift noch sonst zu den notwendigen Angaben, die ein Rechtsanwalt oder ein sonstiger kundiger Prozessbevollmächtigter persönlich aus dem Faxverzeichnis oder anderen Unterlagen herauszusuchen oder zu überprüfen hätte, ehe er den Schriftsatz unterschreibt. Beim Heraussuchen und Eingeben der Faxnummer in das Faxgerät handelt es sich vielmehr um Hilfstätigkeiten, die in jedem Fall dem geschulten Kanzleipersonal eigenverantwortlich überlassen werden können.

BFH Urteil v. 24.4.2003, VII R 47/02, BStBl 2003 II 665

Zukunftsschaden

Leitsatz: Der Steuerberater hat seinen Mandanten auch über die künftigen Folgen seiner heute zu treffenden Entscheidung zur Inanspruchnahme von Steuervergünstigungen zu beraten, wenn nach den Steuergesetzen mehrere Alternativen bestehen und die heutige Wahl nach den Steuergesetzen Konsequenzen für die Zukunft hat.

BGH, Urteil v. 16.10.2003, IX ZR 167/02, DStRE 2004, 237

Zulassung, fehlende eines Sozius (EU-Bürger)

Leitsatz: Verpflichtet sich eine Sozietät zur Erbringung steuerberatender Leistungen, ist der Vertrag jedenfalls dann nichtig, wenn nicht sämtliche Sozien zur geschäftsmäßigen Hilfe in Steuersachen befugt sind.

Ein EU-Bürger, der in Deutschland keine Zulassung als Steuerberater hat, ist nicht deswegen zur geschäftsmäßigen Hilfe in Steuersachen befugt, weil er mit einem deutschen Steuerberater im Inland eine Sozietät gegründet hat.

BGH, Versäumnisurteil v. 26.1.2006, IX ZR 225/04, DStRE 2006, 885

Zwischenbilanz, leichtfertiges Testat

Orientierungssatz: 1. Für den Vorsatz der Drittschädigung bei der leichtfertigen Erteilung des Testats eines Steuerberaters über die Zwischenbilanz eines Unternehmens ist es ausreichend, wenn der Steuerberater mit der Möglichkeit rechnet, der Abschluss könne bei Kreditverhandlungen mit einem Geldgeber verwendet werden und diesen zu einer ihm nachteiligen Disposition veranlassen. Nicht genügt es für die Annahme vorsätzlichen Handelns, dass der Steuerberater mit einer Kreditaufnahme rechnen muss.

2. Für die Einbeziehung Dritter in den Schutzbereich eines auf Erstellung und Testat der Zwischenbilanz eines Unternehmens gerichteten Vertrags genügt es, wenn dem testierenden Steuerberater erkennbar war, dass die Ausarbeitung – als Entscheidungsgrundlage – für einen Dritten, Käufer oder Kreditgeber (Bank), bestimmt war.

BGH, Urteil v. 26.22.1986, IVa ZR 86/85

Zwischenabschluss, Monatsabschluss, BWA

Orientierungssatzsatz: Zwar gibt eine BWA nur einen vorläufigen Stand der Buchführung wieder, der durch verschiedene Abschlussbuchungen erst zu einem Jahresabschluss entwickelt werden muss. Gleichwohl bilden die Ergebnisse der BWA unter der Annahme der vollständigen Erfassung aller Geschäftsvorfälle aber eine entscheidende Grundlage für die weitere finanzielle Planung und Entwicklung einer Gesellschaft.

OLG Oldenburg v. 8.11.2012 – 14 U 8/12 (rechtskräftig durch Beschluss des BGH vom 20.3.2014 – IX ZR 293/12)

BGH, Urteil vom 1.8.2000 – 5 StR 624/99, BGHSt 46, 107, 112; Urteil vom 21.8.2014 – 1 StR 13/14, NStZ-RR 2014, 316; Gräfe/Lenzen/Schmeer, Steuerberaterhaftung 5. Aufl. 2014 Rz. 1450

Anhang: AVB

Teil 1. Allgemeine Versicherungsbedingungen

A. Der Versicherungsschutz (§§ 1–4)

§ 1 Gegenstand des Versicherungsschutzes, Vermögensschaden, Versicherungsnehmer

I. Versicherungsschutz für berufliche Tätigkeit, Vermögensschadenbegriff

1. **Gegenstand des Versicherungsschutzes**
   Der Versicherer bietet dem Versicherungsnehmer Versicherungsschutz für den Fall, dass er wegen eines bei der Ausübung beruflicher Tätigkeit von ihm selbst oder einer Person, für die er nach § 278 BGB oder § 831 BGB einzutreten hat, begangenen Verstoßes von einem anderen aufgrund gesetzlicher Haftpflichtbestimmungen privatrechtlichen Inhalts für einen Vermögensschaden verantwortlich gemacht wird.
   Ausgenommen sind Ansprüche auf Rückforderung von Gebühren oder Honoraren sowie Erfüllungsansprüche und Erfüllungssurrogate gemäß § 281 in Verbindung mit § 280 BGB.
2. **Definition des Vermögensschadens**

2.1 Vermögensschäden sind solche Schäden, die weder Personenschäden (Tötung, Verletzung des Körpers oder Schädigung der Gesundheit von Menschen) noch Sachschäden (Beschädigung, Verderben, Vernichtung oder Abhandenkommen von Sachen, insbesondere auch von Geld und geldwerten Zeichen) sind, noch sich aus solchen von dem Versicherungsnehmer oder einer Person, für die er einzutreten hat, verursachten Schäden herleiten.

2.2 Hierunter fallen auch solche, die durch Freiheitsentzug verursacht worden sind (Straf- oder Untersuchungshaft, Unterbringung).

2.3 In Ergänzung zu Ziffer 2.1 besteht Versicherungsschutz für Personenschäden und hieraus resultierende immaterielle Schäden (Schmerzensgeld) ausschließlich in den Fällen, in denen der Schaden im Rahmen einer versicherten originären Berufstätigkeit verursacht wurde und in denen das betroffene Mandatsverhältnis den Schutz der

C. Nickert et al., *Die Haftung des Steuerberaters*, DOI 10.1007/978-3-658-07629-0

Rechtsgüter des § 253 Abs. 2 BGB zum Gegenstand hat. Dieser Versicherungsschutz wird bis zur Höhe der Pflichtversicherungssumme für Vermögensschäden gewährt. Die Erweiterung gilt nur, sofern hierfür nicht anderweitig Versicherungsschutz besteht.

II. Berufsangehörige als Versicherungsnehmer

1. **Sozien**
   Üben Berufsangehörige sozietätsfähiger Berufe ihre Berufe nach außen hin gemeinschaftlich aus, sind sie Sozien ohne Rücksicht darauf, wie ihre vertraglichen Beziehungen untereinander (Innenverhältnis) geregelt sind.
2. **Innenverhältnis**
   Die vertraglichen Beziehungen des Innenverhältnisses können sein: Anstellungsverhältnis, freie Mitarbeit, Bürogemeinschaft, Kooperation, Gesellschaft bürgerlichen Rechts, nicht als Berufsträgergesellschaft anerkannte Partnerschaft und Ähnliches.
3. **Zurechnung**
   In der Person eines Sozius gegebene Umstände, die den Versicherungsschutz beeinflussen, gehen zulasten aller Sozien.

III. Berufsträgergesellschaft als Versicherungsnehmer

1. **Versicherungsschutz für die Repräsentanten**
   Nimmt eine anerkannte Berufsträgergesellschaft für sich selbst Versicherung, bezieht sich der Versicherungsschutz für diese Gesellschaft auf die den Organen, Geschäftsführern, Gesellschaftern von Personengesellschaften, Partnern und Angestellten oder sonstigen Personen, deren sie sich zur Erfüllung ihrer Berufstätigkeit bedient, zur Last fallenden Verstöße.
2. **Zurechnung**
   In der Person des Verstoßenden gegebene Umstände, die den Versicherungsschutz beeinflussen, werden dem Versicherungsnehmer zugerechnet; das gilt nicht, wenn Angestellte (nicht Organe, Geschäftsführer, Gesellschafter von Personengesellschaften, Partner) des Versicherungsnehmers oder sonstige Personen, deren er sich zur Erfüllung seiner Berufstätigkeit bedient, in Erfüllung dieser Tätigkeit von Gesetz, Vorschrift, Anweisung oder Bedingung des Auftraggebers wissentlich abgewichen sind oder sonst ihre Pflichten wissentlich verletzt haben.

§ 2 Vorwärts- und Rückwärtsversicherung

I. Vorwärtsversicherung

Die Vorwärtsversicherung umfasst die Folgen aller vom Beginn des Versicherungsschutzes an (§ 3) bis zum Ablauf des Vertrages vorkommenden Verstöße.

II. Rückwärtsversicherung

1. **Versicherungsumfang**
   Die Rückwärtsversicherung bietet Versicherungsschutz gegen in der Vergangenheit vorgekommene Verstöße, welche dem Versicherungsnehmer oder den versicherten Personen bis zum Abschluss der Rückwärtsversicherung nicht bekannt geworden sind. Bei Antragstellung ist die zu versichernde Zeit nach Anfangs- und Endpunkt zu bezeichnen.
2. **Bekannter Verstoß**
   Ein Verstoß gilt als bekannt, wenn ein Vorkommnis vom Versicherungsnehmer oder versicherten Personen als – wenn auch nur möglicherweise – objektiv fehlsam erkannt oder ihnen, wenn auch nur bedingt, als fehlsam bezeichnet worden ist, auch wenn Schadenersatzansprüche weder erhoben noch angedroht noch befürchtet worden sind.

III. Verstoßzeitpunkt bei Unterlassung

Wird ein Schaden durch fahrlässige Unterlassung verursacht, gilt im Zweifel der Verstoß als an dem Tag begangen, an welchem die versäumte Handlung spätestens hätte vorgenommen werden müssen, um den Eintritt des Schadens abzuwenden.

§ 3 Beginn und Umfang des Versicherungsschutzes

I. Vorläufige Deckung

1. **Beginn**
   Die vorläufige Deckung wird mit entsprechender Erklärung des Versicherers ab dem vereinbarten Zeitpunkt wirksam.
2. **Inhalt**
   Die vorläufige Deckung richtet sich nach den Vertragsgrundlagen, die dem endgültigen Versicherungsvertrag zugrunde liegen sollen. Der Versicherungsnehmer erhält die für die vorläufige Deckung und den endgültigen Versicherungsvertrag geltenden Versicherungsbedingungen und die Information für Versicherungsnehmer zusammen mit dem Versicherungsschein, auf Wunsch auch zu einem früheren Zeitpunkt.

II. Hauptvertrag

1. **Beginn mit Einlösung des Versicherungsscheines**
   Der Versicherungsschutz beginnt vorbehaltlich einer anderen Vereinbarung mit der Einlösung des Versicherungsscheines durch rechtzeitige Zahlung der Prämie gemäß § 8 II Ziff. 1 und etwaiger öffentlicher Abgaben.
2. **Beginn bei späterer Prämieneinforderung**
   Wird die erste Prämie erst nach dem als Beginn der Versicherung festgesetzten Zeitpunkt eingefordert, dann aber ohne Verzug bezahlt, beginnt der Versicherungsschutz mit dem vereinbarten Zeitpunkt.

III. Umfang des Versicherungsschutzes

1. Abwehrschutz und Freistellung

Der Versicherungsschutz umfasst die Abwehr unberechtigter Schadenersatzansprüche und die Freistellung des Versicherungsnehmers von berechtigten Schadenersatzverpflichtungen.

1.1 Berechtigt sind Schadenersatzverpflichtungen dann, wenn der Versicherungsnehmer aufgrund Gesetzes, rechtskräftigen Urteils, Anerkenntnisses oder Vergleiches zur Entschädigung verpflichtet ist und der Versicherer hierdurch gebunden ist.

1.2 Anerkenntnisse und Vergleiche, die vom Versicherungsnehmer ohne Zustimmung des Versicherers abgegeben oder geschlossen worden sind, binden den Versicherer nur, soweit der Haftpflichtanspruch auch ohne Anerkenntnis oder Vergleich bestanden hätte.

1.3 Der Versicherer ist bevollmächtigt, alle zur Beilegung oder Abwehr des Haftpflichtanspruchs ihm zweckmäßig erscheinenden Erklärungen im Namen des Versicherungsnehmers abzugeben.

2. Höchstbetrag der Versicherungsleistung

2.1 Die Versicherungssumme stellt den Höchstbetrag der dem Versicherer – abgesehen vom Kostenpunkt (siehe Ziff. 5) – in jedem einzelnen Schadenfall obliegenden Leistung dar, und zwar mit der Maßgabe, dass nur eine einmalige Leistung der Versicherungssumme infrage kommt:

2.1.1 gegenüber mehreren entschädigungspflichtigen Personen, auf welche sich der Versicherungsschutz erstreckt,

2.1.2 bezüglich eines aus mehreren Verstößen stammenden einheitlichen Schadens,

2.1.3 bezüglich sämtlicher Pflichtverletzungen bei der Erledigung eines einheitlichen Auftrages, mögen diese auf dem Verschulden des Versicherungsnehmers oder einer von ihm herangezogenen Hilfsperson beruhen.

2.2 Weitere Bestimmungen zum Höchstbetrag der Versicherungsleistung regeln die Besonderen Bedingungen (Teil 3 bzw. Teil 4).

3. Jahreshöchstleistung

Die Leistungen des Versicherers können im Rahmen der gesetzlichen Bestimmungen begrenzt werden. Weitere Bestimmungen zur Jahreshöchstleistung regeln die Besonderen Bedingungen (Teil 2, Teil 3 bzw. Teil 4).

4. Selbstbehalt des Versicherungsnehmers

4.1 An der Summe, die vom Versicherungsnehmer aufgrund richterlichen Urteils oder eines vom Versicherer genehmigten Anerkenntnisses oder Vergleichs zu bezahlen ist (Haftpflichtsumme), wird der Versicherungsnehmer mit einem Selbstbehalt von Euro 1500,00 je Versicherungsfall beteiligt.

4.2 Ein Selbstbehalt ist jedoch ausgeschlossen, wenn bei Geltendmachung des Schadens durch einen Dritten die Bestellung bzw. Zulassung des Berufsträgers oder die Anerkennung bzw. Zulassung der Berufsträgergesellschaft erloschen ist. Dies gilt auch, wenn Haftpflichtansprüche gegen die Erben des Versicherungsnehmers erhoben werden.

4.3 Abweichend hiervon kann ein anderer Selbstbehalt vereinbart werden.

5. Prozesskosten

5.1 Die Kosten eines gegen den Versicherungsnehmer anhängig gewordenen, einen gedeckten Haftpflichtanspruch betreffenden Haftpflichtprozesses sowie einer wegen eines solchen Anspruchs mit Zustimmung des Versicherers vom Versicherungsnehmer betriebenen negativen Feststellungsklage oder Nebenintervention gehen zulasten des Versicherers. Sofern nicht im Einzelfall mit dem Versicherer etwas anderes vereinbart ist, werden die Rechtsanwaltskosten entsprechend den Gebührensätzen des RVG übernommen.

5.2 Übersteigt der geltend gemachte Haftpflichtanspruch die Versicherungssumme, trägt der Versicherer die Gebühren und Pauschsätze nur nach der der Versicherungssumme entsprechenden Wertklasse. Dies gilt sowohl bei der Abwehr unberechtigter Schadenersatzansprüche als auch bei der Freistellung des Versicherungsnehmers von berechtigten Schadenersatzverpflichtungen.
Bei den nicht durch Pauschsätze abzugeltenden Auslagen tritt eine verhältnismäßige Verteilung auf Versicherer und Versicherungsnehmer ein.

5.3 Übersteigt der Haftpflichtanspruch nicht den Betrag des Mindest- oder eines vereinbarten festen Selbstbehaltes, treffen den Versicherer keine Kosten.

5.4 Sofern ein Versicherungsnehmer sich selbst vertritt oder durch einen Sozius oder Mitarbeiter vertreten lässt, werden eigene Gebühren nicht erstattet. Ist der Versicherungsnehmer als Berufsträgergesellschaft anerkannt, werden keine Gebühren erstattet, sofern der Versicherungsnehmer sich von für die Gesellschaft tätigen Personen vertreten lässt.

5.5 Bei der Inanspruchnahme vor ausländischen Gerichten ersetzt der Versicherer, begrenzt auf seine Leistungspflicht, Kosten höchstens nach der der Versicherungssumme entsprechenden Wertklasse nach deutschem Kosten- und Gebührenrecht, sofern nicht im Einzelfall mit dem Versicherer etwas anderes vereinbart ist.

6. Sicherheitsleistung zur Abwendung der Zwangsvollstreckung

An der Sicherheitsleistung oder Hinterlegung, die zur Abwendung der zwangsweisen Beitreibung der Haftpflichtsumme zu leisten ist, beteiligt sich der Versicherer in demselben Umfang wie an der Ersatzleistung, höchstens jedoch bis zur Höhe der Versicherungssumme.

7. Leistungsbegrenzung bei gescheiterter Erledigung des Haftpflichtanspruchs oder Zurverfügungstellung der Versicherungsleistung

Falls die vom Versicherer verlangte Erledigung eines Haftpflichtanspruchs durch Anerkenntnis, Befriedigung oder Vergleich am Verhalten des Versicherungsnehmers scheitert oder falls der Versicherer seinen vertragsmäßigen Anteil zur Befriedigung des Geschädigten zur Verfügung stellt, hat der Versicherer für den von der Weigerung bzw. der Zurverfügungstellung an entstehenden Mehraufwand an Hauptsache, Zinsen und Kosten nicht aufzukommen.

§ 4 Ausschlüsse

Der Versicherungsschutz bezieht sich nicht auf Haftpflichtansprüche

1. mit Auslandsbezug, entsprechend den Regelungen in den Besonderen Bedingungen (Teil 2, Teil 3 und Teil 4);
2. soweit sie aufgrund Vertrages oder besonderer Zusage über den Umfang der gesetzlichen Haftpflicht hinausgehen;
3. wegen Schäden durch Veruntreuung entsprechend den Regelungen in den Besonderen Bedingungen (Teil 2, Teil 3 und Teil 4);
4. aus der Tätigkeit des Versicherungsnehmers oder seines Personals als Leiter, Geschäftsführer, Vorstands-, Aufsichtsrats-, Beiratsmitglied von Firmen, Unternehmungen, Vereinen, Verbänden. Dies gilt auch im Rahmen der mitversicherten Tätigkeiten. Ist der Versicherungsnehmer als Berufsträgergesellschaft anerkannt, gilt dies entsprechend für die Berufsgesellschaft und die dort tätigen mitversicherten Personen gemäß § 7 I Ziff. 1;
5. wegen Schadenverursachung durch wissentliches Abweichen von Gesetz, Vorschrift, Anweisung oder Bedingung des Auftraggebers oder durch sonstige wissentliche Pflichtverletzung. Der Versicherungsnehmer behält, wenn dieser Ausschlussgrund nicht in seiner Person und auch nicht in der Person eines Sozius vorliegt – unbeschadet der Bestimmungen des § 7 III Ziff. 2 – den Anspruch auf Versicherungsschutz. § 1 III bleibt unberührt.
   Werden gegen den Versicherungsnehmer Vorwürfe wegen wissentlicher Pflichtverletzung erhoben, welche strittig sind, besteht in Abweichung zu § 3 III Ziff. 1 Abwehrschutz. Erachtet der Versicherer den Vorwurf der wissentlichen Pflichtverletzung als berechtigt und versagt die Deckung, entfällt der Versicherungsschutz rückwirkend. In diesem Fall ist der Versicherungsnehmer verpflichtet, dem Versicherer die vorgeleisteten Abwehrkosten zu erstatten.

B. Der Versicherungsfall (§§ 5–6)

§ 5 Versicherungsfall, Obliegenheiten im Versicherungsfall, Zahlung des Versicherers

I. Versicherungsfall

Versicherungsfall ist der Verstoß, der Haftpflichtansprüche gegen den Versicherungsnehmer zur Folge haben könnte.

II. Obliegenheiten im Versicherungsfall

1. Schadenanzeige

1.1 Jeder Versicherungsfall ist dem Versicherer (vgl. § 11) unverzüglich, spätestens innerhalb einer Woche, in Textform anzuzeigen.

1.2 Wird ein Ermittlungsverfahren eingeleitet oder ein Strafbefehl oder ein Mahnbescheid erlassen, hat der Versicherungsnehmer dem Versicherer unverzüglich Anzeige zu erstatten, auch wenn er den Versicherungsfall selbst bereits angezeigt hat. Gegen Mahnbescheide oder Verfügungen von Verwaltungsbehörden auf Schadenersatz hat er, ohne die Weisung des Versicherers abzuwarten, fristgemäß Widerspruch zu erheben und die erforderlichen Rechtsbehelfe zu ergreifen.

1.3 Macht der Geschädigte seinen Anspruch gegenüber dem Versicherungsnehmer geltend, ist dieser zur Anzeige innerhalb einer Woche nach der Erhebung des Anspruchs verpflichtet.

1.4 Wird gegen den Versicherungsnehmer ein Anspruch gerichtlich geltend gemacht, Prozesskostenhilfe beantragt oder wird ihm gerichtlich der Streit verkündet, hat er außerdem unverzüglich Anzeige zu erstatten. Das Gleiche gilt im Falle eines Arrestes, einer einstweiligen Verfügung oder eines selbstständigen Beweisverfahrens.

1.5 Durch die Absendung der Anzeige werden die Fristen gewahrt. Für die Erben des Versicherungsnehmers tritt anstelle der Wochenfrist jeweils eine Frist von einem Monat.

2. Mitwirkung des Versicherungsnehmers bei der Schadenabwehr

2.1 Der Versicherungsnehmer ist, soweit für ihn zumutbar, verpflichtet, unter Beachtung der Weisungen des Versicherers, insbesondere auch hinsichtlich der Auswahl des Prozessbevollmächtigten, für die Abwendung und Minderung des Schadens zu sorgen und alles zu tun, was zur Klarstellung des Schadenfalles dient.

2.2 Er hat den Versicherer bei der Abwehr des Schadens sowie bei der Schadenermittlung und -regulierung zu unterstützen, ihm ausführliche und wahrheitsgemäße Schadenberichte zu erstatten, alle Tatumstände, welche auf den Schadenfall Bezug haben, mitzuteilen und alle nach Ansicht des Versicherers für die Beurteilung des Schadenfalles erheblichen Schriftstücke einzusenden.

2.3 Den aus Anlass eines Schadenfalles erforderlichen Schriftwechsel hat der Versicherungsnehmer unentgeltlich zu führen. Sonstiger anfallender Aufwand sowie auch die Kosten eines vom Versicherungsnehmer außergerichtlich beauftragten Bevollmächtigten werden nicht erstattet.

2.4 Eine Streitverkündung seitens des Versicherungsnehmers an den Versicherer ist nicht erforderlich. Die Kosten einer solchen werden vom Versicherer nicht ersetzt.

III. Zahlung des Versicherers

1. **Zeitpunkt**
   Ist die Schadenersatzverpflichtung des Versicherungsnehmers mit bindender Wirkung (§ 3 III Ziff. 1.2) für den Versicherer festgestellt, hat dieser den Versicherungsnehmer binnen zwei Wochen vom Anspruch des Dritten freizustellen.
2. **Erfüllung**
   Die Leistungen des Versicherers erfolgen in Euro. Die Verpflichtung des Versicherers gilt mit dem Zeitpunkt als erfüllt, in dem der Euro-Betrag bei einem inländischen Geldinstitut angewiesen ist.

§ 6 Leistungsfreiheit, Leistungskürzung und Fortbestehen der Leistungspflicht bei einer Obliegenheitsverletzung nach § 5

I. Leistungsfreiheit
Wird eine Obliegenheit verletzt, die dem Versicherer gegenüber zu erfüllen ist, ist der Versicherer von der Verpflichtung zur Leistung frei, wenn der Versicherungsnehmer die Obliegenheit vorsätzlich verletzt hat.

II. Leistungskürzung
Im Fall einer grob fahrlässigen Verletzung der Obliegenheit ist der Versicherer berechtigt, seine Leistung in einem der Schwere des Verschuldens des Versicherungsnehmers entsprechenden Verhältnis zu kürzen. Weist der Versicherungsnehmer nach, dass er die Obliegenheit nicht grob fahrlässig verletzt hat, bleibt der Versicherungsschutz bestehen.

III. Fortbestehen der Leistungspflicht
Der Versicherer bleibt zur Leistung verpflichtet, wenn der Versicherungsnehmer nachweist, dass die Verletzung der Obliegenheit weder für den Eintritt oder die Feststellung des Versicherungsfalles noch für die Feststellung oder den Umfang der dem Versicherer obliegenden Leistung ursächlich war. Dies gilt nicht, wenn der Versicherungsnehmer die Obliegenheit arglistig verletzt hat.

C. Das Versicherungsverhältnis (§§ 7–15)

§ 7 Versicherung für fremde Rechnung, Abtretung, Verpfändung, Rückgriffsansprüche

I. Versicherung für fremde Rechnung

1. **Geltung der Vertragsbestimmung für versicherte Personen**
Soweit sich die Versicherung auf Haftpflichtansprüche erstreckt, die gegen andere Personen als den Versicherungsnehmer selbst gerichtet sind (versicherte Personen), finden alle in dem Versicherungsvertrag bezüglich des Versicherungsnehmers getroffenen Bestimmungen auch auf diese Personen sinngemäße Anwendung. Der Versicherungsnehmer bleibt neben den versicherten Personen für die Erfüllung der Obliegenheiten verantwortlich.
2. **Geltendmachung der Versicherungsansprüche**
Versicherte Personen können ihre Versicherungsansprüche selbstständig geltend machen.
3. **Ansprüche des Versicherungsnehmers gegen versicherte Personen**
Ansprüche des Versicherungsnehmers gegen versicherte Personen sind, soweit nichts anderes vereinbart ist, von der Versicherung ausgeschlossen.

II. Abtretung, Verpfändung

Der Freistellungsanspruch darf vor seiner endgültigen Feststellung ohne Zustimmung des Versicherers weder abgetreten noch verpfändet werden. Eine Abtretung an den geschädigten Dritten ist zulässig.

III. Rückgriffsansprüche

1. **Übergang von Ansprüchen des Versicherungsnehmers gegen Dritte**
   Rückgriffsansprüche des Versicherungsnehmers gegen Dritte, ebenso dessen Ansprüche auf Kostenersatz, auf Rückgabe hinterlegter und auf Rückerstattung bezahlter Beträge sowie auf Abtretung gemäß § 255 BGB gehen in Höhe der vom Versicherer geleisteten Zahlung ohne Weiteres auf diesen über. Der Übergang kann nicht zum Nachteil des Versicherungsnehmers geltend gemacht werden. Der Versicherer kann die Ausstellung einer den Forderungsübergang nachweisenden Urkunde verlangen.
2. **Rückgriff gegen Angestellte des Versicherungsnehmers**
   Rückgriff gegen Angestellte des Versicherungsnehmers wird nur genommen, wenn der Angestellte seine Pflichten vorsätzlich oder wissentlich verletzt hat.
3. **Verzicht des Versicherungsnehmers auf Rückgriffsanspruch**
   Hat der Versicherungsnehmer auf einen Anspruch gemäß Ziff. 1 oder ein zu dessen Sicherung dienendes Recht verzichtet, bleibt der Versicherer nur insoweit verpflichtet, als der Versicherungsnehmer beweist, dass die Verfolgung des Anspruchs ergebnislos geblieben wäre.

§ 8 Prämienzahlung (Erst- und Folgeprämie) und Rechtsfolgen bei Nichtzahlung, Verzug bei Abbuchung, Prämienregulierung, Prämienrückerstattung

I. Vorläufige Deckung

1. **Prämie**
   Der Versicherungsnehmer ist verpflichtet, eine Prämie für die vorläufige Deckung zu zahlen, soweit der Hauptvertrag mit dem Versicherer der vorläufigen Deckung nicht zustande kommt. Diese entspricht der Laufzeit der vorläufigen Deckung in Höhe des Teils der Prämie, die beim Zustandekommen des Hauptvertrages für diesen zu zahlen wäre.
2. **Wegfall des Versicherungsschutzes**
   Der Versicherungsschutz aus einer vorläufigen Deckung entfällt rückwirkend, wenn der Versicherungsnehmer die Erstprämie für den endgültigen Versicherungsvertrag nicht rechtzeitig gezahlt hat.
3. **Rechtzeitigkeit der Zahlung**
   Die Zahlung gilt als rechtzeitig, wenn sie unverzüglich nach Zugang der Deckungszusage und der Zahlungsaufforderung erfolgt.

II. Zahlung der Erstprämie des Hauptvertrages

1. **Fälligkeit**
   Die erste oder einmalige Prämie ist unverzüglich nach Ablauf von zwei Wochen nach Abschluss des Versicherungsvertrages zu zahlen, jedoch nicht vor dem vereinbarten und im Versicherungsschein angegebenen Beginn des Versicherungsschutzes. Ist die Zahlung der Jahresprämie in Raten vereinbart, gilt die erste Rate als Erstprämie.
2. **Rücktrittsrecht des Versicherers bei Nichtzahlung**
   Wird die erste oder einmalige Prämie nicht rechtzeitig bezahlt, ist der Versicherer, solange die Zahlung nicht bewirkt ist, zum Rücktritt vom Vertrag berechtigt. Dies gilt nicht, wenn der Versicherungsnehmer nachweist, dass er die Nichtzahlung nicht zu vertreten hat.
3. **Leistungsfreiheit des Versicherers bei Nichtzahlung**
   Ist die Prämie zur Zeit des Eintritts des Versicherungsfalles noch nicht bezahlt, ist der Versicherer von der Verpflichtung zur Leistung frei. Dies gilt nicht, wenn der Versicherungsnehmer nachweist, dass er die Nichtzahlung nicht zu vertreten hat.

III. Zahlung der Folgeprämien des Hauptvertrages

1. **Fälligkeit**
   Die nach Beginn des Versicherungsschutzes (§ 3 II) zahlbaren regelmäßigen Folgeprämien sind an den im Versicherungsschein festgesetzten Zahlungsterminen und sonstige Prämien bei Bekanntgabe an den Versicherungsnehmer zuzüglich etwaiger öffentlicher Abgaben zu entrichten.
2. **Zahlungsfrist bei Nichtzahlung**
   Wird eine Folgeprämie nicht rechtzeitig gezahlt, kann der Versicherer dem Versicherungsnehmer auf dessen Kosten in Textform eine Zahlungsfrist von mindestens zwei Wochen bestimmen. Dabei sind die rückständigen Beträge der Prämie, Zinsen und Kosten im Einzelnen zu beziffern und die Rechtsfolgen anzugeben, die nach den Ziff. 3 und 4 mit dem Fristablauf verbunden sind.
3. **Leistungsfreiheit des Versicherers bei Nichtzahlung**
   Tritt der Verstoß nach dem Ablauf dieser Frist ein und ist der Versicherungsnehmer zur Zeit des Eintritts mit der Zahlung der Prämie oder der Kosten im Verzug, ist der Versicherer nicht zur Leistung verpflichtet.
4. **Kündigungsrecht des Versicherers bei Nichtzahlung**
   Der Versicherer kann nach Fristablauf den Vertrag ohne Einhaltung einer Frist kündigen, sofern der Versicherungsnehmer mit der Zahlung der geschuldeten Beträge in Verzug ist.

IV. Verzug bei Abbuchung

1. **Verzugsvoraussetzungen**
   Ist vereinbart, dass der Versicherer die jeweils fälligen Prämien von einem Konto einzieht und kann eine Prämie aus Gründen, die der Versicherungsnehmer zu vertreten hat, nicht fristgerecht eingezogen werden oder widerspricht der Versicherungsnehmer einer berechtigten Einziehung von seinem Konto, gerät er in Verzug, und es können ihm auch die daraus entstehenden Kosten in Rechnung gestellt werden. Der Versicherer ist zu weiteren Abbuchungsversuchen berechtigt, aber nicht verpflichtet.
2. **Verzug nach Zahlungsaufforderung**
   Ist die Einziehung einer Prämie aus Gründen, die der Versicherungsnehmer nicht zu vertreten hat, nicht möglich, so kommt er erst in Verzug, wenn er nach einer Zahlungsaufforderung in Textform nicht fristgerecht zahlt.
3. **Aufforderungsrecht des Versicherers zur Überweisung**
   Kann aufgrund eines Widerspruchs oder aus anderen Gründen eine Prämie nicht eingezogen werden, so kann der Versicherer von weiteren Einzugsversuchen absehen und den Versicherungsnehmer in Textform zur Zahlung durch Überweisung auffordern.

V. Prämienregulierung

Aufgrund einer Änderungsanzeige oder sonstiger Feststellungen gemäß § 11b II wird die Prämie entsprechend dem Zeitpunkt der Veränderung richtiggestellt.

VI. Prämienrückerstattung

1. Zeitanteilige Prämie

1.1 Endet das Versicherungsverhältnis vor Ablauf der Vertragszeit oder wird es nach Beginn der Versicherung rückwirkend aufgehoben oder ist es von Anfang an nichtig, steht dem Versicherer für diese Versicherungsperiode nur derjenige Teil der Prämie zu, der dem Zeitraum entspricht, in dem Versicherungsschutz bestanden hat.

1.2 Dies gilt auch in den Fällen, in denen die Prämie auf mehrere Jahre vorausbezahlt war oder das Verhältnis infolge Kündigung im Schadenfalle (§ 9 II Ziff. 1) endet.

1.3 Wird das Versicherungsverhältnis durch Rücktritt aufgrund des § 11a II Ziff. 1 oder durch Anfechtung des Versicherers wegen arglistiger Täuschung beendet, steht dem Versicherer die Prämie bis zum Wirksamwerden der Rücktritts- oder Anfechtungserklärung zu.

2. Geschäftsgebühr

Tritt der Versicherer wegen Zahlungsverzugs der Erstprämie (§ 8 II Ziff. 2) zurück, kann er eine angemessene Geschäftsgebühr verlangen.

§ 9 Vertragsdauer, Kündigung, Erlöschen

I. Vertragsdauer und ordentliche Kündigung

1. Vorläufige Deckung

1.1 Die vorläufige Deckung endet spätestens zu dem Zeitpunkt, zu dem nach einem vom Versicherungsnehmer geschlossenen Hauptvertrag oder einem weiteren Vertrag über vorläufige Deckung ein gleichartiger Versicherungsschutz beginnt.

1.2 Kommt der endgültige Versicherungsvertrag nicht zustande, weil der Versicherungsnehmer seinen Antrag nach § 8 des Versicherungsvertragsgesetzes (VVG) widerruft oder einen Widerspruch nach § 5 Abs. 1 und 2 des VVG erklärt, endet die vorläufige Deckung mit dem Zugang des Widerrufs oder des Widerspruchs beim Versicherer.

1.3 Ist die vorläufige Deckung ausnahmsweise befristet, endet sie automatisch mit Fristablauf. Ziff. 1.1 bleibt unberührt.

1.4 Ist die vorläufige Deckung unbefristet, kann jede Vertragspartei ohne Einhaltung einer Frist in Textform kündigen. Die Kündigung des Versicherers wird erst nach Ablauf von zwei Wochen nach Zugang wirksam. Ziff. 1.1 bleibt unberührt.

2. Hauptvertrag

Der Vertrag ist zunächst für die in dem Versicherungsschein festgesetzte Zeit abgeschlossen. Beträgt diese mindestens ein Jahr, bewirkt die Unterlassung rechtswirksamer Kündigung eine Verlängerung des Vertrages jeweils um ein Jahr. Die Kündigung ist rechtswirksam, sofern sie spätestens drei Monate vor dem jeweiligen Ablauf des Vertrages in Textform erklärt wird.

II. Kündigung im Schadenfall

1. **Kündigungsvoraussetzungen**

Das Versicherungsverhältnis kann nach Eintritt eines Versicherungsfalles in Textform gekündigt werden, wenn eine Zahlung aufgrund eines Versicherungsfalles geleistet oder der Haftpflichtanspruch rechtshängig geworden ist oder der Versicherungsnehmer mit einem von ihm geltend gemachten Versicherungsanspruch rechtskräftig abgewiesen ist.

2. **Kündigungsfrist**

Der Versicherer hat eine Kündigungsfrist von einem Monat einzuhalten. Der Versicherungsnehmer kann mit sofortiger Wirkung oder zum Schluss der laufenden Versicherungsperiode kündigen.

3. **Erlöschen des Kündigungsrechts**

Das Recht zur Kündigung erlischt, wenn es nicht spätestens einen Monat, nachdem die Zahlung geleistet worden ist, der Rechtsstreit durch Klagerücknahme, Anerkenntnis oder Vergleich beigelegt worden ist oder das Urteil rechtskräftig geworden ist, ausgeübt wird.

III. Rechtzeitigkeit der Kündigung
Die Kündigung ist nur dann rechtzeitig, wenn sie dem Vertragspartner innerhalb der jeweils vorgeschriebenen Frist in Textform zugegangen ist.

IV. Erlöschen des Versicherungsschutzes
Bei Wegfall des versicherten Interesses (z. B. Wegfall der Zulassung) erlischt der Versicherungsschutz. Teil 3 A Ziff. 1a bleibt unberührt.

§ 10 Verjährung, zuständiges Gericht, anwendbares Recht

I. Verjährung
Die Verjährung der Ansprüche aus dem Versicherungsvertrag richtet sich nach den Vorschriften des Bürgerlichen Gesetzbuches.

II. Zuständiges Gericht

1. **Klagen gegen den Versicherer**

1.1 Ansprüche aus dem Versicherungsvertrag können gegen den Versicherer bei dem für seinen Geschäftssitz oder für den Geschäftssitz seiner für den Versicherungsvertrag zuständigen Niederlassung örtlich zuständigen Gericht geltend gemacht werden.

1.2 Ist der Versicherungsnehmer eine natürliche Person, ist für Klagen des Versicherungsnehmers aus dem Versicherungsvertrag oder der Versicherungsvermittlung auch das Gericht örtlich zuständig, in dessen Bezirk der Versicherungsnehmer zur Zeit der Klageerhebung seinen Wohnsitz, in Ermangelung eines solchen seinen gewöhnlichen Aufenthalt hat.

1.3 Verlegt der Versicherungsnehmer seinen Wohnsitz in einen Staat außerhalb der Europäischen Union, Islands, Norwegens, Liechtensteins oder der Schweiz, bestimmt sich die gerichtliche Zuständigkeit nach dem Sitz des Versicherers oder seiner für den Versicherungsvertrag zuständigen Niederlassung.

2. **Klagen gegen den Versicherungsnehmer**

2.1 Ist der Versicherungsnehmer eine juristische Person, kann der Versicherer Ansprüche aus dem Versicherungsvertrag am für den Sitz oder die Niederlassung des Versicherungsnehmers örtlich zuständigen Gericht geltend machen.

2.2 Ist der Versicherungsnehmer eine natürliche Person, ist das Gericht nach Ziff. 1.2 ausschließlich zuständig.

3. **Unbekannter Wohnsitz oder Aufenthalt des Versicherungsnehmers**
Ist der Wohnsitz oder der gewöhnliche Aufenthalt des Versicherungsnehmers im Zeitpunkt der Klageerhebung nicht bekannt, bestimmt sich die gerichtliche Zuständigkeit für Klagen aus dem Versicherungsvertrag gegen den Versicherer oder den Versicherungsnehmer nach dem Sitz des Versicherers oder seiner für den Versicherungsvertrag zuständigen Niederlassung. Ist der Versicherungsnehmer eine juristische Person, gilt dies entsprechend, wenn sein Geschäftssitz unbekannt ist.

III. Anwendbares Recht und Sprache
Die Rechte und Pflichten aus dem Versicherungsvertrag bestimmen sich ausschließlich nach deutschem Recht. Die Vertragssprache ist Deutsch.

§ 11 Form der Willenserklärung gegenüber dem Versicherer
Alle für den Versicherer bestimmten Anzeigen und Erklärungen sind in Textform abzugeben und an die im Versicherungsschein oder in dessen Nachträgen als zuständig bezeichnete Geschäftsstelle zu richten.

§ 11a Vorvertragliche Anzeigepflichten des Versicherungsnehmers, Rechtsfolgen von Anzeigepflichtverletzungen
I. Vorvertragliche Anzeigepflichten des Versicherungsnehmers

II. Rechtsfolgen von Anzeigepflichtverletzungen

1. **Rechte des Versicherers**
   Die Folgen einer Verletzung der Anzeigepflicht ergeben sich aus §§ 19–22 VVG. Unter den dort genannten Voraussetzungen kann der Versicherer vom Versicherungsvertrag zurücktreten, leistungsfrei sein, den Vertrag kündigen, wegen arglistiger Täuschung anfechten oder auch berechtigt sein, den Vertrag zu ändern.
2. **Kündigungsrecht des Versicherungsnehmers bei Vertragsänderung**
   Erhöht sich durch die Vertragsänderung gemäß Ziff. 1 der Beitrag um mehr als 10 % oder schließt der Versicherer die Gefahrabsicherung für den nicht angezeigten Umstand aus, kann der Versicherungsnehmer den Vertrag nach Maßgabe von § 19 Abs. 6 VVG kündigen.

§ 11b Anzeigepflichten des Versicherungsnehmers während der Vertragslaufzeit
I. Vorläufige Deckung

II. Gefahrerhöhung

1. **Selbstständige Anzeigepflicht des Versicherungsnehmers**
   Treten nach Abgabe der Vertragserklärung des Versicherungsnehmers Umstände ein, die für die Übernahme des Versicherungsschutzes Bedeutung haben (§ 11a I Ziff. 2), hat er die Gefahrerhöhung, nachdem er von ihr Kenntnis erlangt hat, dem Versicherer unverzüglich anzuzeigen.
2. **Anzeigepflicht nach Aufforderung des Versicherers**
   Der Versicherungsnehmer ist verpflichtet, nach Erhalt einer Aufforderung des Versicherers, welche auch durch einen der Prämienrechnung beigefügten Hinweis erfolgen kann, Mitteilung darüber zu machen, ob und welche Änderungen in dem versicherten Risiko gegenüber den zum Zwecke der Prämienbemessung gemachten Angaben

eingetreten sind, z. B. zuschlagspflichtige Personen, der bei einem anderen Versicherer bestehende Versicherungsschutz für eine höhere Versicherungssumme oder der erstmalige Abschluss eines solchen Versicherungsvertrages, Änderungen einer Nebentätigkeit. Diese Anzeige ist innerhalb eines Monats nach Erhalt der Aufforderung zu machen. Auf Verlangen des Versicherers sind die Angaben durch die Geschäftsbücher oder sonstige Belege nachzuweisen.

3. **Leistungsfreiheit infolge unrichtiger Angaben und arglistigen Verschweigens**
   Unrichtige Angaben zu den Gefahrumständen gemäß Ziff. 1 und 2 oder das arglistige Verschweigen sonstiger Gefahrumstände können den Versicherer unter den Voraussetzungen des § 26 VVG berechtigen, den Versicherungsschutz zu versagen.

III. Änderung von Anschrift und Name

Zur Vermeidung von Nachteilen ist der Versicherungsnehmer verpflichtet, Änderungen seiner Anschrift unverzüglich mitzuteilen. Ansonsten gelten an die letzte, dem Versicherer bekannte Anschrift gesandte Mitteilungen als rechtsverbindlich. Entsprechendes gilt für eine Namensänderung.

§ 12 Sozien

I. Versicherungsfall

Der Versicherungsfall auch nur eines Sozius (§ 1 II) gilt als Versicherungsfall aller Sozien. Dies gilt nicht für Tätigkeiten außerhalb der gemeinschaftlichen Berufsausübung.

II. Durchschnittsleistung

Der Versicherer tritt für die Sozien zusammen mit einer einheitlichen Durchschnittsleistung ein. Für diese Durchschnittsleistung gilt Folgendes:

1. **Berechnung der Versicherungsleistung**
   Die Leistung auf die Haftpflichtsumme ist in der Weise zu berechnen, dass zunächst bei jedem einzelnen Sozius festgestellt wird, wie viel er vom Versicherer zu erhalten hätte, wenn er, ohne Sozius zu sein, allein einzutreten hätte (fiktive Leistung), und sodann die Summe dieser fiktiven Leistungen durch die Zahl aller Sozien geteilt wird.
2. **Berechnung der Kosten**
   Bezüglich der Kosten sind die Bestimmungen in § 3 III Ziff. 5 in sinngemäßer Verbindung mit den vorstehenden Bestimmungen anzuwenden.
3. **Anwendung auf Nichtversicherungsnehmer**
   Dieser Durchschnittsversicherungsschutz besteht nach Maßgabe des § 7 I Ziff. 1 auch zugunsten eines Sozius, der Nichtversicherungsnehmer ist.

§ 13 Mitarbeiter

I. Mitarbeiter als Risikoerweiterung

Die Beschäftigung eines zuschlagspflichtigen Mitarbeiters, der nicht Sozius im Sinne des § 1 II ist, gilt als Erweiterung des versicherten Risikos nach § 11b II Ziff. 2.

II. Folgen der Nichtanzeige

Wird trotz Aufforderung die Beschäftigung eines Mitarbeiters nicht angezeigt, so verringert sich dem Versicherungsnehmer gegenüber die Leistung (§ 12) des Versicherers, wie wenn der Mitarbeiter Sozius im Sinne von § 1 II wäre.

III. Versicherungsschutz für Mitarbeiter

In Ansehung solcher Verstöße, die vor Ablauf der Frist des § 11b II Ziff. 2 oder nach Bezahlung des Mitarbeiterzuschlags erfolgt sind, umfasst die Versicherung im Rahmen des Versicherungsvertrages auch Haftpflichtansprüche, die unmittelbar gegen die Mitarbeiter erhoben werden (§ 7 I Ziff. 1).

§ 14 Kumulsperre

I. Ein Versicherungsnehmer mit unterschiedlichen Berufsqualifikationen

Unterhält der Versicherungsnehmer aufgrund zusätzlicher Qualifikationen weitere Versicherungsverträge (z. B. in der Eigenschaft als Rechtsanwalt, Rechtsbeistand, Patentanwalt, Steuerberater, vereidigter Buchprüfer oder Wirtschaftsprüfer) und kann er für ein und denselben Verstoß Versicherungsschutz auch aus einem oder mehreren Versicherungsverträgen in Anspruch nehmen, begrenzt die Versicherungssumme des Vertrages mit der höchsten Versicherungssumme, bei gleich hohen Versicherungssummen eine Versicherungssumme, die Leistung aus allen Versicherungsverträgen; eine Kumulierung der Versicherungssummen findet nicht statt. § 78 Abs. 2 Satz 1 VVG gilt entsprechend.

II. Mehrere Versicherungsnehmer mit unterschiedlichen Berufsqualifikationen

Werden Angehörige der rechts-, steuer- und wirtschaftsberatenden Berufe, welche aufgrund gleicher, mehrfacher oder verschiedener Qualifikationen Versicherungsverträge unterhalten, für ein und denselben Verstoß verantwortlich gemacht und kann für diesen Verstoß Versicherungsschutz aus mehreren Versicherungsverträgen in Anspruch genommen werden, begrenzt die Versicherungssumme des Vertrages mit der höchsten Versicherungssumme, bei gleich hohen Versicherungssummen eine Versicherungssumme, die Leistung aus allen Versicherungsverträgen; eine Kumulierung der Versicherungssummen findet nicht statt.

III. § 12 gilt unverändert fort.

§ 15 Sachschäden

I. Versicherte Ansprüche
Im bedingungsgemäßen Umfang mitversichert sind Ansprüche wegen Sachschäden

1. an Akten und anderen für die Sachbehandlung in Betracht kommenden Schriftstücken,
2. an sonstigen beweglichen Sachen, die das Objekt der versicherten Betätigung des Versicherungsnehmers bilden, sofern es sich nicht um Sachschäden aus Anlass der Ausübung technischer Berufstätigkeit oder der Verwaltung von Grundstücken handelt.

II. Nicht versicherte Ansprüche
Nicht versichert sind Ansprüche wegen Sachschäden, die entstehen durch Abhandenkommen von Geld, geldwerten Zeichen, Wertsachen, Inhaberpapieren und in blanko indossierten Orderpapieren; das Abhandenkommen von Wechseln sowie von zu Protest gegangenen Schecks fällt nicht unter diese Bestimmung.

D. Versicherungsschutz der gesellschaftsrechtlichen Haftung (§§ 16–17)

§ 16 Mithaftung ein- und austretender Sozien oder Partner
Im Rahmen des Versicherungsvertrages ist die Haftung als neu eintretender Sozius oder Partner analog §§ 28, 128, 130 HGB – die aus Verstößen resultiert, welche vor dem Eintritt in die Gesellschaft verursacht wurden – während der Laufzeit dieses Vertrages mitversichert (Eintrittsversicherung). Die Mitversicherung gilt nur insoweit, als über einen bereits bestehenden Versicherungsvertrag des neu eintretenden Sozius oder Partners kein anderweitiger Deckungsschutz zur Verfügung steht. Gleiches gilt für Nachhaftungsansprüche analog §§ 128, 160 HGB (Austrittsversicherung) und für akzessorische, interprofessionelle Haftungsansprüche.

Genießen nicht alle Sozien/Partner über diesen Vertrag Versicherungsschutz, wird die Deckung für die Sozietät/Partnerschaft entsprechend § 12 anteilig gewährt.

§ 17 Mitversicherung der Haftung der Sozietät/Partnerschaft als Rechtspersönlichkeit
Haftpflichtansprüche, die gegen die Sozietät/Partnerschaft als Rechtsperson geltend gemacht werden, sind im Rahmen des vorliegenden Vertrages mitversichert.

Genießen nicht alle Sozien/Partner über diesen Vertrag Versicherungsschutz, wird die Deckung für die Sozietät/Partnerschaft entsprechend § 12 anteilig gewährt.

Teil 2. Besondere Bedingungen und Risikobeschreibungen für Rechtsanwälte und Patentanwälte (BBR-RA)

A. Besondere Bedingungen

1. **Jahreshöchstleistung**
   Ist eine höhere als die gesetzliche Mindestversicherungssumme von Euro 250.000,00 je Versicherungsfall vereinbart, beträgt die Höchstleistung des Versicherers für alle Versicherungsfälle eines Versicherungsjahres (Jahreshöchstleistung) vorbehaltlich abweichender Vereinbarung das Zweifache der vereinbarten Versicherungssumme; die Jahreshöchstleistung beträgt jedoch mindestens das Vierfache der Mindestversicherungssumme.
   Bei Rechtsanwaltsgesellschaften (§ 59c BRAO) können die Leistungen des Versicherers für alle innerhalb eines Versicherungsjahres verursachten Schäden auf den Betrag der Mindestversicherungssumme gemäß § 59j Abs. 2 Satz 1 BRAO, vervielfacht mit der Zahl der Gesellschafter und der Geschäftsführer, die nicht Gesellschafter sind, begrenzt werden. Die Jahreshöchstleistung für alle in einem Versicherungsjahr verursachten Schäden beträgt jedoch mindestens das Vierfache der Mindestversicherungssumme gemäß § 59j Abs. 2 Satz 3 BRAO.
2. **Ausschlüsse**

2.1 Haftpflichtansprüche mit Auslandsbezug
   Der Versicherungsschutz bezieht sich nicht auf Haftpflichtansprüche aus Tätigkeiten
   a) über in anderen Staaten eingerichtete oder unterhaltene Kanzleien oder Büros,
   b) im Zusammenhang mit der Beratung und Beschäftigung mit außereuropäischem Recht, mit Ausnahme desjenigen der Türkei,
   c) des Rechtsanwalts vor außereuropäischen Gerichten.

2.2 Veruntreuungsschäden
   Der Versicherungsschutz bezieht sich nicht auf Haftpflichtansprüche wegen Schäden durch Veruntreuung durch Personal, Sozien oder Angehörige des Versicherungsnehmers; als Angehörige gelten:
   a) der Ehegatte des Versicherungsnehmers, der Lebenspartner im Sinne des Lebenspartnerschaftsgesetzes oder einer vergleichbaren Partnerschaft nach dem Recht anderer Staaten,
   b) wer mit dem Versicherungsnehmer in gerader Linie verwandt oder verschwägert oder im zweiten Grad der Seitenlinie verwandt ist.

2.3 Tätigkeit als Angestellter
   In Erweiterung von Teil 1 § 4 Ziff. 4 bezieht sich der Versicherungsschutz nicht auf Haftpflichtansprüche aus der Tätigkeit des Versicherungsnehmers als Angestellter.

3. **Meldepflichten des Versicherers**
   Der Versicherer ist verpflichtet, der zuständigen Kammer den Beginn und die Beendigung oder Kündigung des Versicherungsvertrages sowie jede Änderung des Versicherungsvertrages, die den vorgeschriebenen Versicherungsschutz beeinträchtigt, unverzüglich mitzuteilen.

4. Abweichungen von der Pflichtversicherung
Soweit die vereinbarte Versicherungssumme den Betrag von Euro 250.000,00 und die vereinbarte Jahreshöchstleistung den Betrag von Euro 1.000.000,00 übersteigt oder soweit der Umfang des vereinbarten Versicherungsschutzes über den Umfang des gesetzlich vorgeschriebenen Versicherungsschutzes hinausgeht, gelten die Bedingungen des Teils 1 entsprechend, wenn nichts Abweichendes, z. B. durch zusätzliche Vereinbarungen, bestimmt ist. Erweiterungen des Versicherungsschutzes lassen den Umfang des gesetzlich vorgeschriebenen Versicherungsschutzes unberührt.

4.1 Inanspruchnahme des Versicherungsnehmers vor außereuropäischen Gerichten
Für Haftpflichtansprüche aus der Inanspruchnahme des Versicherungsnehmers vor außereuropäischen Gerichten besteht Leistungspflicht nur in Höhe der Mindestpflichtversicherungssumme.

4.2 Ausschluss kaufmännischer Risiken
Ergänzend zu Teil 1 § 4 bezieht sich der Versicherungsschutz nicht auf Haftpflichtansprüche wegen Schäden aus einer kaufmännischen Kalkulations-, Spekulations- oder Organisationstätigkeit. Soweit der Versicherungsnehmer tätig ist als Sachwalter, gerichtlich bestellter Liquidator, Zwangsverwalter, Gläubigerausschussmitglied oder Treuhänder gemäß InsO, können Haftpflichtansprüche wegen Schäden aus einer kaufmännischen Kalkulations- oder Organisationstätigkeit gesondert versichert werden.

4.3 Deckung für Auszahlungsfehler bei Anderkonten
Versicherungsschutz wird auch für den Fall geboten, dass der Versicherungsnehmer wegen einer fahrlässigen Verfügung über Beträge, die in unmittelbarem Zusammenhang mit einer Rechtsanwaltstätigkeit auf ein Anderkonto eingezahlt sind, von dem Berechtigten in Anspruch genommen wird. Das Gleiche gilt für Inanspruchnahme des Versicherungsnehmers aus fahrlässigen Verfügungen über fremde Gelder, die zur alsbaldigen Anlage auf ein Anderkonto in Verwahrung genommen und ordnungsgemäß verbucht sind.

B. Risikobeschreibung für die Vermögensschaden-Haftpflichtversicherung von Rechtsanwälten (einschließlich des Rechtsanwalts-Risikos von Anwaltsnotaren)

I. Versichert ist die gesetzliche Haftpflicht des Versicherungsnehmers aus der gegenüber seinem Auftraggeber freiberuflich ausgeübten Tätigkeit als Rechtsanwalt.

II. Der Versicherungsschutz erstreckt sich auch auf die Tätigkeit gemäß InsO als Insolvenzverwalter, vorläufiger Insolvenzverwalter und Sonderinsolvenzverwalter.
Mitversichert sind Haftpflichtansprüche

- wegen Schäden, welche daraus resultieren, dass der Betrieb des Schuldners ganz oder teilweise fortgeführt wird;

- aus §§ 34, 69 AO und vergleichbaren Fällen der persönlichen Haftung wegen Nichtabführung von Sozialversicherungsbeiträgen oder anderen öffentlichen Abgaben, sofern nicht wissentlich vom Gesetz abgewichen wurde;
- welche darauf beruhen, dass Versicherungsverträge nicht oder nicht ordnungsgemäß abgeschlossen, erfüllt oder fortgeführt werden, es sei denn, es wurde bewusst davon abgesehen;
- wegen Fehl- oder Doppelüberweisungen sowie Fehlern bei der Auszahlung der Insolvenzquote und der Abrechnung des Insolvenzgeldes;
- wegen Schäden durch vorsätzliche Straftaten gegen das Vermögen des Insolvenzschuldners durch das Personal des Versicherungsnehmers wie auch des Insolvenzschuldners, soweit der Versicherungsnehmer wegen fahrlässiger Verletzung seiner Aufsichts- und Überwachungspflicht in Anspruch genommen wird;
- gegen den Versicherungsnehmer wegen Pflichtverletzung von Angestellten des Insolvenzschuldners, Angestellten und Sozien/Partnern/Gesellschaftern des Versicherungsnehmers und dessen freien Mitarbeitern, derer er sich zur Mitwirkung bei der Ausübung seiner Tätigkeit bedient;

Versicherungsschutz wird bis zur Höhe der vereinbarten Versicherungssumme, maximal in Höhe von Euro 2.000.000,00 je Versicherungsfall und Versicherungsjahr gewährt; Die Erweiterung gilt nur, sofern hierfür nicht anderweitig Versicherungsschutz besteht.

III. Mitversichert ist die Tätigkeit als

- gerichtlich bestellter Liquidator, Zwangsverwalter, Sequester, Sachwalter, Gläubigerausschussmitglied, Gläubigerbeiratsmitglied, Treuhänder gemäß InsO;
- Testamentsvollstrecker, Nachlasspfleger, Nachlassverwalter, Vormund, Betreuer, Pfleger und Beistand;
- Schiedsrichter, Schiedsgutachter, Schlichter, Mediator;
- Abwickler einer Praxis gemäß § 55 BRAO, Zustellungsbevollmächtigter gemäß § 30 BRAO;
- Notarvertreter;
- Referent, Autor und Dozent auf rechtswissenschaftlichem Gebiet;
- rechtswissenschaftlicher Gutachter;
- Mitglied satzungsgemäß eingerichteter Gremien von Anwaltskammern sowie anwaltlichen berufsständischen Vereinen, sofern hierfür nicht anderweitig Versicherungsschutz besteht.

Versicherungsschutz im bedingungsgemäßen Umfang besteht für gesetzliche Haftpflichtansprüche wegen der Verletzung von Pflichten aus einem rechtsberatenden Mandat der versicherten Berufsträger auch dann, wenn der versicherte Berufsträger daneben Mitglied eines Aufsichtsrates oder Beirates ist.

Werden sowohl Mandatspflichten als auch Aufsichtsrats- oder Beiratspflichten verletzt, werden die Versicherungsansprüche nach Maßgabe der jeweiligen Verursachungs- und Verschuldensanteile gekürzt.

Mitversichert ist im Rahmen des Vertrages die gesetzliche Haftpflicht von Vertretern des Versicherungsnehmers aus der Vertretertätigkeit, solange der Versicherungsnehmer an der Ausübung seines Berufes gehindert ist. Die Mitversicherung besteht nicht, soweit der Vertreter durch eine eigene Versicherung gedeckt ist.

Mitversichert ist im Rahmen des Vertrages die gesetzliche Haftpflicht der Erben des Versicherungsnehmers aus Verstößen, die bis zur Bestellung eines Praxisabwicklers oder bis zur Praxisveräußerung, längstens jedoch bis zu 8 Wochen nach dem Ableben des Versicherungsnehmers, vorgekommen sind.

Diese Risikobeschreibung zählt die mitversicherten Tätigkeiten abschließend auf.

Ansprüche aus der Tätigkeit als Angestellter von Unternehmungen, Vereinen und Verbänden sind auch im Rahmen der mitversicherten Tätigkeiten vom Versicherungsschutz ausgeschlossen (siehe im Übrigen Teil 1 § 4 Ziff. 4).

C. Risikobeschreibung für die Vermögensschaden-Haftpflichtversicherung von Patentanwälten

Versichert ist die gesetzliche Haftpflicht des Versicherungsnehmers aus der freiberuflich ausgeübten Tätigkeit als Patentanwalt.

Mitversichert ist im Rahmen des Vertrages die gesetzliche Haftpflicht von Vertretern des Versicherungsnehmers aus der Vertretung, solange der Versicherungsnehmer an der Ausübung seines Berufes gehindert ist. Die Mitversicherung besteht nicht, soweit der Vertreter durch eine eigene Versicherung gedeckt ist.

Teil 3. Besondere Bedingungen und Risikobeschreibungen für Steuerberater (BBR-S)

A. Besondere Bedingungen

1. Mitversicherung

a) Mitversichert sind allgemeine Vertreter (§ 69 StBerG), Praxisabwickler (§ 70 StBerG) oder Praxistreuhänder (§ 71 StBerG) für die Dauer ihrer Bestellung sowie Vertreter (§ 145 StBerG) während der Dauer eines Berufs- oder Vertretungsverbots. Diese Mitversicherung besteht in dem Umfange nicht, in dem die Mitversicherten durch eine eigene Versicherung Deckung erhalten.

b) Für den Versicherungsnehmer als freie Mitarbeiter tätige selbstständige Steuerberater und Steuerbevollmächtigte sind gegen die aus der freien Mitarbeit sowie aus

§ 63 StBerG sich ergebenden Haftpflichtgefahren für Vermögensschäden mitversichert.

Dies gilt nicht bei der Betreuung eigener Mandate neben der freien Mitarbeit.

c) Für den Versicherungsnehmer als Angestellte (§ 58 StBerG) tätige Steuerberater und Steuerbevollmächtigte gilt b) sinngemäß.

2. Höchstbetrag der Versicherungsleistung

§ 3 III Ziff. 2.1.3 erhält folgende Fassung:

„bezüglich sämtlicher Folgen eines Verstoßes. Dabei gilt mehrfaches auf gleicher oder gleichartiger Fehlerquelle beruhendes Tun oder Unterlassen als einheitlicher Verstoß, wenn die betreffenden Angelegenheiten miteinander in rechtlichem oder wirtschaftlichem Zusammenhang stehen. In diesem Fall ist die Leistung des Versicherers auf das Fünffache der Mindestversicherungssumme begrenzt. Ist die vereinbarte Versicherungssumme höher als das Fünffache der gesetzlich vorgeschriebenen Mindestversicherungssumme, tritt der Versicherer mit der vereinbarten Versicherungssumme ein."

3. Jahreshöchstleistung

Eine Höchstleistung des Versicherers für alle innerhalb eines Versicherungsjahres verursachten Schäden kann vereinbart werden. Sie beträgt vorbehaltlich abweichender Vereinbarung das Zweifache der Versicherungssumme. Sie muss mindestens das Vierfache der Mindestversicherungssumme betragen.

4. Ausschlüsse

4.1 Haftpflichtansprüche mit Auslandsbezug

Der Versicherungsschutz bezieht sich nicht auf Haftpflichtansprüche

a) welche vor ausländischen Gerichten geltend gemacht werden; dies gilt auch im Falle eines inländischen Vollstreckungsurteils (§ 722 ZPO);
b) aus der Verletzung oder Nichtbeachtung ausländischen Rechts;
c) welche aus Tätigkeiten geltend gemacht werden, die über Niederlassungen, Zweigniederlassungen oder weitere Beratungsstellen im Ausland ausgeübt werden, soweit diese nicht durch besondere Vereinbarung eingeschlossen sind.

Die Risikoausschlüsse gemäß a) und b) gelten nicht für die Staaten Europas, die Türkei, die Russische Föderation und die sonstigen Staaten der ehemaligen Sowjetunion sowie außereuropäische Hoheitsgebiete europäischer Staaten, die der EU oder dem EWR angehören.

Eingeschlossen ist die gesetzliche Haftpflicht aus der Verletzung oder Nichtbeachtung des Rechts der zuvor nicht genannten Staaten, soweit sie bei der das Abgabenrecht dieser Staaten betreffenden geschäftsmäßigen Hilfeleistung in Steuersachen entstanden sind und dem Auftrag zwischen dem Versicherungsnehmer und seinem Auftraggeber nur deutsches Recht zugrunde liegt. Die Leistungspflicht des Versicherers ist in diesen Fällen auf das Vierfache der gesetzlich vorgeschriebenen Mindestversicherungssumme beschränkt. Ist die vereinbarte Vertragsdeckungssumme geringer als der vierfache Betrag der Mindestversicherungssumme, ist die Leistungspflicht des Versicherers in den genannten Fällen auf die Vertragsdeckungssumme beschränkt.

4.2 Kassen-, Zahlungs- und Veruntreuungsschäden
Der Versicherungsschutz bezieht sich nicht auf Haftpflichtansprüche wegen Schäden, welche durch Fehlbeträge bei der Kassenführung, durch Verstöße beim Zahlungsakt oder durch Veruntreuung durch das Personal des Versicherungsnehmers entstehen.

4.3 Haftpflichtansprüche aus unternehmerischem Risiko
Der Versicherungsschutz bezieht sich nicht auf Haftpflichtansprüche wegen Schäden, die dadurch entstanden sind, dass

a) der Versicherungsnehmer im Bereich eines unternehmerischen Risikos, das sich im Rahmen der Ausübung einer versicherten Tätigkeit ergibt, einen Verstoß begeht, z. B. als Testamentsvollstrecker, soweit ein gewerbliches Unternehmen zum Nachlass gehört,
b) ein Versicherungsvertrag nicht abgeschlossen oder fortgesetzt wurde, es sei denn, der Versicherungsnehmer beweist, dass von dem Abschluss oder der Fortführung nicht bewusst abgesehen wurde.

5. Meldepflichten des Versicherers

Der Versicherer ist verpflichtet, der gemäß § 67 StBerG zuständigen Steuerberaterkammer den Beginn und die Beendigung oder Kündigung des Versicherungsvertrages sowie jede Änderung des Versicherungsvertrages, die den vorgeschriebenen Versicherungsschutz beeinträchtigt, unverzüglich mitzuteilen.

6. Abweichungen von der Pflichtversicherung

Soweit die vereinbarte Versicherungssumme den Betrag von Euro 250.000,00 und die vereinbarte Jahreshöchstleistung den Betrag von Euro 1.000.000,00 übersteigt oder soweit der Umfang des vereinbarten Versicherungsschutzes über den Umfang des gesetzlich vorgeschriebenen Versicherungsschutzes hinausgeht, gelten die Teile 1 und 3 vorstehender Bedingungen entsprechend, wenn nichts Abweichendes, z. B. durch zusätzliche Vereinbarungen, bestimmt ist.

Erweiterungen des Versicherungsschutzes lassen den Umfang des gesetzlich vorgeschriebenen Versicherungsschutzes unberührt.

B. Risikobeschreibung für die Vermögensschaden-Haftpflichtversicherung von Steuerberatern

I. Der Versicherungsschutz umfasst

1. Tätigkeiten nach § 33 StBerG,
2. die Hilfeleistung bei der Führung von Büchern und Aufzeichnungen und die Aufstellung von Erfolgsrechnungen, Vermögensübersichten und Bilanzen, auch wenn der Auftraggeber hierzu nicht schon aufgrund steuerrechtlicher Vorschriften verpflichtet ist.

II. Der Versicherungsschutz erstreckt sich auch auf die Tätigkeiten, die nach § 57 Abs. 3 Nr. 2, 3 und 6 StBerG mit dem Beruf vereinbar sind, und zwar

1. Durchführung von betriebswirtschaftlichen Prüfungen sowie die Erteilung von Vermerken und Bescheinigungen hierüber; hierunter fallen auch Unterschlagungs-, Kassen- und Kontenprüfungen;
2. Erstattung von berufsüblichen Gutachten;
3. Erstellung von Bilanzanalysen;
4. Fertigung oder Prüfung der Lohnabrechnung, Erteilung von Verdienstbescheinigungen, An- und Abmeldung bei Sozialversicherungsträgern und sonstigen gesetzlichen Einrichtungen (z. B. Agentur für Arbeit wegen Schlechtwettergeld, Zusatzversorgungskasse des Baugewerbes, Pensionssicherungsverein) sowie die dabei vorzunehmende Prüfung der Beitragspflicht und die Berechnung der abzuführenden Beträge, die Erteilung von Haushalts- und Lebensbescheinigungen;
5. Bearbeitung von sonstigen öffentlichen Abgaben oder Zuwendungen, auch soweit diese nicht der Verwaltung der Finanzbehörden unterliegen;
6. die Tätigkeit als nicht geschäftsführender Treuhänder, z. B. die treuhänderische Verwaltung aufgrund gesetzlicher oder rechtsgeschäftlicher Treuhänderschaft;
7. die Beratung und die Wahrnehmung sonstiger fremder Interessen in wirtschaftlichen Angelegenheiten, soweit diese berufsüblich sind, z. B.:
   a) die wirtschaftliche Beratung
      - bei der Gründung, Umwandlung, Sanierung, Auflösung oder bei dem Verkauf von Unternehmen, beim Abschluss von Verträgen;
      - bei der Gründung und Unterhaltung betrieblicher Versorgungseinrichtungen, bei Finanzierung von Projekten;
      - bei Aufstellung von Budgets und Wirtschaftlichkeitsberechnungen;

   b) die Unternehmens- und Organisationsberatung;
   c) die Beratung bei der Einrichtung von Datenverarbeitungsanlagen und der Erstellung von Programmen, soweit Letztere nicht technischen Zwecken dienen.

Voraussetzung ist, dass der Versicherungsnehmer oder die von ihm mit diesen Arbeiten betrauten Personen über die besonderen Kenntnisse und Erfahrungen verfügen, um diesen Auftrag sachgerecht durchführen zu können.

Auf die elektronische Datenverarbeitung oder die Erstellung von Datenträgern erstreckt sich der Versicherungsschutz nur dann, wenn diese Arbeiten im Zusammenhang mit einer anderen versicherten Tätigkeit erledigt werden. Nicht versichert ist die Empfehlung einer bestimmten Datenverarbeitungsanlage.

8. Durchführung von Lehr- und Vortragsveranstaltungen zur Vorbereitung auf die Steuerberaterprüfung sowie die Prüfung als Wirtschaftsprüfer und vereidigter Buchprüfer und zur Fortbildung der Mitglieder der Steuerberaterkammern und deren Mitarbeiter.

9. Mitgliedschaft in satzungsgemäß eingerichteten Gremien von Steuerberaterkammern sowie berufsständischen Vereinen, sofern hierfür nicht anderweitig Versicherungsschutz besteht.
10. Mitversichert ist die Tätigkeit als Wirtschaftsmediator, soweit der Versicherungsnehmer über eine entsprechende Qualifikation verfügt.
11. Mitversichert ist die rechtlich zulässige Tätigkeit des Versicherungsnehmers oder einer mitversicherten Person in seiner/ihrer Eigenschaft als Beauftragter für den Datenschutz im Unternehmen eines Dritten, soweit sich die Tätigkeit auf die nach dem Gesetz zum Schutz vor Missbrauch personenbezogener Daten bei der Datenverarbeitung (Bundesdatenschutzgesetz – BDSG) zugewiesenen Aufgaben bezieht. Mitversichert ist insoweit die gesetzliche Haftpflicht wegen immaterieller Schäden aus der Verletzung von Persönlichkeitsrechten.

III. Der Versicherungsschutz erstreckt sich auch auf die Tätigkeit gemäß InsO als Insolvenzverwalter, vorläufiger Insolvenzverwalter und Sonderinsolvenzverwalter.

Mitversichert sind Haftpflichtansprüche

- wegen Schäden, welche daraus resultieren, dass der Betrieb des Schuldners ganz oder teilweise fortgeführt wird:
- aus §§ 34, 69 AO und vergleichbaren Fällen der persönlichen Haftung wegen Nichtabführung von Sozialversicherungsbeiträgen oder anderen öffentlichen Abgaben, sofern nicht wissentlich vom Gesetz abgewichen wurde;
- welche darauf beruhen, dass Versicherungsverträge nicht oder nicht ordnungsgemäß abgeschlossen, erfüllt oder fortgeführt werden, es sei denn, es wurde bewusst davon abgesehen;
- wegen Fehl- oder Doppelüberweisungen sowie Fehlern bei der Auszahlung der Insolvenzquote und der Abrechnung des Insolvenzgeldes;
- wegen Schäden durch vorsätzliche Straftaten gegen das Vermögen des Insolvenzschuldners durch das Personal des Versicherungsnehmers wie auch des Insolvenzschuldners, soweit der Versicherungsnehmer wegen fahrlässiger Verletzung seiner Aufsichts- und Überwachungspflicht in Anspruch genommen wird;
- gegen den Versicherungsnehmer wegen Pflichtverletzung von Angestellten des Insolvenzschuldners, Angestellten und Sozien/Partnern/Gesellschaftern des Versicherungsnehmers und dessen freien Mitarbeitern, derer er sich zur Mitwirkung bei der Ausübung seiner Tätigkeit bedient.

Versicherungsschutz wird bis zur Höhe der Pflichtversicherungssumme je Versicherungsfall und Versicherungsjahr gewährt.

Die Erweiterung gilt nur, sofern hierfür nicht anderweitig Versicherungsschutz besteht.

IV. Der Versicherungsschutz erstreckt sich im Rahmen von Teil 3 A Ziff. 4.3 auch auf die Tätigkeit als

- gerichtlich bestellter Liquidator, Zwangsverwalter, Sequester, Sachwalter, Gläubigerausschussmitglied, Gläubigerbeiratsmitglied, Treuhänder gemäß InsO;
- Testamentsvollstrecker, Nachlasspfleger, Nachlassverwalter, Vormund, Betreuer, Pfleger, Beistand;
- Schiedsrichter oder Schiedsgutachter;
- Praxisabwickler (§ 70 StBerG);

soweit diese Tätigkeiten nicht überwiegend ausgeübt werden.

V. Der Versicherungsschutz erstreckt sich auch auf die Erbringung von Rechtsdienstleistungen, die als erlaubte Nebenleistung zum Berufs- oder Tätigkeitsfeld des Steuerberaters gehören (vgl. § 5 RDG); soweit die Grenzen der erlaubten Nebenleistung nicht bewusst überschritten werden, bleibt der Versicherungsschutz erhalten.

VI. Nicht versichert sind unternehmerische Tätigkeiten, wie z. B. die über eine steuerliche und wirtschaftliche Beratung hinausgehende Empfehlung wirtschaftlicher Geschäfte, insbesondere von Geldanlagen und Kreditgewährungen, sowie die Tätigkeit gemäß Teil 1 § 4 Ziff. 4.

VII. Eine gewerbliche Tätigkeit, für die die zuständige Steuerberaterkammer vom berufsrechtlichen Verbot eine Ausnahme zulässt (§ 57 Abs. 4 Nr. 1, 2. Halbsatz StBerG), kann gegebenenfalls gesondert versichert werden.

Teil 4. Besondere Bedingungen und Risikobeschreibungen für Wirtschaftsprüfer und vereidigte Buchprüfer (BBR-W)

A. Besondere Bedingungen

1. **Mitversicherung**
   Mitversichert ist ein gemäß § 121 WPO bestellter Vertreter während der Dauer eines Berufsverbotes. Diese Mitversicherung besteht in dem Umfange nicht, in dem der Mitversicherte durch eine eigene Versicherung Deckung erhält.
2. **Höchstbetrag der Versicherungsleistung § 3 III Ziff. 2.1.3 erhält folgende Fassung:**
   „bezüglich sämtlicher Folgen eines Verstoßes ohne Rücksicht darauf, ob Schäden in einem oder mehreren aufeinanderfolgenden Jahren entstanden sind. Dabei gilt mehrfaches auf gleicher oder gleichartiger Fehlerquelle beruhendes Tun oder Unterlassen als

einheitlicher Verstoß, wenn die betreffenden Angelegenheiten miteinander in rechtlichem oder wirtschaftlichem Zusammenhang stehen. In diesem Fall ist die Leistung des Versicherers auf das Fünffache der Mindestversicherungssumme begrenzt. Die Begrenzung auf das Fünffache der Versicherungssumme gilt nicht bei gesetzlich vorgeschriebenen Pflichtprüfungen. Übersteigt die vereinbarte Versicherungssumme das Fünffache der Mindestversicherungssumme, tritt der Versicherer, mit Ausnahme bei gesetzlich vorgeschriebenen Pflichtprüfungen, mit der vereinbarten Versicherungssumme ein."

3. Jahreshöchstleistung

Eine Begrenzung der Höchstleistung des Versicherers für alle Versicherungsfälle eines Versicherungsjahres (Jahreshöchstleistung) kann für den Teil der vereinbarten Versicherungssumme, der die Mindestversicherungssumme übersteigt, vereinbart werden.

4. Ausschlüsse

4.1 Haftpflichtansprüche mit Auslandsbezug

Der Versicherungsschutz bezieht sich nicht auf Haftpflichtansprüche

a) welche vor ausländischen Gerichten geltend gemacht werden; dies gilt auch im Falle eines inländischen Vollstreckungsurteils (§ 722 ZPO);
b) aus der Verletzung oder Nichtbeachtung ausländischen Rechts;
c) aus Tätigkeiten, die über Niederlassungen, Zweigniederlassungen oder weitere Beratungsstellen im Ausland ausgeübt werden, soweit die gesetzlich vorgeschriebene Mindestversicherungssumme überschritten wird.

Die Risikoausschlüsse gemäß a) und b) gelten nicht für die Staaten Europas, die Türkei, die Russische Föderation und die sonstigen Staaten der ehemaligen Sowjetunion sowie außereuropäische Hoheitsgebiete europäischer Staaten, die der EU oder dem EWR angehören.

Eingeschlossen ist die gesetzliche Haftpflicht aus betriebswirtschaftlicher Prüfungstätigkeit in Staaten, die zuvor nicht genannt sind, wenn dem Auftrag zwischen dem Versicherungsnehmer und seinem Auftraggeber nur deutsches Recht zugrunde liegt. Die Leistungspflicht des Versicherers ist in diesen Fällen auf die gesetzlich vorgeschriebene Mindestversicherungssumme beschränkt.

Eingeschlossen ist die gesetzliche Haftpflicht aus der geschäftsmäßigen Hilfe in Steuersachen, die das Abgabenrecht von Staaten betrifft, die zuvor nicht genannt sind, wenn dem Auftrag zwischen dem Versicherungsnehmer und seinem Auftraggeber nur deutsches Recht zugrunde liegt. Die Leistungspflicht des Versicherers ist in diesen Fällen auf die gesetzlich vorgeschriebene Mindestversicherungssumme beschränkt.

Der zuvor genannte Versicherungsschutz erstreckt sich nicht auf Ansprüche aus der Tätigkeit als Insolvenz-, Konkurs-, Vergleichs-, Zwangs- und Nachlassverwalter, als Liquidator, Sequester, Testamentsvollstrecker, Pfleger, Vormund und Treuhänder, als Sachwalter, Gläubigerausschuss- und Gläubigerbeiratsmitglied sowie als Schiedsrichter oder Schiedsgutachter, sofern die Bestellung nach ausländischem Recht erfolgte.

4.2 Kassen-, Zahlungs- und Veruntreuungsschäden
Der Versicherungsschutz bezieht sich nicht auf Haftpflichtansprüche wegen Schäden, welche durch Fehlbeträge bei der Kassenführung, durch Verstöße beim Zahlungsakt oder durch Veruntreuung durch das Personal des Versicherungsnehmers entstehen.

4.3 Haftpflichtansprüche aus unternehmerischem Risiko
Der Versicherungsschutz bezieht sich nicht auf Haftpflichtansprüche wegen Schäden, die dadurch entstanden sind, dass

a) der Versicherungsnehmer im Bereich eines unternehmerischen Risikos, das sich im Rahmen der Ausübung einer versicherten Tätigkeit ergibt, einen Verstoß begeht, z. B. als Testamentsvollstrecker, soweit ein gewerbliches Unternehmen zum Nachlass gehört;
b) ein Versicherungsvertrag nicht abgeschlossen oder fortgesetzt wurde, es sei denn, der Versicherungsnehmer beweist, dass von dem Abschluss oder der Fortführung nicht bewusst abgesehen wurde.

5. Meldepflichten des Versicherers

Der Versicherer ist verpflichtet, der gemäß § 54 WPO zuständigen Wirtschaftsprüferkammer den Beginn und die Beendigung oder Kündigung des Versicherungsvertrages sowie jede Änderung des Versicherungsvertrages, die den vorgeschriebenen Versicherungsschutz beeinträchtigt, den Beginn und die Beendigung der Versicherungspflicht in Folge einer Änderung der Form der beruflichen Tätigkeit und den Widerruf einer vorläufigen Deckungszusage unverzüglich anzuzeigen.

6. Abweichungen von der Pflichtversicherung

Soweit die vereinbarte Versicherungssumme den Betrag von Euro 1.000.000,00 übersteigt oder soweit der Umfang des vereinbarten Versicherungsschutzes über den Umfang des gesetzlich vorgeschriebenen Versicherungsschutzes hinausgeht, gelten die vorstehenden Bedingungen entsprechend, wenn nichts Abweichendes, z. B. durch zusätzliche Vereinbarungen, bestimmt ist.
Erweiterungen des Versicherungsschutzes lassen den Umfang des gesetzlich vorgeschriebenen Versicherungsschutzes unberührt.

B. Risikobeschreibung für die Vermögensschaden-Haftpflichtversicherung von Wirtschaftsprüfern und vereidigten Buchprüfern

I. Der Versicherungsschutz umfasst die Erledigung der beruflichen Aufgaben eines Wirtschaftsprüfers oder vereidigten Buchprüfers gemäß § 2, § 43a Abs. 4 Nr. 8, § 129 WPO, und zwar

1. die Durchführung betriebswirtschaftlicher Prüfungen, insbesondere solcher von Jahresabschlüssen wirtschaftlicher Unternehmen, die Erteilung von Bestätigungsvermer-

ken über die Vornahme und das Ergebnis solcher Prüfungen einschließlich der Aufstellung von Bilanzen und Vermögensübersichten;

2. die Beratung und Vertretung in Steuersachen einschließlich der Hilfestellung in Steuerstrafsachen und bei der Erfüllung von Buchführungspflichten;
3. Tätigkeiten, welche die Beratung und Wahrung fremder Interessen in wirtschaftlichen Angelegenheiten zum Gegenstand haben, z. B.:
   a) die wirtschaftliche Beratung bei der Gründung, Umwandlung, Sanierung, Auflösung oder bei dem Verkauf von Unternehmen, beim Abschluss von Verträgen, bei der Gründung und Unterhaltung betrieblicher Versorgungseinrichtungen, bei Finanzierung von Projekten, bei Aufstellung von Budgets und Wirtschaftlichkeitsberechnungen;
   b) die Unternehmens- und Organisationsberatung;
   c) die Beratung bei der Einrichtung von Datenverarbeitungsanlagen und der Erstellung von Programmen, soweit Letztere nicht technischen Zwecken dienen.
      Voraussetzung ist, dass der Versicherungsnehmer oder die von ihm mit diesen Arbeiten betrauten Personen über die besonderen Kenntnisse und Erfahrungen verfügen, um diesen Auftrag sachgerecht durchführen zu können.
      Auf die elektronische Datenverarbeitung oder die Erstellung von Datenträgern erstreckt sich der Versicherungsschutz nur dann, wenn diese Arbeiten im Zusammenhang mit einer anderen versicherten Tätigkeit erledigt werden.
      Nicht versichert ist die Empfehlung einer bestimmten Datenverarbeitungsanlage;
   d) die Wahrung fremder Interessen als Vermögens-, Haus- und Grundbesitzverwalter, als Betreuer von Kreditsicherheiten, bei Durchführung außergerichtlicher Vergleiche;
4. die Tätigkeit als nicht geschäftsführender Treuhänder, z. B. die treuhänderische Verwaltung aufgrund gesetzlicher oder rechtsgeschäftlicher Treuhänderschaft;
5. die berufsübliche Erstattung von Gutachten einschließlich der Erstellung versicherungsmathematischer Gutachten für die Bildung und Überprüfung von Pensions- und sonstigen Rentenrückstellungen und für die Gründung und Unterhaltung von Pensionskassen und ähnlichen Versorgungseinrichtungen, auch soweit dazu elektronische Datenverarbeitungsmaschinen benutzt werden. Voraussetzung ist, dass der Versicherungsnehmer oder die von ihm mit diesen Arbeiten betrauten Personen über die besonderen Kenntnisse und Erfahrungen verfügen, um diesen Auftrag sachgerecht durchführen zu können.
6. die Tätigkeit als Mitglied in satzungsgemäß eingerichteten Gremien der Wirtschaftsprüferkammer sowie berufsständischen Vereinen, sofern hierfür nicht anderweitig Versicherungsschutz besteht.

II. Eingeschlossen sind in den Versicherungsschutz im Rahmen von Teil 4 A Ziff. 4.3 BBR-W die Tätigkeiten als

1. (vorläufiger) Insolvenzverwalter, gerichtlich bestellter Liquidator, Zwangsverwalter, Sequester, Sachwalter, Gläubigerausschussmitglied, Gläubigerbeiratsmitglied, Treuhänder gemäß InsO;
2. Testamentsvollstrecker, Nachlasspfleger, Nachlassverwalter, Vormund, Betreuer, Pfleger, Beistand;
3. Schiedsrichter oder Schiedsgutachter.

III. Der Versicherungsschutz erstreckt sich auch auf die Erbringung von Rechtsdienstleistungen, die als erlaubte Nebenleistung zum Berufs- oder Tätigkeitsfeld des Wirtschaftsprüfers/vereidigten Buchprüfers gehören (vgl. § 5 RDG); soweit die Grenzen der erlaubten Nebenleistung nicht bewusst überschritten werden, bleibt der Versicherungsschutz erhalten.

IV. Nicht versichert sind

1. Tätigkeiten, die mit dem Beruf des Wirtschaftsprüfers oder vereidigten Buchprüfers nicht vereinbar sind;
2. die in § 43a Abs. 4 Ziff. 1 bis 5 und Ziff. 7 der WPO genannten Tätigkeiten.

Literatur

Best, Steuerberaterhandbuch 2002/2003

Borgmann, Brigitte, Antje Jungk, und Holger Grams. 2014. *Anwaltshaftung*, 54. Aufl. München: Verlag C.H. Beck.

Bittmann. 2004. Insolvenzstrafrecht Folker.

Braun, Eberhard, und Wilhelm Uhlenbruck. 1997. *Unternehmensinsolvenz*. Düsseldorf: IDW-Verlag.

Deutsches Steuerberaterinstitut e.V. (Hrsg.). 2007. *Steuerberaterhandbuch 2007*. Bonn/Berlin: Stollfuß Medien GmbH & Co. KG.

Gehre, Horst, und Günter Koslowski. 2009. *Steuerberatungsgesetz*, 6. Aufl. München: Verlag C.H. Beck.

Gräfe, Jürgen, und Michael Brügge. 2013. *Vermögensschadens-Haftpflichtversicherung*. München: Verlag C.H. Beck.

Gräfe, Jürgen, Rolf Lenzen, und Andreas Schmeer. 2013. *Steuerberaterhaftung*, 5. Aufl. Herne: NBW Verlag.

Haft, Fritjof 1992. *Verhandeln: Die Alternative zum Rechtsstreit*. München: Verlag C.H. Beck.

Henssler, Martin (Hrsg.). 2004. *Bundesrechtsanwaltsordnung*, 2. Aufl. München: Verlag C.H. Beck.

Hopt, Klaus J., und Hanno Merkt. 2014. *Handelsgesetzbuch*, 36. Aufl. München: Verlag C.H. Beck.

Kuhls, C., T. Meurer, P. Maxl, H. Schäfer, C. Goetz, und K. Willenscheid. 2004. *Steuerberatungsgesetz*, 2. Aufl. Herne/Berlin: NBW Verlag.

Palandt 2014. *Bürgerliches Gesetzbuch*, 73. Aufl. München: Verlag C.H. Beck.

Pelz, Christian 2004. *Strafrecht in Krise und Insolvenz*. München: Verlag C.H. Beck.

Römermann, Volker (Hrsg.). 2005. *Steuerberater Handbuch Neue Beratungsfelder*. Bonn/Berlin: Stollfuß Medien GmbH & Co. KG.

Schönke, Adolf, Horst Schröder, und Theodor Lenckner. 2001 *Strafgesetzbuch*, 26. Aufl. München: Verlag C.H. Beck.

Schwarz, Bernhard (Hrsg.). 2007. *Praxis-Kommentar AO, Stand: August*. Freiburg: Verlag C.H. Beck.

Späth, Wolfgang 1994. *Die zivilrechtliche Haftung des Steuerberaters*, 4. Aufl. Bonn: Stollfuß Medien GmbH & Co. KG.

Wabnitz, Heinz Bernd (Hrsg.). 2007. *Handbuch des Wirtschafts- und Steuerrechts*, 3. Aufl. München: Verlag C.H. Beck.

Zöller 2014. *Zivilprozessordnung*, 30. Aufl. Köln: Verlag Dr. Otto Schmidt.

Zugehör, M., Gero Fischer, Oliver Sieg, und Heinz Schlee. 2011. *Handbuch der Anwaltshaftung*, 3. Aufl. Zapp-Verlag.

Sachverzeichnis

Made in the USA
Monee, IL
07 May 2026

49712774R00155

Die Haftung des Steuerberaters